포커스 온 : 집중하라

흩어진 내 마음을 한곳에 모아 하나님만 바라보기

FOCUS

포커스 온: 집중하라

안호성

ON

규장

집중으로 시험을 이기고
시험의 때에 집중을 훈련하라

예수님은 공생애 사역을 시작하시면서 마귀에게 시험을 받으셨다(눅 4:1,2). 마귀는 금식으로 육신이 곤고한 예수님의 마음과 생각, 시선을 자꾸 육적인 것과 세속적인 영광으로 돌리고 분산시키려 애썼지만, 예수님은 이 땅에 오신 목적과 말씀에만 집중하셔서 결국 승리하셨다.

시험을 이기는 능력이 '집중'인 동시에, 시험은 '집중'의 기회이기도 하다. 코로나19로 조국 교회는 물론이요 전 세계 기독교인들이 모두 영적인 침체와 위기를 겪고 있다. 위기는 말 그대로 위험한 기회다. 진짜와 가짜가 확실하게 구별되는 기회요, 또한 지금껏 평안한 중에 흩어졌던 우리의 마음과 분산된 시선을 하나님께, 그리고 신앙의 본질과 사명에 집중할 기회다.

지금껏 경험한 적 없는 예배의 위기, 신앙 공동체의 결속력 약화와 해체 위기를 맞아 교회와 목회자들과 성도들은 너무 당연했던, 그러나 너무나 소중한 그 가치들을 지켜내기 위해 발바닥부터 머리카락 끝까지 온 신경을 곤두세워 집중하며 위기를 헤쳐나가고 있다.

이런 현실 속에 하나님께서 허락하신 〈Focus on: 집중〉 시리즈 설교를 모아 이 책을 내게 되었다. 이 책이 미약하나마 조국 교회와 그리스도인들이 이 영적 재난 중에 회복의 돌파구를 찾는 나침반으로, 우리의 모든 에너지를 본질과 사명 그리고 하나님께 집중시키는 돋보기로 쓰임 받기를 소망해본다.

프랑스의 대문호 알베르 카뮈의 소설 《페스트》는 1940년 어느 날 오랑이라는 도시에 불어닥친 전염병의 재난을 그리고 있다. 이 작품은 최근 코로나 사태로 전 세계가 고통받고 있는 상황에 코로나와 비슷한 전염병인 페스트가 창궐하는 도시에서 인간의 반응과 '어떻게 그 재난을 극복했을까?'라는 질문의 답을 찾고 싶어 하는 사람들로 인하여 역주행하며 다시금 주목받았다.

'저 기쁨에 찬 군중이 모르고 있지만 꼭 알아야 할 사실'을 들려주는 이 책의 마무리는 의미심장하다. 페스트 간균은 결코 죽거나 사라지지 않고 참을성 있게 기다리다가 사람들에게 불행과 교훈을 주기 위해 쥐들을 깨워 어느 행복한 도시로 보낼 날이 분명 오리라는 것이다.

마귀가 모든 시험을 다 한 후에 얼마 동안 떠나니라 **눅 4:13**

코로나19 바이러스의 재난은 백신 접종과 치료제의 개발로 머잖아 종식될 것이다. 하지만 우리는 육신의 건강과 평온한 일상으로 복귀하는 것, 당면한 문제를 또 한 번 해결하고 승리한 것 정도로 만족해서는 안된다. 교회가 성장과 평안함의 함정에 빠져 교만해지면 우리는 언제든지 제2, 제3의 코로나를 다시 맞닥뜨릴 수 있다.

오늘 주신 집중의 기회를 통해 그동안 우리 안에 기생하고 있던 안일함과 나태함의 영적 바이러스를 종식시키고, 삶의 번잡함과 본질을 잃은 채 습관적으로 답습해온 종교적 행위를 완전히 끊어버리자. 그리하여 우리의 시선과 마음이 예수 그리스도의 십자가에 온전히 집중되며, 보혈의 피비린내 홍건한 살아 있는 진짜 예배를 회복할 수 있길 바란다.

코로나19로 지치고 힘든 우리 조국 교회의 사랑하는 동역자분들과 성도들에게 문제보다 훨씬 더 크신 하나님의 능력과 압도적인 은혜와 위로가 가득하시길 소망합니다.

늘 기도로 부족한 자의 사역을 묵묵히 돕는 우리 교회 성도님들과 물맷돌 기독학교 가족들에게 감사 드립니다.

항상 기도로 책 한 페이지 한 페이지를 소중히 담아내는 규장 출판사 편집부와 모든 규장 가족들에게 감사 드립니다.

마른 막대기같이 아무 능력 없고 타다 남은 재같이 쓸데없는 부족한 종을 충성스럽게 여겨주시며 또 사용해주시는 하나님께 모든 영광을 올려드립니다.

세상에서 가장 행복한

울산온양순복음교회 성전지기

안호성

목차

프롤로그

PART 1

사명에
집중하라

1 이 산지를 내게 주소서 ◆ 12
과거가 아니라 미래를 바라보라

2 잘하였도다 착하고 충성된 종아! ◆ 35
상대가 아니라 목표에 집중하라

3 갈 바를 알지 못하고 나아갔으며 ◆ 61
보이는 증거 구하지 말고 약속의 말씀을 따르라

4 성장통은 '아픔'이지 '병'이 아니다 ◆ 78
반대와 조롱을 이기고 사명 향해 걸어라

5 정복할 것인가 정복당할 것인가 ◆ 99
크리스마스를 크리스마스답게 하라

PART 2

본질에
집중하라

6 껍데기에는 능력이 없다 ◆ 122
본질에는 목숨 걸고 비본질에는 자유하라

7 오라! ◆ 144
하나님이 받으시는 예배를 드려라

8 올바른 예배의 정신 ◆ 159
수고와 짐을 내려놓고 신뢰와 사랑으로

9 가라! ◆ 177
진정한 팬데믹으로 향하는 메신저가 되어라

10 빠른 성장이 아니라 바른 성장으로 ◆ 200
말씀의 반석 위에 건강하게 성장하는 교회

PART 3

하나님께
집중하라

11 오직 주만 바라보나이다 ◆ 224
눈을 열어 누가 나와 함께하는지를 보라

12 말씀에 집중하라 ◆ 240
'하나님을 바라보라'의 다른 표현

13 하나님의 생각에 집중하라 ◆ 259
그분의 큰 그림을 깨달을 때까지

14 쳐다본즉 모두 살더라 ◆ 279
백문일답 되시는 예수님에게 집중하라

15 자녀에게 신앙을 각인시켜라 ◆ 301
집중의 완성은 집중의 계승이다

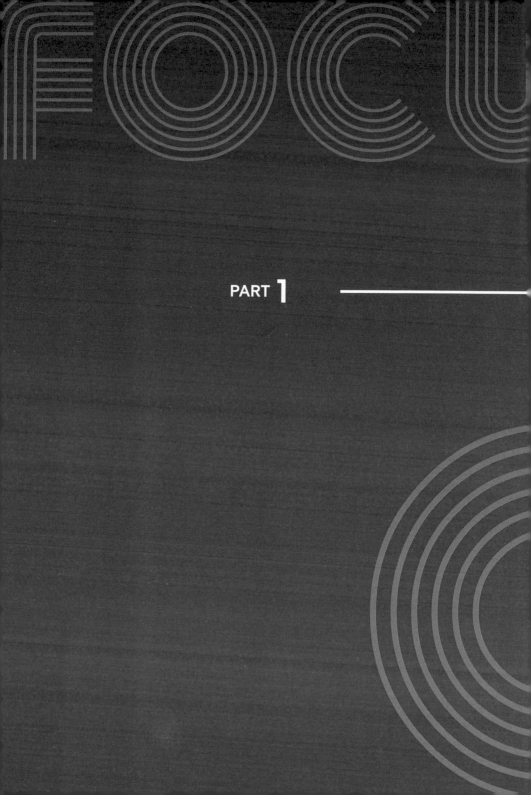

PART 1

사명에
집중하라

chapter 1

이 산지를 내게 주소서

과거가 아니라 미래를 바라보라

그날에 여호와께서 말씀하신 이 산지를 지금 내게 주소서

당신도 그날에 들으셨거니와 그곳에는 아낙 사람이 있고 그 성읍들은 크고 견고할지라도

여호와께서 나와 함께하시면 내가 여호와께서 말씀하신 대로 그들을 쫓아내리이다

수 14:12

승리와 회복을 위해 집중으로 준비하라

코로나19로 인한 팬데믹의 충격이 1년이 넘도록 가시기는커녕 더욱 힘들어지고 있다. 예전에는 어떤 시대적 아픔과 문제가 일어나도 약소국이나 후진국들의 아픔이고 세계적인 이슈가 터져도 한 대륙의 문제일 때가 많았는데 이 팬데믹은 강대국이건 약소국이건 상관없는 총체적 난국이요 전방위적 침체와 절망이라는 점에서 옛날과는 사뭇 결이 다르다.

정치, 경제, 문화 모든 것을 완전히 초토화하고 신앙의 영역까지 개입하는 이 문제는 대형교회나 작은 교회나 상관없이 우리 모두를 힘들게 하고 있다. 많은 사람이 절망에 길들여지고 익숙해지려 할 때, 역전의 승리와 회복을 소망하는 우리는 정신 차리고 미리 준비해야 한다.

가장 먼저 준비하고 소유할 것은 바로 '집중'이다. 집중은 분주함 속에 난잡하게 흩어져 있던 우리의 관심과 시선, 에너지와 열정을 응축하여 가장 본질적이고 가치 있는 곳에 쏟는 능력이다. 집중해야 회복하고 승리한다.

절대로, 가만히 있어도 시간이 지나면 모든 것이 회복된다고 착각해서는 안 된다. 모든 실패가 다 성공의 어머니인 것은 아니다. 실패가 평생 고통의 멍자국과 흉으로 남아 영혼을 갉아먹고 힘들게 하는 경우가 얼마나 많은가. 집중의 능력이 없으면 실패와 절망이 저절로 희망으로 바뀌고 역전되지 않는다.

우리는 이 총체적 난국과 전방위적 침체 속에서도 정신 차리고, 그동안 산만하고 분주했던 내 삶을 정리하여 하나님께 집중해야 한다. 내 마음과 시선, 열정, 물질과 시간을 하나님의 뜻과 관심에 집중시켜야 한다. 하나님께서 우리에게 바라시는 신앙의 본질에 집중하고, 우리에게 맡기신 사명과 비전에 집중해야 한다.

그렇게 응축된 에너지를 통하여, 우리 삶에서 도무지 깰 수 없을 것 같던 문제들이 완전히 부서지고 깨어지게 된다. 난공불락의 여리고성이며 골리앗 같은 문제들을 이기고 정복하는 승리의 발원지, 회복과 변화의 영적 진앙지가 오늘 당신이 읽고 귀 기울이는 이 말씀일 수 있다. Focus on, 집중하라!

이기려는 자는 모든 일에 절제한다

가만히 있다고 다 되는 것이 아니지만 무조건 열심히만 산다고 되는 것도 아니다. 바쁜데 실속 없고 별로 열매가 없는 인생이 있다. 집중은 실속 없는 분주함을 걷어내는 작업이다. 싸우는 자가 분명한 목적을 가지고 집중하지 않으면 승리할 수 없다.

열심히 달리지 않는 인생이 어디 있는가. 나는 지금까지 게으르게 빈

등대는 인생이나 대충대충 목회하는 분들을 본 적이 없다. 다들 열심히 사는데 상 받는 사람은 따로 있으니, 그저 뛰는 것이 중요한 것이 아니라 상을 받도록 뛰어야 한다는 것이다.

운동장에서 달음질하는 자들이 다 달릴지라도 오직 상을 받는 사람은 한 사람인 줄을 너희가 알지 못하느냐 너희도 상을 받도록 이와 같이 달음질하라 이기기를 다투는 자마다 모든 일에 절제하나니 고전 9:24,25

내 앞에는 해야 하는 일뿐만 아니라 안 해도 되는 일들도 널려 있다. 게임도 하고 싶고, 연애도 하고 싶고, 음악도 듣고 싶고, 놀고 싶고… 하고 싶은 일도 많다. 나의 시간과 재화와 열정이 무한하다면 다 해도 된다. 그러나 제한적이기에 꼭 해야 하는 일에 쏟으려면 선택과 절제가 필요하다. 내가 다음세대에게 자주 하는 충고가 있다.

"지금 하고 싶은 일들만 하고 살면 훗날 내가 하기 싫은 일들만 하고 살아야 한다. 하지만 지금 내가 해야 할 일을 하고 살면 미래에는 내가 하고 싶은 일들을 하고 살 수 있다."

이것은 비단 우리 자녀들에게만 국한된 지혜가 아닐 것이다. 아무리 지금 하고 싶은 일이라도 '해도 그만, 안 해도 그만'인 별로 중요하지 않은 일들은 모두 절제하고 꼭 해야 할 일에 모든 에너지와 시간과 열정을 쏟는 것이 지혜롭다.

내일의 영광과 승리를 위해, 안 해도 되는 일을 버리고 오늘 반드시 해야 할 일, 꼭 해야만 하는 일에 집중하는 것이 절제다. 절제할 수 있다는 것은 가치 있는 것을 내가 결정할 능력과 지혜가 있고, 그것을 위해 결단할 용기가 있다는 뜻이다. 절제가 바로 집중이며 절제의 능력이 곧 집중의 힘이다.

이기기를 다투는 자마다 모든 일에 절제한다고 했다. 승리를 꿈꾸고 소망한다면 당연히 절제할 수 있어야 한다. 신앙인은 누가 시켜서가 아니라, 현재의 고난과 비교할 수 없는 장차의 영광을 위해 스스로 절제한다. 장차의 영광과 승리를 믿기에 어디에 집중할지를 선택하고, 그에 따라 절제할 수 있는 것이다.

바쁜 것을 자랑하지 말라

그러므로 나는 달음질하기를 향방 없는 것같이 아니하고 싸우기를 허공을 치는 것 같이 아니하며 고전 9:26

마라톤 선수가 방향 없이 뛰면 어떻게 될까? 42.195킬로미터를 달리는 것은 대단하지만, 결승선을 향하지 않고 엉뚱한 방향으로 달리면 아무리 열심히, 그리고 빨리 달려도 헛수고가 된다.

42.195킬로미터를 완주하듯 평생을 믿음 생활하며 열심히 살아가는 것도 대단하지만, 그렇다고 다 하나님의 뜻에 부합하여 상 받고 칭찬받는 것은 아니다. 목적지를 제대로 알고 집중하는 게 아니라 향방 없이 달린다면 오히려 열심히 달린 만큼 거꾸로 다시 돌아와야 할 후회거리

가 될 수 있다.

설렁설렁 사는 것 같은데도 능력 있고 열매 있는 인생을 사는 사람이 있다. 마치 사자와 같다. 사자가 평소에는 백수도 그런 상백수가 없다. 파리가 달라붙어도 눈도 뜨지 않고 귀찮은 표정으로 늘어져 있고. 세상에 별로 관심이 없는 듯 그냥 태어난 김에 사는 것처럼 사는 게 사자다. 그런데 일단 목표물이 정해지면 달라진다. 수사자의 몸무게가 약 160-200킬로그램 정도 되는데 이 어마어마한 수사자가 마치 안정환 리즈 시절처럼 갈기를 휘날리며 시속 60-80킬로미터로 달린다.

토끼나 쥐는 가만히 있지 못하고 늘 뭔가 바쁘다. 나는 지금까지 토끼나 쥐가 한가한 것을 본 적이 없다. 반면 사자는 늘어져 있다가도 일단 목표가 정해지면 그 목표물만 쫓아가 잡는다. 승리하고 열매 맺는 인생, 존귀한 인생은 그런 집중의 능력에서 나온다.

우리 교회 심수용 집사님은 키도 체격도 그리 크지 않지만 권투 동양 챔피언을 지냈다. 그 분이 해준 얘기인데, 펀치를 몇 번 휘둘렀는지는 중요하지 않으며 승리의 요건은 정확한 타이밍 한 번에 집중하고 목표점을 정확하게 때리는 그 한 방에 있다고 한다.

축구도 그렇다. 한번은 우리 교인들과 다섯 쿼터를 쉬지 않고 뛰었는데 그 전날 잠을 못 자서 그런지 집중이 안 됐다. 아무리 공을 차도 골대를 비껴가고 페널티킥도 안 들어갔다. 그날 뛰기는 엄청 열심히 뛰어서 나로서는 역대 최대인 2만 보를 뛰었지만 많이 뛰는 건 중요하지 않았다. 골대에 집중해서 한 방만 제대로 차 넣으면 되는데 그게 안 되니 몸만 힘들고 지칠 뿐이었다.

"나 열심히 뛰었어"가 자랑이 아니다. 해결해야 할 때 해결하는 것이 능력이고, 넣어야 할 때 넣어야 승리한다. 이기기를 원한다면 허공을 치지 말고 향방 없이 뛰지 말고 목표를 정확히 잡고 방향성 있게 집중해야 한다.

성도들이 목사에게 하는 실수 중 하나는 자기가 얼마나 열심히 사는지 하소연하는 것이다. 열심히 뛰는 것과 바쁜 것을 자랑하지 말고 내가 제대로 바쁜 건지, 제대로 열심히 살고 있는지를 점검해야 한다. 교회 열심히 다니며 분주하게 신앙생활 한다고 다 하나님의 기쁨이요 충성됨인 것은 아니다. 집중 없는 분주함은 오히려 하나님께도 자신에게도 고통이 될 수 있다.

오늘 내가 얼마나 바쁜지 내가 얼마나 열심히 달렸는지를 자랑하지 말라. 오직 주인 되신 하나님께서 기뻐하시고 내게 원하시는 일을 정확하게 해내고 있는지를 항상 점검하며 이 집중의 능력을 키워가라. 그것이 믿음의 성장이다.

분주함이 허망한 번잡함 되지 않게 하라

성경의 인물 중에 사도 바울만큼 하나님의 뜻을 좇아 살아가며 그만큼 많은 열매를 드러내어 맺은 사람도 드물다. 사도 바울은 이 정도면 충분히 잘됐고 정말 열심히 살았다고 자부할 수 있는 사람인데 이런 고백을 했다.

내가 내 몸을 쳐 복종하게 함은 내가 남에게 전파한 후에 자신이 도리어 버림을 당할까 두려워함이로다 고전 9:27

열심히 일하고 주의 일을 한다고 분주히 돌아다녔지만 정작 나는 내 주인 되신 하나님의 뜻에 부합하지 못하여 결국 그분의 충성된 종이 되지 못하고 버림당할까 봐 두렵다는 것이다.

사도 바울만이겠는가. 나 역시 '오늘도 목회하고 집회하고 방송하고 강의하고 글 쓰고, 열심히 산다고 사는데 이렇게 분주하게 산 것이 하나님의 뜻에 부합한 것인가? 만일 상이 아니라면 어떻게 할 것인가' 이것이 늘 고민되고 두렵다. 그래서 그동안 너무 분주하고 복잡했던 사역들을 이 기간 동안 잘 정리하면서 본질에, 하나님의 뜻에, 하나님의 선택에, 하나님의 방향성에 좀 더 집중하려고 노력하고 있다.

당신은 어떤가? 교회 생활 열심히 하고 남/여선교회, 성가대, 교사 등으로 섬기며 사람들에게 칭찬과 인정도 받았으리라. 그래서 직분도 얻고, 외형적으로는 믿음 좋은 신앙인 같아 보이는데 과연 하나님 보시기에도 그러한가? 정작 주인 되시는 하나님 뜻에는 전혀 부합하지 못하고, 하나님께서 기뻐하시는 삶과 순종의 열매를 맺지 못하는 허망하고 헛헛한 신앙인인 것은 아닌가?

사도 바울이 두려워했던 것을 우리도 두려워해야 한다. 혹시라도 사역 그 자체에 열심을 내고 있다면, 하나님의 뜻보다 내 가정과 직장과 교회의 안정적 경영에 힘쓰고 있다면, 본질에서 멀어진 종교 행위에 익숙해져 있다면 하나님께 돌아가자. 비본질적인 것들로 번잡했던 삶을 하나님 마음에 흡족한 삶으로 회복시키자. 그래서 더운 여름날의 차가운 얼음냉수처럼, 한겨울의 쩽한 동치미 국물처럼 주인 되시는 하나님의 마음을 시원하게 해드리는 종들이 되자.

찬란한 과거 아닌 두려운 미래의 도전에 집중하라

수많은 민족과 나라의 흥망성쇠를 연구한 역사학자 아놀드 토인비(Arnold J. Toynbee)는 "역사 속 승리는 죽을지도 모른다는 절박함에서 비롯되고, 패배는 과거의 찬란함에 대한 향수에 젖어 일어난다"라고 말했다. 과거의 융성함을 자랑하고 그 찬란함에 취해 있던 민족과 나라는 다 망했고, 혁신적으로 개혁하고 모험과 도전을 감행한 민족과 나라는 흥하고 승리했다는 것이다.

우리가 주장하는 교회의 숫자나 성도 수부터 실은 이미 다 줄어들고 무너지고 있는데도, 한국 교회는 과거의 폭발적 부흥과 뜨거운 열기만 그리워하며 그때의 찬란함과 영광을 놓지 못하고 있었다. 이제는 그런 것들을 내려놓고 하나님께서 명령하신 내일의 도전과 영적 모험에 관심을 가져야 한다.

나는 코로나19 팬데믹이 모든 것을 허물어뜨리는 것이 두렵기도 하지만, 이 팬데믹이 주는 유익도 하나 있다고 생각한다. "아 옛날이여"라는 취함에서 깨어나 분주하고 복잡해진 것들을 단순하게 떨어내고 시선과 마음을 다시 한번 집중시킬 기회를 제공했다는 것이다. 그래서 과거에 취해 있던 조국 교회가 깨어나, 과거가 아닌 미래를 바라보는 집중력이 이 코로나19 때에 생겨날 것을 기대하는 설렘도 있는 것이 사실이다.

안전과 평안의 함정은 안주하다가 점점 침체되어 스스로 죽어가면서도 그것을 자신이 모른다는 것이다. 성공하고 회복하고 능력 있는 인생을 살아가려면 찬란한 과거가 아니라, 두렵더라도 미래의 모험과 도전에 시선을 두고 집중해야 한다.

나이를 넘어선 갈렙의 진짜 젊음

과거에 집착하고 안주하는 사람이 있는가 하면 미래를 설계하고 도전하는 사람이 있다. 후자의 롤모델을 찾는다면 나는 대표적인 인물로 갈렙을 들고 싶다. 성경에서 갈렙은 그리 많이 등장하지 않으며 오히려 놀라울 만큼 적다. 그런데도 갈렙을 모르는 사람이 없고 수많은 사람이 그를 좋아하며, 그의 충성됨과 하나님께서 그를 기뻐하셨음을 누구도 부인하지 않는다. 갈렙의 인생을 그렇게 멋지게, 영적 호감형으로 만든 것이 바로 이 사건이다.

> 오늘 내가 팔십오 세로되 모세가 나를 보내던 날과 같이 오늘도 내가 여전히 강건하니 내 힘이 그때나 지금이나 같아서 싸움에나 출입에 감당할 수 있으니 그날에 여호와께서 말씀하신 이 산지를 지금 내게 주소서 수 14:10-12

85세의 노인이 이렇게 고백한다. 45년 전 그때나 지금이나 내가 변함없이 강건하니 이 산지를 얻도록 이 젊은이들과 나가 싸우게 해달라고.

이 고백이 너무나도 강렬한 울림을 주어서 그는 항상 충성스러운 사람, 우리가 좋아하는 인물이 되었다.

가끔 TV에 나와서 알통 보여주고 철봉에 수십 번씩 올라가며 노익장을 자랑하는 할아버지들이 계신데 이 고백은 그런 육체적 건강을 자랑하는 것이 아니다. 갈렙은 출애굽 당시 정탐꾼으로 가나안 땅을 처음 보았을 그때나 지금이나 변치 않는 하나님을 향한 신뢰를 말하고 있는 것이다. 그는 85세의 나이를 넘어선 진짜 젊음을 소유한 사람이었다.

한 번쯤은 누구나 뜨거울 수 있고 열정적일 수도 있지만 그것을 오랜 세월 변함없이 지켜내기란 참으로 쉽지 않다. 갈렙은 그 열정과 사랑이 수십 년 지나는 동안 자기 인생을 통틀어 조금도 흐려지거나 식지 않은 정말 멋지고 복된 인생이었다.

인생의 젊음과 늙음, 청춘과 노인은 세상이 부르는 나이의 숫자로 가름하는 것이 아니다. 아무리 나이가 젊어도 과거지향적인 마인드로 지난날 화려했던 전성기의 빛바랜 영광을 노래하고 있다면 그것은 늙음이요, 미래의 꿈에 집중하고 도전과 모험을 즐기는 인생이라면 나이에 상관없이 젊음이다.

영적 안티에이징

내가 아는 어르신 중에는 연세가 꽤 되는데도 웬만한 젊은 청춘 네댓 명이 붙어도 안 될 만큼 열정적이고 나이가 무색하게 새로운 영역에 도전하는 분들이 있다. 오늘도 무엇을 새롭게 해볼까 하며 모험을 찾는 그 멋진 인생들을 볼 때마다 '와, 저분은 청춘이구나. 저런 게 젊음이지' 싶다.

반면, "아~ 귀찮아, 옛날에 다 해봤어요. 또 그런다, 또. 작년에도 그랬고, 그전에도 그랬어요. 십 년이 넘도록 언제는 중요하지 않은 달이 있었어요?" 이러는 사람들이 있다. 아무리 나이가 젊어도 도전할 줄 모르고 과거지향적이고 케케묵은 사고방식으로 산다면 그의 속은 노인이다.

많은 사람이 주름 편다고 얼굴에 뭔가 막 찍어 바르고 피부를 당겨 올리며 노화 방지에 신경 쓰는데, 진짜 부러워할 것은 세월을 거슬러 젊어지는 동안(童顔)이 아니라 영적으로 늙지 않는 영적 안티에이징이다. 영혼과 신앙이 늙지 않아야 한다.

사도 바울의 이 고백이 우리의 고백 되었으면 좋겠다.

그러므로 우리가 낙심하지 아니하노니 우리의 겉사람은 낡아지나 우리의 속사람은 날로 새로워지도다 고후 4:16

육신은 매년 한 살씩 나이를 먹고, 내 신앙의 연조도 우리 교회 역사도 1년씩 더해진다. 겉사람은 어쩔 수 없이 낡아져간다. 그러나 외형은 낡아져도 속사람은 날마다 새로워지고 있다면 근심할 필요가 없다. 속사람이 날마다 새로워진다는 것은 내 믿음이 젊어진다는 것이다.

당신의 믿음은 몇 살인가? 성장과 성숙인지 늙어감과 노쇠함인지 점검하라. 육의 사람은 후패하고 늙을지라도 영혼과 신앙은 계속해서 젊어지는 멋진 영적 안티에이징이 일어나기를 바란다.

하나님은 갈렙이 보여준 그 변치 않는 열정과 사랑을 우리에게도 요구하신다. 그러니 과거의 영광에 취하지 말고, 안주하지 말고, 다시 일어나 도전하자.

"옛날엔 제가 얼마나 뜨겁게 기도하고 전도를 많이 했는데요"

"옛날에 우리 집안이요…"

"예전에 우리 교회가 몇 명까지 됐었냐면…"

이런 소리는 집어치우고, 앞으로 하나님께서 이런 때를 허락하실 때 내가 정복하고 취해야 할 산지는 어떤 것인가를 고민하자.

과거에 매인 꼰대인가 미래를 보는 어른인가

"내가 옛날에는 말이야…", "내가 한창 잘나갈 때는…" 하고 항상 과거를 자랑하며 살아가는 사람들이 참 많다. 이렇게 "옛날에 나 때는 말이야…"라는 말을 입에 달고 사는 사람을 '꼰대'(자신만의 구태의연한 사고방식을 강요하는 사람)라 하며, 그 "나 때"를 풍자한 '라떼'라는 말이 '꼰대'의 은유가 되었다.

갈렙은 지금 가나안의 정복 전쟁을 수행하고 있는 출애굽 2세대 가운데 유일하게 출애굽 당시를 기억하는 사람이다. 출애굽 1세대 중 그 과정을 다 경험하고 가나안 땅에 들어온 사람은 여호수아와 갈렙 뿐이었다. 군대 2년 갔다 와도 할 얘기가 그렇게 많은데 40년 동안 광야에 있었던 그는 얼마나 할 얘기가 많겠는가.

"야, 너 홍해 갈라질 때 그 밑에 도다리 봤냐? 아, 너 못 봤구나", "말도 마라. 우리 금송아지 만들었다가 완전 박살 났잖아. 그때만 생각하면 아직도 등에 식은땀이 다 난다" 이러면서 다음세대는 전혀 알지 못하는 옛날이야기들을 얼마나 들려주고 싶었겠는가. 나는 갈렙 같은 분은 라떼 허용권을 줘도 된다고 생각한다.

게다가 그는 이스라엘 민족 중 가장 강력한 유다 지파의 최고 지도자였다. 그 정도면 자서전 쓰고 강연 다니며 과거를 자랑하고 자기 기념비 하나 만들어달라고 옆구리 찌를 수도 있을 텐데 그는 과거가 아니라 하나님의 기쁨 되기 위하여 자신이 해야 할 일과 정복할 산지에 집중했다. 바로 이 집중력이 그의 인생을 위대하게 만들었다. 항상 주님의 나라와 그 의를 위해 할 것을 찾는 그 정신이 그의 영육을 강건하게 만들었다.

젊은이들이 바라는 윗세대는 "나 때는 말이야…"라며 라떼 타령하는 꼰대가 아니라 "앞으로는 말이야"라고 말해주는 어른이다. 이 시대는 과거지향적 마인드로 가득 찬 꼰대가 아니라 미래를 내다보는 지혜로 "내 경험에 비추어 보면 말이야, 앞으로는 이러이러한 시대가 올 것 같구나. 그러니 너희는 그 미래를 위해 지금부터 이런 것들을 좀 준비하고 대비하면 어떻겠니"라고 말해줄 참된 어른을 원한다.

갈렙은 꼰대가 아니라 어른이었다. 85세의 나이에도 모험을 마다하지 않고 하나님의 뜻에 집중한 그의 태도와 가치관은 흉내 낼 수 없는 영적 스케일인 동시에, 위대한 인생을 꿈꾸는 자들이 본받아야 할 신앙의 태도다. 이 글을 읽는 모든 분이, 편안히 안주하기만을 구하며 과거지향적 마인드로 살지 않고, 갈렙처럼 미래지향적 마인드로 도전하고 모험하며 평생 그 청춘을 유지하는 멋진 인생을 살았으면 좋겠다.

아직 최고의 때는 오지 않았다

공부 못하는 학생들의 특징이 몇 가지 있다. "너 공부했어?"라며 공부했냐고 얘기하는 것, 참고서나 문제집의 앞 단원만 새카만 것(당신의 성경도 레위기까지만 새카만 것은 아닌지?), 그리고 문제지 몇 장 풀었는지 자랑하는 것 등이다. 공부 잘하는 학생들은 오늘 할 것을 해나가며 계속 다음 할 것을 찾지만, 공부 못하는 학생들은 매번 얼마나 남았는지 보느라 뒷장부터 세고 있다.

기차 좌석에는 역방향과 순방향이 있다. 순방향은 내가 가야 할 앞을 보며 가지만, 역방향은 계속 뒤에서 앞으로 지나가는 것만 보게 되니 이렇게 가다 보면 어지럽고 구토가 나오기도 한다.

인생도 그렇다. 앞을 봐야지, 항상 뒤만 보고 과거에 집착하면 자꾸 후회를 토하고, 분노를 토하고, 상처를 토하게 된다. 뒤만 보고 살아가면 힘든데 그 힘든 일을 자청하는 사람들이 있다. 그래서는 안 된다. 앞을 봐야 소망이 보이고 회복의 통로가 열린다.

찬란함의 끝은 어디인가. 내가 그 찬란함에 취해 있으면 내 인생의 최고는 거기까지다. 나는 내 인생의 최고 전성기는 아직 오지 않았으며, 우리 교회 최고의 부흥도 아직 오지 않았다고 믿는다.

우리 교회 개척 때부터 내가 교인들에게 해온 말이 있다.

"아니야, 아직 최고의 은혜는 맛보지도 못했어."

"그 은혜가 또 있고 더 있습니다. 그러니 그걸 향해 달려가야지요."

지금도 많은 은혜를 누리고 눈물 흘리며 예배드리지만 아직 최고의 은혜는 맛보지도 못했다. 옛날 은혜, 옛날 기쁨, 예전 영광을 돌아본 사람들은 이미 전성기가 끝난 것이다. 전성기가 끝났다면 이제 쇠락만 남아 있을 뿐이다. 그러나 앞을 보는 사람들은 아직 더 남은 것을 기대한다.

나는 당신의 인생도 찬란함이 남아 있고, 전성기가 남아 있고, 더 큰 은혜가 기다리고 있고, 영적 부흥이 더 있고, 더 크게 외칠 아멘이 있다고 생각한다. 그러니 계속 앞을 보자. 아직 최고의 부흥은 오지 않았으며 최고의 은혜는 맛보지도 못했다는 도전 정신으로 더욱 하나님의 은혜를 갈망하고 사명에 열정을 품을 때 우리의 신앙, 영혼, 속사람은 날마다 새로워지며 젊어질 줄 믿는다.

지금 이 나이에도 될까?

미국에 한 노인이 있었다. 나이가 들어 은퇴하고 노인복지관에서 장기나 두며 하루를 때우는 지극히 평범한 노인이었다. 어느 날 장기 둘 상대가 없어 혼자 멍하니 앉아 있는데 지나가던 젊은 복지사가 던진 몇 마디가 그의 인생을 바꾸어 놓았다.

"할아버지, 그렇게 계시느니 그림을 그려보시면 어때요?"

"내가 그림을? 나는 붓 잡을 줄도 모르는데….”

"그야 배우면 되지요."

"지금 이 나이에도 될까?"

그 할아버지는 아브라함보다 한 살 많은 76세에 처음으로 붓을 잡아 봤고, 모세보다 한 살 많은 81세부터 본격적으로 그림을 배워 그림을 그리기 시작했다(아브라함과 모세의 나이는 부르심 받았을 때를 가리킴).

81세면 어느 분야든 은퇴할 나이인데, 81세에 처음으로 그림을 그리기 시작한 그 할아버지가 놀랍게도 그로부터 20년 동안 작품 활동을 하며 이름을 알렸고, 101세에 22번째 전시회를 끝으로 미술계를 은퇴하고 2년 뒤인 103세에 행복하게 삶을 마감했다. 바로 미국의 국민 화가, 미국의 샤갈이라고 불리며 미국인들의 존경을 받는 해리 리버만(Harry Lieberman)이다.

해리 리버만은 26세에 폴란드에서 미국으로 건너온 이민자다. 현금출납원으로 일을 시작해 거기서 모은 돈으로 조그만 과자 가게를 차렸고, 이후 제조업으로 크게 성공하고 나서 은퇴한 것이 바로 그때였다. 사람들은 그의 인생에서 최고의 전성기는 이제 끝났다고 생각했을 것이다. 아니, 본인도 그랬을 것이다.

이제는 과거의 성공을 자랑하며 "야, 내가 스물여섯 살에 미국 처음 왔잖아. 그때 영어도 한 마디 못 하고, 캐셔로 일할 때 얼마나 서러웠는지 몰라. 라떼는 말이야…" 하고 살아도 될 사람이었다. 그런데 과거에 멈추지 않고 완전히 새로운 영역에 도전했다. 만일 그때 그가 복지사의 권유를 귀담아듣지 않고 소망을 품지 않았다면 미국의 샤갈, 미국의 국민화가 해리 리버만은 없었다.

당신도 그렇다. 끝났다고? 아니, 이제 시작이다. 지금부터 그림 그리라는 얘기가 아니라 이제부터 뭔가 하나님께서 주시는 가슴 뛰는 일, 설레는 일을 하며 일어나보자는 것이다. 아브라함처럼 75세에도, 모세처럼 80세에도, 갈렙처럼 85세에도 하나님의 일을 충분히 감당할 수 있으니 손가락 움직일 힘만 있어도 주의 나라와 그 의를 위해 살고, 입술을 벌릴 힘만 있으면 우리가 받은 그 아름답고 행복한 주의 복음을 전하는 귀한 자들이 되기를 바란다.

사명의 모험과 도전을 멈추면 스스로 몰락한다

우리나라가 고령화 사회에 진입하고 노인 빈곤율과 자살률이 OECD 국가 중에 1위를 달리고 있다. 노인 자살률은 10만 명당 54.8명으로 OECD 평균의 약 3배나 되고, 예전에 상당히 심각했던 일본의 노인 자살률보다 두 배나 많다. 또한 노인 4명 중 1명이 자살을 생각해본 경험이 있다는 충격적인 보고가 있다.

이러한 극단적 선택의 원인은 경제적 빈곤이나 질병으로 인한 고통이 가장 크긴 하지만, 노화에 따라 사회적·경제적 지위가 낮아지면서 자존감이 하락하는 것, 할 일이 없어 가치 있고 의미 있는 삶을 살지 못한다고 느끼는 상실감과 소외감 역시 그 중요한 이유가 되고 있다.

교회와 신앙도 이렇게 스스로 죽어갈 수 있다. 아무리 건물을 번듯하게 잘 짓고 좋은 프로그램과 시스템을 가동하고 조직을 잘 갖추었어도 교회가 소망 없이 굴러만 간다면, 의미 있고 가치 있는 비전과 도전을 선포하고 그 모험을 감행하며 산지를 점령하지 않는다면 교회는 스스로 몰락할 것이다.

우리 교회에서 기독대안학교(SCLA 물맷돌크리스천리더스아카데미)를 시작한 후 한동안 정말 힘들었다. 시설도 준비해야 하고, 정책도 세워야 하고, 맨날 상담하고, 아직은 학교에서 받을 수 있는 인원의 한계가 있어서 많은 사람을 거절해야 하고…. 괜한 일을 시작했다는 생각이 들 만큼 너무 힘들고, 머리가 터질 듯이 아프고 몸도 지쳐갔다.

그런데 갈렙에 관한 부분을 묵상하던 중에 이것이 확 깨달아지며 힘을 얻었다. '그래, 이것은 하나님 주신 사명이었지! 만약 내가 두렵고 떨린다고 이 산지를 정복하지 않았다면 나는 스스로 영적으로 노화되며 죽어갔을 거야.' 이 산지가 아니었다면 닳고 닳은 내 스킬과 노하우 따위로 충분히 때워갈 수 있는 설교와 뻔한 목회로 결국 스스로 자멸했을 것이라는 두려움이 밀려왔다.

두려울수록, 긴장되고 버거울수록 그 모험을 감행해야 한다. 영적 자살을 선택하지 말자. 85세에도 가나안 정복 전쟁의 선봉에 선 믿음의 장수 갈렙처럼 계속 꿈꾸며 도전하자. 하나님이 나에게 원하시고 명하신 뜻을 찾아 기쁘게 수행하며, 과거에 집착하고 있던 시선을 미래로, 내일로, 또 다른 헌신과 도전으로 옮기자.

모두가 숨죽이는 헤브론 산지

갈렙이 달라고 했던 헤브론은 당첨만 되면 대박 나는 신도시 아파트 분양권이나 유동 인구 많은 역세권 상가가 아니다.

헤브론의 옛 이름은 기럇 아르바라 아르바는 아낙 사람 가운데에서 가장 큰 사람이었더라 수 14:15

헤브론의 옛 이름 '기럇 아르바'(Kiriath Arba)는 '아르바의 성읍'이라는 뜻이고, '아르바'는 거인 아낙 족속 중 가장 강하고 장대한 부족이다. 헤브론은 거인 중의 거인인 아르바 사람이 지키는 데다 산지(山地), 즉 산 위에 있어 함부로 도전하기 어려운 난공불락의 요새였다.

오히려 '혹시 우리 지파에 불똥이 튀어 우리한테 맡기면 어떡하지' 하며 외면하고 싶은 곳이었다. 수학 시간에 선생님이 "이 문제 누가 한번 풀어볼까" 하면 교실 안에 숨소리도 안 나고 모든 학생의 시선이 일제히 책상과 교실 바닥으로 향하듯(그 순간 가장 긴장하는 사람은 주번과 당일 날짜에 해당하는 번호를 가진 학생이었다), 모두가 두려워하며 피하고 싶어 한 시대적 도전과 과제였다.

갈렙은 그런 산지를 맡겨달라고 청한 것이다. 모두가 눈 내리깔고 숨 죽이고 있을 때 "저요!"라고 외칠 수 있는 그 담대한 믿음은 누구도 흉내 낼 수 없는 삶의 태도이자 영적 스케일이었다. 정말 영적 '월클'(세계적 수준, world-class의 줄임말) 아닌가?

제발 쪼잔하고 '찌질'하게 살지 말고 사자처럼 담대하게, 이런 갈렙 같은 클라스로 살자. "저에게 맡겨주세요, 목사님", "하나님, 우리 교회에 맡겨주세요"라고 청하고 당당하게 전진할 수 있는 멋진 용사가 되기를 부탁한다.

하나님의 말씀과 약속에 집중하자

갈렙이 이런 선택을 할 수 있었던 용기와 자신감은 어디서 왔을까 생각하며 성경을 계속 읽어나가는 중에 눈에 들어오는 말씀이 있었다.

> 여호와께서 가데스 바네아에서 나와 당신에게 대하여 하나님의 사람 모세에게 이
> 르신 일을 당신이 아시는 바라 … 그날에 모세가 맹세하여 이르되 네가 내 하나님
> 여호와께 충성하였은즉 네 발로 밟는 땅은 영원히 너와 네 자손의 기업이 되리라
> 하였나이다 수 14:6,9

그는 45년 전에 하나님께서 하신 말씀을 기억하고 있었다. 그때 모세를 통해 분명히 "네가 네 발로 밟는 모든 땅을 너와 네 자손에게 주리라" 하고 약속하셨다는 것이다. 갈렙은 헤브론이든 어디든, 밟으면 내 땅이 된다는 그 약속을 믿었다. 갈렙에게 '이 산지'는 그의 야망과 명예욕이 아니라 "그날에 여호와께서 말씀하신", 하나님 말씀을 근거로 한 목표였고 꿈과 미래였다.

> 이제 보소서 여호와께서 이 말씀을 모세에게 이르신 때로부터 이스라엘이 광야에
> 서 방황한 이 사십오 년 동안을 여호와께서 말씀하신 대로 나를 생존하게 하셨나
> 이다… 수 14:10

가나안 정탐 후 충성됨을 인정받은 그때부터 45년이 지나는 동안 다른 사람들은 다 죽었지만 자신과 여호수아는 하나님의 말씀대로 살아남았다. 45년 동안 그 살리심의 약속이 실행되는 것을 보면서 갈렙의 인생에는 하나님 말씀의 성취라는 경험이 축적되어 간 것이다.

갈렙의 승리의 확신은 어디서 왔는가? 상황과 처지가 유리해서인가? 그는 선천적으로 용감무쌍하고 두려움의 DNA가 없기 때문인가? 도전적이고 모험을 즐기는 성향을 타고났기 때문인가? 감정적으로 용기가 솟았기 때문인가? 인맥이 든든해서인가? 이길 확률이 높게 나타났기 때문인가? 그가 지닌 승리의 확신과 자신감은 바로 이 하나님의 약속과 말씀에 있었다.

> …당신도 그날에 들으셨거니와 그곳에는 아낙 사람이 있고 그 성읍들은 크고 견고 할지라도 여호와께서 나와 함께하시면 내가 여호와께서 말씀하신 대로 그들을 쫓 아내리이다 하니 수 14:12

갈렙은 약속의 말씀에 집중하고 있었기 때문에 아무리 상황과 조건이 어려워도 나는 '여호와께서 말씀하신 대로' 승리할 것이라는 확신으로 도전을 선택할 수 있었다. 그의 삶에서 하나님의 말씀은 중요한 선택과 결정의 근거였고 도전을 가능케 하는 용기와 자신감의 근원이었다.

45년 전에 주신 말씀을 그 오랜 시간 동안 붙들고 신뢰하며 살아간 것도 놀랍고, 오늘의 중대한 선택과 결정에 하나님의 말씀을 의식하고 적용한 것도 대단하고, 말씀에 대한 신뢰가 말뿐 아니라 행동으로 이어져 위대한 도전과 헌신으로 나아간 것도 진정 존경스럽다. 이것이 진정한 믿음이고 충성이다.

For get인가 For give인가

우리는 오늘도 말씀을 읽고 듣는다. 나에게 하나님의 말씀은 어떤 의미인가? 왜, 무엇을 위해 말씀을 받는가? 혹시 말씀을 이용하는 것은 아닌가? 내 필요를 채우고, 내가 원하는 것을 얻기 위해(for get) 말씀이 필요하다면 나는 하나님에게서 잊히는(forget) 인생이 될 것이다. 반면, 하나님의 말씀을 받아들이고 나를 내어 드리려 하면(for give) 하나님의 은혜와 용서(forgive)를 입는 인생이 될 것이다.

날 구원하신 하나님의 은혜에 감동하여 이제 하나님의 뜻대로 살아가고자 한다면 말씀을 들어야 나를 향하신 하나님의 선하고 온전하신 뜻과 계획을 알게 된다. 그래서 하나님께 헌신하고 드리기(give) 위하여 말씀을 들으며 살아가는 자들은 'forgive', 하나님의 용서와 긍휼의 은혜를 입는 멋진 존재가 될 것이다.

내가 원하는 욕망을 채우고 필요한 것을 얻기 위해 하나님 말씀이 있는 것이 아니라 하나님의 영광과 영화로움을 위하여 나의 삶이 있다. 우리 인생의 궁극적 목적은 하나님을 영화롭게 하는 것이다.

뭔가를 얻기 위해서(for get)가 아니라 하나님께 드리고(for give) 헌신하기 위하여 예배드리고 말씀 듣고 신앙으로 살아가자. 갈렙처럼 하나님을 위해 살고자 오늘도 하나님 말씀을 듣고 예배한다면 하나님께서 어떤 죄에서도 용서하시고(forgive) 긍휼을 베풀고 영원히 기억하시는 멋진 인생이 될 줄 믿는다.

chapter 2

잘하였도다 착하고 충성된 종아!

상대가 아니라 목표에 집중하라

그 주인이 이르되 잘하였도다 착하고 충성된 종아 네가 적은 일에 충성하였으매
내가 많은 것을 네게 맡기리니 네 주인의 즐거움에 참여할지어다 하고 …
그 주인이 대답하여 이르되 악하고 게으른 종아 …
이 무익한 종을 바깥 어두운 데로 내쫓으라 거기서 슬피 울며 이를 갈리라 하니라

마 25:21,26,30

달란트 비유는 성공학이 아니라 천국 비유

마태복음 25장에 그 유명한 달란트 비유가 나온다. 어떤 사람이 자기 종 세 명에게 자기 소유를 맡기고 타국으로 떠났다가 오랜 후에 돌아와서 그 맡긴 것들에 대해 계수(심판)하는 이야기다.

금 다섯 달란트 받은 자와 두 달란트 받은 자는 열심히 일해서 받은 만큼의 달란트를 더 남겼고, 주인에게 "잘하였도다 착하고 충성된 종아"라고 칭찬받았다. 문제는 한 달란트 받은 자였다. 받은 것을 땅에 묻어놓고 아무것도 하지 않은 그를 주인은 "악하고 게으른 종"이라 책망한다. "착하고 충성된 종"과 "악하고 게으른 종"이 비교된다.

하나님은 우리를 통해 구원의 복음이 충만하게 퍼져가고 하나님의 뜻과 그분의 나라가 이루어지기를 바라서 각자의 상황과 신앙의 양심, 영적 성장과 성숙 정도에 따라 우리에게 재능과 시간, 물질 등의 달란트를 맡기셨고, 언젠가는 그것을 계수하신다. 달란트 비유는 하나님의 뜻대로 우리에게 맡기신 달란트에 우리가 어떻게 반응하고 일해야 하는지를 분명하게 말해준다.

이 달란트 비유는 그저 이 땅에서 내가 받은 달란트와 재능을 잘 발휘하며 열심히 노력해서 잘 먹고 잘살라는 자기계발이나 동기부여, 성공학 강의가 아니다. 달란트 비유를 가볍게 보지 말고 주의하여 살펴야 하는 것은 이것이 바로 천국의 비유이기 때문이다.

마태복음 25장에서 예수님은 우리가 소망하고 바라보는 천국에 관해 등을 들고 신랑을 맞으러 나간 열 처녀, 달란트 맡은 세 종, 양과 염소에 대한 세 가지 비유로 연이어 설교하신다.

맡은 달란트를 잘 사용하여 주인께 유익함이 된 종들은 기름을 준비한 슬기로운 다섯 처녀가 혼인 잔치에 들어가고(10절) 지극히 작은 자하나에게 주께 하듯 한 자들이 예비된 나라를 상속받듯이(34절), 주인에게 칭찬받고 더 많은 것을 맡고 주인의 즐거움에 참여하게 된다.

반면 기름을 준비하지 않은 미련한 다섯 처녀는 등을 가지고 신랑을 맞이하러 간 행위도 똑같고 그 목표도 똑같은데 결국 혼인 잔치에 들어가지 못하게 된 것처럼, 맡은 달란트를 주인을 위해 사용하지 않고 방치하거나 주인의 뜻과는 상관없이 무익하게 사용하는 종은 악하고 게으른 종이라고 책망받고 가진 것도 빼앗긴 채(28절) 쫓겨난다(30절).

달란트를 거두어가실 때

하나님은 우리에게 달란트를 맡기시되 그것을 가지고 무엇을 하라든지 어떻게 하라고 명령하시지 않기 때문에 어떻게 사용할지를 내가 내 의지로 선택하고 결정할 수 있다. 나의 시간도, 건강과 물질과 관계도 내 마음대로 사용할 수 있다. 내 마음대로 결정하고 선택할 수 있으니 내가 이렇게 하고 저렇게 하며 스스로 뭔가 한 것 같다.

문제는 결정권이 있으면 이게 내 것인 줄로 착각한다는 것이다. 우리는 내 마음대로 할 수 없는 것은 남의 것이고, 내 마음대로 결정하고 선택할 수 있는 것은 내 것이라고 착각하는 경향이 있는데, 무조건 내 것이라 착각하지 말고 그 모든 것이 하나님께로부터 왔음을 절대 잊지 말아야 한다. 하나님께서 주실 때는 그것을 어떻게 쓰시려는 뜻이 있으므로 그 뜻대로 하지 않으면 하나님은 그것을 거두어가신다.

또한 우리는 선한 청지기가 되어 그 맡기신 것으로 사명을 감당해야 하는데, 자기 형편을 핑계로 땅에 묻어두듯 순종을 미루는 사람이 있다. 그러면 하나님은 맡기신 것을 빼앗아 착하고 충성된 종에게 더 맡기시고, 악하고 게으른 종들은 쫓거나 이를 갈며 슬퍼하게 된다.

오늘 하나님께서 나에게서 뭔가를 거두신다면 내가 그것을 하나님 뜻대로 사용하지 않았다는 뜻이다. 건강, 물질, 시간, 관계, 기회, 맡기신 사명과 직분, 사역 등 무엇을 거두시는지 점검하고, 더 나아가 하나님의 뜻대로 주신 달란트를 잘 사용하여 맡겨진 직분과 사명을 잘 감당해야 한다.

사명이 거창한 게 아니다. 주님이 주신 말씀, 시간, 물질, 재능 등의 '달란트'를 그분 뜻대로 사용해야 하는데 어떤 것은 단기간에 그것을 성취할 수 있고 어떤 것은 오랜 기간 실행해야 한다. 단기적인 것이 순종이고, 장기적인 순종이 바로 사명이다.

사명을 이루어가는 데에는 '집중'이 필요하다. 뭉툭한 것으로는 뭔가를 깊이 찌를 수 없다. 많은 것, 두꺼운 것이 대단한 게 아니다. 날카로운 집중됨이 강력함이다. 돈과 시간이며 지식과 재능이 얼마나 많은지, 얼마나 건강한지, 이러한 "얼마나 많이"를 자랑하지 말고 이것에 얼마나 집중하여 주인의 뜻대로 사용하는지를 생각하라.

옆에서 누가 어떻게 뛰든 상관하지 말라

누가 봐도 빠른 토끼와 느린 거북이가 경주를 했는데 토끼는 중간에 낮잠을 자고 거북이는 쉬지 않고 엉금엉금 기어가서 결국은 거북이가 이긴 이상한 사건을 기록한 우화가 있다. 일반적으로는 그 이야기에서 성실함과 게으름을 말하지만, 나는 관점을 달리하여 '시선이 어디 있었느냐'라는 차이점에서 그 이야기를 보고 싶다.

토끼는 시선이 자기보다 느리고 열등한 거북이에게 있으니 "아직도 저기야? 한숨 자도 되겠는걸" 하고 자만하여 게을러진 것이다. 만일 거북이 대신 치타나 타조와 경주를 했다면 이 토끼는 게으른 캐릭터가 되지 않았을 것이다.

거북이 입장도 생각해보자. 경주가 시작되자마자 옆에서 확 치고 나간다. 만약 거북이도 토끼처럼 상대편을 바라봤으면 현격한 전력 차이 때문에 곧 포기하고 기권했을지 모른다. 그러나 토끼 대신 동산의 결승점만을 보고 갔기 때문에 끝까지 성실하게 노력할 수 있었다.

같은 선수라도 지역대회와 세계대회에서의 기록이 크게 차이 날 수 있다. 경쟁하는 선수들의 수준이 다르기 때문이다. 옆에서 뛰는 선수들을 보며 1등을 위해 뛰면 1등은 하겠지만 기록은 후퇴할 수도 있다. 옆에서 누가 뛰든 상관하지 않고 오직 자신의 기록 갱신을 목표로 뛰는 사람이 1등도 할 수 있고 위대한 기록 갱신도 이룰 수 있다. 시시각각 변하는 상대나 상황을 보지 말고 분명하고 확실한 목표만을 바라보며 살아가라! 그래야 성실해지고 승리할 수 있다.

인생도 신앙생활도 마찬가지다. 상대에 따라 내 페이스가 오락가락하면 우월감에 빠져 느슨해지기도 하고, 패배감에 눌려 비굴해지거나 의욕을 잃고 무기력해지기도 한다. 그러니 사명도 상대가 아니라 목표를 지향하며 사역하고 감당해야 한다. 인생의 가치관과 사명을 바라보고 사는 사람이 1등을 할 뿐 아니라 위대하고 원대한 삶도 살 수 있다.

인터뷰를 하면 종종 "목사님의 라이벌로 생각하시는 분은 누가 있습니까?"라는 질문을 받는다. 없다고 대답하고, 정말 없다. 사실 나는 승부욕이 강해서 한 번 뭔가에 꽂히면 그것을 해내야만 하기 때문에 애초부터 딱히 친구도 두지 않고 경쟁의식도 품지 않고 하나님 주신 페이스대로 가는 것뿐이다. 비교하다가 하나님의 뜻이 아닌데도 오만하게 잘못 갈까 봐, 하나님도 원치 않으시고 나도 실은 원치 않는 그 길을 쫓기듯 실수하며 걸어갈까 봐 항상 조심하는 것이다.

한 달란트가 작다고?

상대를 보지 말고 목표에 집중해야 한다는 것도 알고, 하나님을 위해서 일하려는 충성된 사람이라도 남과 비교될 때는 좀 언짢고 속상할 수 있다. 옆에서 다섯 달란트 받고 두 달란트 받는 것을 보았는데 자기는 한 달란트만 받을 때 그 종은 마음이 상하지 않았을까? 옆 사람과 비교 되면서 주인에게 서운하여 충성심까지 사그라졌을지 모른다. 당신도 그런 생각이 든 적은 없는가?

그런데 우리가 여기서 실수할 때가 많다. 이 종들이 받은 달란트는 교회 달란트 잔치 때 떡볶이 한 접시, 과자 한 봉지 살 수 있는 그런 달란트가 아니라 금 한 달란트다. 구약 시대에는 34.17킬로그램, 신약 시대에는 20.4킬로그램에 해당한다(구약 시대에는 히브리식 도량형을 썼고 신약 시대에는 로마의 지배 하에서 로마식 도량형을 썼기 때문에 서로 다르다). 쌀도 아니고 금이 20킬로그램이다! 이 정도면 5,320돈(匁)이 넘고 요즘 시세로는 15억 원이 넘는다. 그런 '금 한 달란트'가 작은가?

하나님께서 우리에게 맡기신 말씀과 사역과 직분은 결단코 작은 것이 없다! '비교적' 적어 보이고 하찮게 느껴질 수는 있을지언정, 하나님께서 주신 말씀과 계획과 사명과 비전에는 결코 작음도 하찮음과 가벼움도 없다. 우리는 누구도 예외 없이 하나님의 놀라운 사역과 역사를 이루고 있는 영광스럽고 소중한 한 부분이다.

교회 질서나 주의 종을 통해서, 혹은 말씀을 읽는 가운데 주시는 감동이 있다면 그것이 어떤 것이든 하나님께서 주신 그 말씀 그대로 살아가라. 기도하라면 하면 되고, 선교하자 그러면 하면 된다. 절대로 우리 소견대로 하찮게 여길 작은 말씀, 가벼운 말씀은 없다. 그런데 우리는 하나님께서 말씀을 주셔도 겉으로 보이는 규모만 가지고 판단하여 소홀히 여겨도 될 만하다고 느낀다.

비교하지 말라! 비교, 경쟁의식, 우월감과 패배감 따위는 마귀가 주는 생각이고 마귀의 방법이다. 하나님은 은혜를 주셔서 일하게 하시지 절대로 열등감 같은 것들로 찌르고 경쟁심으로 부추겨서 일 시키지 않으신다. 하나님은 "네 인생 가운데 내가 네게 맡긴 사명을 바라봐라, 인생의 목적을 바라봐라. 말씀만 바라봐라. 제발 상황, 처지, 형편, 다른 교회, 김 집사, 박 집사 찾지 말고 네 할 일만 해라" 하신다. 비교하지 말고 하나님 주신 그 모든 일이 존귀함을 믿어야 한다.

이미 충분한 행복을 굳이 빼앗기는 이유

하버드 경영대학원 15인의 교수들이 이제 사회에 나가 비즈니스계의 거목들로 커나갈 제자들에게 마지막 수업에서 들려주는 인생의 교훈과 조언을 담은 《하버드 졸업생은 마지막 수업에서 만들어진다》(세종, 2005)라는 책에서 데이비드 벨 교수는 "절대로 동창회에 나가지 마라"라고 조언한다.

하버드대 졸업들은 금 한 달란트 받은 사람처럼 이미 충분히 만족스럽고 감사하고 행복할 수 있는데 화려하게 살고 있는 동문을 보면 상대적으로 내가 초라해 보여서 그것을 이겨보려고 자기가 원치 않는 '멋진' 직업을 택하고 원치 않았던 삶의 모습으로 살아가다가 좌초하고 오히려 불행해질 수 있다는 것이다. 그런 인생이야말로 가장 불행한 삶이니 세상 사람들의 평판을 내 인생의 기준으로 삼지 말고 '내가 원하는 나'가 되어 진짜 행복한 삶을 살라는 교훈이다.

우리도 이 구원의 은혜 받은 것만 해도 충분히 행복할 수 있는 사람들이다. 나 같은 게 뭐라고 천국에서 내 이름이 불린단 말인가. 그 천국의 소망만으로도 이미 충분히 행복한 사람인데 언제 불행해지는가? 경쟁심으로 남을 바라보며 비교하다가 열등감, 우울감에 사로잡혀 스스로 지옥을 만들고 거기 갇힐 때다.

은메달 딴 사람이 동메달 딴 사람보다 얼굴이 어두운 경우가 많다. 비교해서 생각하니까 그렇다. 은메달이면 그 종목을 세계에서 두 번째로 잘한다는 것이니 얼마나 대단한가! 충분히 행복할 수 있는데도 비교의식으로 '아, 1등 할 수 있었는데. 금메달 놓쳤네' 생각하니 불행한 것이다. 오히려 동메달을 딴 3등은 메달이라도 딴 것을 감사하고 행복해하는데 말이다.

우리의 만족과 행복이 대부분 비교의식에서 생긴다. 금 한 달란트만 봤으면 나 같은 사람에게 분에 넘친다며 감사했을 텐데 주변의 다섯, 둘을 보며 비교하다가 허접한 우월감이나 열등감, 패배감에 휩싸이고, 하나님께서 주신 사역이 하찮게 여겨져 게으르고 악하게 살아가는 불행한 인생이 너무나 많다. 비교하지 말고, 주신 것을 보라. 집중은 행복을 만들어주는 통로다. 불행하게 살지 말고 하나님께 받은 사명, 맡은 달란트에 집중해서 행복하게 살라.

이대로도 좋아요

개척하고 사람들 몇 명 안 될 때 설교 말씀 좋다고 동네에 소문이 났다. 그때 어떤 분이 "○○○목사님 설교와 비슷해요. 어떤 큰 교회 목사님과 견주어도 손색없는 설교예요"라고 칭찬해주셨는데 그 말을 듣고 나는 좀 마음이 아팠다. 미성숙한 목회자인지라 '아니, 그 목사님도 이런 설교를 한다며? 그런데 왜 나만…' 이런 마음이 든 것이다.

똑같은 설교인데, 그렇게 은혜로운 설교라면 왜 그분들은 몇만 명, 몇십만 명 앉혀놓고 설교하는데 나는 왜 한 명, 두 명 앉혀놓고 이 시골에서 설교해야 하는지, 솔직히 부럽기도 하고 섭섭하기도 했다.

그런 마음으로 매일 기도하던 어느 날이었다. 내가 신비한 꿈을 자주 꾸는 사람은 아닌데 그날은 꿈속에서 하나님께서 너무나도 인자하신 모습으로 나타나 내게 이렇게 말씀해주셨다.

"호성아! 네가 열등해서 여기 있는 게 아니야. 너를 더 믿어서 그래."

너를 더 믿어서 그래.

나는 그 감동이 지금도 생생하다.

"너는 그거 아니? 여기 이 시골에 있는 이 성도 한 명 한 명도 내가 언제든지 기꺼이 내 독생자 아들 십자가에 달아 포기하고 구하고 싶은, 구할 수 있는, 아니 그렇게 구원한 내 사랑하는 아들이고, 내 사랑하는 딸이야."

허허벌판에 사람도 몇 명 없는 시골이지만 하나님은 그들이 몇 명 안 된다고 해서 버려도 되는 게 아니며, 똑같이 내 아들의 목숨을 걸고라도 살리고 싶은 내 자녀들이라 하셨다.

그래서 목회자들이 이곳을 조금만 더 좋은 대우 해주면 바로 지나갈 수 있는 발판이나 징검다리, 또는 어쩔 수 없어서 얼마간 때우는 장소로 여겨선 안 되고, 자기의 한계가 이 정도여서 여기가 최선이라 머무는 곳이 되어도 안 된다는 것이다.

나도 절대로 그러면 안 된다고 생각했다. 스펙과 학위 등 나의 조건이 어떠하든, 하나님의 명령과 말씀이라면 하나님의 뜻과 목적을 따라 내 모든 것을 집어던지고 이곳에 인생을 걸고 머물 수 있는 사람이 여기 있어야 한다. 그것이 본래 마음인데도 내가 사람의 말에 잠시 흔들렸다.

"너는 여기에 두어도 그 한 영혼 한 영혼을 포기하지 않고 그들을 끝까지 품고 책임져줄 것 같아서 내가 너를 믿어서 여기 보낸 거야."

그 말씀이 너무 감사했다.

그때부터 더 좋은 대우, 더 좋은 조건 같은 것이 조금도 갈등의 요소가 되지 않았다. 하나님께서 촛대를 옮기시고 떠나라고 명령하시기 전에는 절대로 내 욕구와 야망을 따라 임의로 떠나는 일은 없다. 개척교회 때 사람들도 그 약속을 가장 원했다. "목사님도 조금 큰 교회에서 부르시면 갈 거잖아요" 할 때마다 아니라고 매번 얘기했고, 그들은 오히려 많이 떠났어도 나는 지금도 이곳을 지키고 있다.

그날 밤에 '내가 열등해서 여기 있는 게 아니라 하나님이 더 믿어주셔서 그렇구나' 깨닫고 너무 행복해서 그 감동과 결단의 고백을 노래로 만든 것이 "이대로도 좋아요"라는 찬양이다.

이대로도 좋아요 지금 이 모습이라도

주님께서 허락하신 지금 이 길로 감사하며 걸어갈게요

이대로도 좋아요 그리 아니하실지라도

지금 내가 소망하는 많은 바램을 이루시지 않더라도

이대로도 좋아요 지금 이 모습이라도

주님께서 이미 주신 많은 것들로 주를 위해 살아갈게요

그날의 고백이다. 이대로도 좋았다. 한 명이 됐든 몇 명이 됐든 지금 이 모습 이대로 평생을 목회하래도 괜찮다는 마음이 가득했다. 몇 분 전까지만 해도 나는 목회 성공을 꿈꾸었고 소망하는 내 삶의 모습이 있었지만, 그게 하나도 이루어지지 않고 하나님께서 더 많은 것을 부어주고 채워주지 않으셔도 지금까지 이미 주신 것들만으로도 충분히 감사하며 주님께서 허락하신 이 길을 끝까지 걸어갈 수 있다고 고백하게 되었다. 나의 이 고백이 변치 않으며, 또한 여러분의 고백도 이러하기를 간절히 바란다.

간신배처럼 대접받기를 바라지 말라

이순신 장군의 리더십이 위대하고 오늘까지도 존경받는 이유는 무엇일까? 그는 애국이라는 한 가지 목표만 바라보고 우국충정으로 살아간 사람이었다. 그래서 존망의 위기에 선 국가가 나를 필요로 하고 국가에 유익한 일이라면, 계급이 무엇이든 사람들이 나의 공(功)을 알아주든 말든 상관없었다. 억울한 좌천과 파직, 투옥에도 불구하고 백의종군이 가능했던 것은 그가 원래 무던하고 무감각해서가 아니라 오히려 분명한 인생의 사명감과 목표의식이 있었기 때문이다.

반면 간신배는 늘 사람을 의식해서 내가 지금 어떤 이름으로 불리는지, 내가 저 사람보다 높은지 낮은지에 관심을 둔다. 내 지위와 보상도 대단하고 충분한데 상대편이 나보다 높고 강해지는 것은 참을 수가 없다. 그래서 참소하고 모략하며 천박한 정치질과 당파싸움에 몰두하고, 내가 배부르고 내게 이익이 된다면 나라가 망하든 왕권이 흔들리든 상관없어 나라의 안위도 팔아먹는다.

사역자와 성도 중에 이순신같이 충성된 사명자도 있지만 간신배 같은 자들도 있다. 주변 사람들의 인정과 평가를 중요시하고 결과물로 얻어지는 직분과 자리에만 관심 있는 사람이 간신배 같은 사람이다. 그런 사람은 내가 원하는 직분을 얻고 내가 원하는 일을 맡고 사람들에게 인정받으면 열심히 일하지만, 나를 알아주는 사람이 없고 하기 싫은 일을 맡으면 집어치운다. 교회가 어떻게 되든, 하나님의 일과 말씀의 권위가 어떻게 되든 상관하지 않는다.

사명 대신 사람을 바라보면 하나님께 악한 종 간신배가 될 위험이 있다. 우리는 사람이나 개인적 사사로움이 아니라 하나님이 맡기신 사명을 바라보고 그 목표에 집중하여 전력을 다하는 충성된 종이 되어야 한다. 정말 아무도 알아주지 않을 때도 하나님은 다 지켜보시고 알아주시니 그것만 생각하자.

너희는 먼저 그의 나라와 그의 의를 구하라 마 6:33

제발 사람 보지 말고 주변과 비교하지 말고, 먼저 하나님의 나라와 의를 구하라. 하나님께서 맡기신 사명, 헌신의 감동, 나에게 선포하신 말씀과 비전에만 집중해서 누가 뭘 하든 안 하든 신경 쓰지 말고 오늘도 'Focus on' 하며 전진하자.

주님, 쟤는요?

아무것도 아닌 자신을 부르고 사랑해주신 예수님을 배신하고 도망쳐 버린 베드로. 씻을 수 없는 사역 실패의 부끄러운 흔적을 안고 다시 어부의 삶으로 돌아간 그를 주님이 다시 찾아오셨다.

식사를 차려주시고 와서 먹으라 하시며, "너 그때 왜 그랬냐. 아직도 그 생각만 하면 마음에 응어리가 져서 새벽에도 벌떡벌떡 일어난다. 병원 갔더니 화병이라더라" 이런 질책 한마디도 안 하시고, 책임을 묻거나 앞으로 잘하겠다고 각서 쓰라고도 하지 않으시고 "베드로야, 너 나 사랑하니?"라고만 물으신다.

감히 주님을 쳐다볼 수도 없는 참담한 심정으로 "내가 주님을 사랑하는 거 주님이 아십니다"라고 고백하는 베드로에게 예수님은 "내 양을 먹여라" 하고 다시 사명을 주신다. 얼마나 감격스러운 장면인가. 이때 베드로는 '예, 어떤 일이든 맡겨주십시오' 하는 마음이었으리라.

사역을 다시 맡기신 예수님이 그의 죽음을 예고하셨지만 이제 베드로는 이것을 거부하지 않는다. 세 번이나 예수님을 배신했던 베드로가 완전히 달라졌다. 그런데 '예수님을 위해서 죽어도 좋다. 이제는 주님을 버리지 않고 십자가를 내동댕이치지 않겠다'라는 마음은 확실한데 그다음이 문제다.

> 이에 베드로가 그를 보고 예수께 여짜오되 주여 이 사람은 어떻게 되겠사옵나이까
>
> 요 21:21

요한에 대한 베드로의 비교와 경쟁의식이 고스란히 나타나는 장면이다. 베드로가 예수님의 가장 가까이에 있는 수제자라면 요한은 예수님의 가장 사랑받는 제자였다. 둘은 공생애 기간 예수님 곁에서 가장 많은 은총을 받았지만 드러나지 않게 미묘한 감정과 경쟁의식이 있었던 것으로 보인다. 주를 위해 죽겠다는 마음은 진심이고, 죽어도 좋은데 베드로는 다른 사람이 궁금하다.

우리도 이런 모습이 있다. 나 같은 죄인을 거두어 은혜 베풀어주신 하나님을 위해 목숨도 바칠 수 있고 주님 다시 오실 때까지 설거지할 수도 있는데 김 집사가 설거지 빠지면 확 열불이 난다. 나는 이번에 권사가 안 돼도 상관없지만 나보다 늦게 들어온 저 사람이 먼저 권사 되는 건 참을 수 없다.

마르다와 마리아의 갈등도 그렇다. 예수님이 마르다의 집에 오셔서 말씀을 전하실 때 마르다는 예수님을 잘 영접한다. 예수님이 힘을 내어 사역하실 수 있도록 옆에서 돕고 섬기는 정말 귀한 일이다. 마르다는 이를 위해서 주방에서 열심히 일하고 있었고 아무 불만이 없었다.

그런데 손 하나 까딱 않고 얌체처럼 예수님 발밑에서 "아멘, 아멘" 하

는 마리아가 보이니 문제가 된 것이다. '누구는 은혜받을 줄 몰라? 누군 밥 짓는 게 취미생활인 줄 아냐고. 어우, 얄미워' 이런 마음이 들었을 것이다. 내가 밥을 하는 건 괜찮은데 김 집사가 주방에 안 들어오는 건 짜증 나는 것이다.

상관 말고 너는 나를 따르라

내가 하나님을 위해서 일할 수는 있는데 옆 교회가 궁금하고, 그 목사는 어떻게 했는지, 내 동기 목사는 몇 명 교회의 담임 목회를 하는지가 궁금하다. 이게 우리의 실수이고 반복되는 교회 문제일 수도 있다. 그래서 베드로에게 들려주신 예수님의 말씀을 오늘 우리도 들어야 한다.

예수께서 이르시되 내가 올 때까지 그를 머물게 하고자 할지라도 네게 무슨 상관이냐 너는 나를 따르라 하시더라 요 21:22

예수님의 선포다. 그것이 너와 무슨 상관이냐는 것이다. 요한은 어찌 되든 신경 쓰지 말고 하나님께서 네게 주신 길을 가라는 것이다. 주님의 음성으로 들리는가? "내가 김 집사에게 접시를 씻게 하든 접시를 깨게 하든 그것이 네게 무슨 상관이냐. 하나님께서 너에게 맡기신 일이라면 너는 아무 소리 말고 네 일만 하며 나를 따르라"라는 것이다.

사명 앞에서 베드로의 실수를 저지르지 말라. 하나님의 일을 할 때 경쟁심, 비교의식을 버려야 한다. "예, 저는 이제 주를 위해 살아갈 것입니다” 고백해놓고 얼마 지나지 않아 주변 사람과 비교하고, 우월감이나 열등감의 허접한 감정에 붙잡혀 실망하고 서운해하지 말아야 한다. 다른 교회, 다른 사람 힐끔힐끔 바라보며 경쟁하지 말고, 하나님께서 주신 사명만 바라보라. 죽을 수는 있는데, 열등감과 비교의식으로 견딜 수 없다면 말이 되는가? 주님이 누구에게 어떤 일을 맡기시든 상관 말고 내게 맡기신 일에만 집중해야 끝까지 갈 수 있다.

예배 사역이든 주방 사역이든 하나님께서 맡겨주신 일은 다 소중하다. 하나님께서 베풀어주신 은혜와 그에 대한 각자의 감동, 영적 성숙에 따라 각자 그에 맞게 '좋은 편'(눅 10:42)을 선택하고, 선택했으면 남들 상관 말고 그것만 보고 일하면 된다. 이 단순한 지혜를 가진 충성된 하나님의 종들이 많아져서 각자의 교회에서 그런 성숙한 모습으로 섬기기를 부탁한다.

나 같은 자가 뭐라고 이 일을 맡겨주실까

충성된 자가 되어 비교의식을 버리고 충성스럽게 일하는 것도 중요하지만 실은 내가 충성된 사람인지부터 생각해봐야 한다. 내가 하나님의 일을 할 만한 충성된 사람인가? 내가 장로, 집사, 권사 직분을 받을 만한 그릇인가? 내가 목사 될 만한 사람인가? 나만 해도 나는 아니다. 나는 죄인 중의 죄인이다. 그런데 하나님께서 나를 충성스럽게 '여겨'주셨을 뿐이다.

나를 능하게 하신 그리스도 예수 우리 주께 내가 감사함은 나를 충성되이 여겨 내게 직분을 맡기심이니 **딤전 1:12**

하나님께서 우리 교회에 어떤 헌신과 사역을 맡기실 때, 특히 안 그래도 힘든데 갑자기 선교와 헌신을 맡기시면 솔직히 부담이 되기도 한다. 그럴 때면 거꾸로 생각해본다. '나 같은 게 뭔데 나를 믿어주시고, 이런 귀한 하나님의 일을 나를 통해 이루시길 원하실까…'라고.

말씀을 듣는 중에 어떤 헌신의 선포가 있을 때 마음에 와닿고 감동되고 부담도 느껴진다면 그것은 성령님이 너 이거 하라고 나를 불러서 내 마음을 건드리신 것이니 그냥 지나치지 말고 깊이 생각해보시길 바란다. '나 같은 게 뭐라고 하나님께서 나를 통해 일하려 하실까?' 하고. 내가 어떤 사람인지 나도 알고 하나님은 더 잘 아실 텐데 나에게 이 일을 맡기신 게 너무 궁금하고 의아하고 신기하지 않은가?

나는 지금도 내가 목회자로 살아가는 게 꿈을 꾸는 것 같다. 나는 그런 인간이 아니기 때문이다. 하나님께서 나를 이렇게 주의 종으로 사용하시니까 그나마 인간답게 사는 거지, 진짜 내가 봐도 내가 이상할 때가 있다.

한 번은 문득 거울 속에 있는 내 모습이 너무 낯설어서 거울 속의 나를 한참이나 쳐다봤다. 그런데 완전히 다른 사람이었다. 내가 아는 안호성이 아니라 다른 분이 거기 계셨다. 그래서 막 눈물이 났고, 그 마음을 담아 '가끔 거울 속에 비친 내 모습이 낯설 때가 있습니다'라는 시를 쓰기도 했다.

"그래, 나는 저렇게 살 수가 없는 인간이었는데…."

주님이 나를 충성스럽게 여겨주셨다

이것은 사도 바울의 고백이기도 했다. 그는 죄인 중에 내가 괴수라고 고백한다.

"내가 어떤 놈이었는데…."

> 내가 전에는 비방자요 박해자요 폭행자였으나 도리어 긍휼을 입은 것은 내가 믿지 아니할 때에 알지 못하고 행하였음이라 우리 주의 은혜가 그리스도 예수 안에 있는 믿음과 사랑과 함께 넘치도록 풍성하였도다 … 죄인 중에 내가 괴수니라
>
> 딤전 1:13-15

전에는 하나님 믿는 사람들을 비방하고 박해했던 나를 하나님께서 "네가 몰라서 그랬지" 하며 긍휼히 여기셨다는 것을 알게 되었고 그 은혜를 입으니까 믿어졌고(은혜를 입어야 믿어지는 것이지 설명하고 교육받아서 믿어지는 게 아니다), 하나님께서 나를 충성되이 여겨 나에게 직분을 맡기셨다는 것을 알게 된 것이다.

그러니 내가 감사한 것이다. 나 따위가 뭐라고…. 모세가 떨면서 "보낼 만한 자를 보내소서" 하고, 이사야도 떨면서 "나는 입술이 부정하고 더러운 자입니다" 고백했던 것처럼 나 또한 나 같은 것이 무슨 주의 일을 하냐고 벌벌 떨었다. 더럽고 수치스럽기 짝이 없던 나를, 내가 뭔가

를 보여드려서가 아니라, 하나님께서 충성스럽게 여겨주셔서 직분을 주시고 달란트를 맡기신 것이다.

내가 달란트를 가지고 일하는 것이 대단한 것 같지만, 사실 내가 뭔데 내게 15억, 30억, 75억을 맡기신단 말인가. 돈으로 비교해서 그런데, 내가 무엇이라고 하나님께서 그 소중한 하나님나라와 그 의를 위한 멋진 일에 나를 참여시켜주신단 말인가? 이건 감격해야 한다. 내가 어떤 인간인지 내가 스스로 잘 아니까.

당신은 인정하는가? 당신은 충성스러운 사람이 아닌데 그분이 충성스럽게 여겨 큰 직분과 사명을, 헌신과 순종의 기회를 맡겨주신 것이다. 그분께 정말 감사하며 살아갈 이유가 이것이다. 충성스러워서 선발된 게 아니라 충성스럽게 믿어주셨고, 그래서 그 일을 감당하다 보니 충성스러워지는 것뿐이다.

사람이 마땅히 우리를 그리스도의 일꾼이요 하나님의 비밀을 맡은 자로 여길지어다 그리고 맡은 자들에게 구할 것은 충성이니라 고전 4:1,2

맡은 자들에게 구할 것은 충성이라 하셨으니 하나님께서 일을 맡기신 모든 자는 하나님께 충성을 보여드려야 한다. 직분 맡은 모든 자가 하나님께 드리고 하나님께 구해야 할 것은 충성이다. 그렇다면 충성되다는 것은 어떠한 것을 말하는가?

충성은 성실함이다

충성된 사자는 그를 보낸 이에게 마치 추수하는 날에 얼음냉수 같아서 능히 그 주인의 마음을 시원하게 하느니라 **잠 25:13**

게으른 자는 그 부리는 사람에게 마치 이에 식초 같고 눈에 연기 같으니라 **잠 10:26**

충성된 종은 여름날의 시원한 얼음냉수같이 주인의 마음을 시원하게 해드리지만, 게으른 자는 주인에게 마치 이에 식초 같고 눈에 연기같이 고통을 드린다. 잠언서는 충성된 종과 그 반대 경우를 이렇게 명확히 비유하면서 충성되지 않은 사람을 '게으른 자'라고 표현한다. 충성됨의 반대가 게으름이다. 충성은 성실함이며, 게으른 것은 악함이다.

게으른 자는 말하기를 사자가 밖에 있은즉 내가 나가면 거리에서 찢기겠다 하느니라 **잠 22:13**

말씀에 순종하며 하나님 뜻대로 살아가는 일에 상황을 탓하며 핑계 대고 게으르면 안 된다. 평생에 사자 만날 일이 몇 번이나 있겠는가. 게으른 사람들은 매번 말 같지도 않은 핑계가 너무 많다. 게으름은 주인이 시키는 일을 하지 않고 뒤로 미루어두는 모든 행위를 가리킨다. 주인의 뜻과 의도대로 행하지 않고 내 자아가 중심이 되어 자기 상황과 처지를 기준 삼고 형편과 감정을 더 중시하고 가능성과 확률을 따져 그 일을 미뤄두는 모든 행위가 다 게으름이고 불의와 불충이다.

구약 성경에서 '속죄제'(죄의 용서)의 의미로 사용되는 히브리어 '하타트'는 본래 '죄'를 나타내는 명사형 단어다. 하나님의 뜻에서 비껴나가 하나님의 뜻과 일치되지 않은 모든 행위가 죄요 악이다. 우리는 게으름을 약간 느슨하고 느릿한 성향 정도로 생각하지만 "악하고 게으른 종아!"라는 말에서 보듯 성경에서 게으름은 악이다.

《성공하는 사람들의 7가지 습관》의 저자 스티븐 코비는 "노력한다고 해서 다 성공하는 것은 아니지만, 성공한 사람들의 공통점은 모두 다 노력했다는 것"이라고 말했다. 이것을 잊지 말고, 맡은 바 귀한 사명과 달란트 같은 말씀을 지식으로만 알면서 게으름으로 불순종하여 허비하지 말고, 성실히 노력하며 주를 위해 멋지게 사용하는 신한 청지기가 되자.

충성은 믿을 만한 자가 되는 것이다

충성은 하나님께 신뢰감을 드리는 것이다. 어떤 일을 맡겨도 끝까지 완수하고 그사이에는 챙겨볼 것도 없으며 늘 "저 사람은 믿을 만한 사람이야"라는 말을 듣는 사람들이 있다. 주인은 그런 충성된 사람에게 일을 더 맡기는 법이다.

반면 어떤 일을 맡기면 꼭 거듭 확인하고 점검해야 하는 사람들이 있다. 제대로 챙기며 하지 않아서 매번 실수가 나오고, 다음에 일 맡기면 또 물어보고, 안 챙기면 제대로 진행되지 않는다. 그러면 몇 번 기회 주다가 중요한 일은 맡기지 않게 된다. 그런 사람은 작은 일에 충성하여 신뢰를 쌓음으로써 얻을 수 있는 축복의 기회를 놓치게 된다.

세계 역사에 세계를 정복하고 지배했던 3대 패권국가가 있다. 첫 번째는 20세기 이후 현재까지 세계를 제패한 미국이고, 두 번째는 19세기에 전 세계를 정복해 '해가 지지 않는 나라'로 유명했던 해양 강국 영국이다. 그 앞서 16세기에는 네덜란드가 있었다. 네덜란드는 15세기까지만 해도 스페인의 식민지였는데 어떻게 한 세기 만에 세계를 제패한 패권국가가 될 수 있었을까?

시작에는 행운도 있었다. 15세기에 발트해에서 많이 잡히던 청어가 조류의 이동으로 대거 남하하여 네덜란드의 앞바다인 북해에서 많이 잡히기 시작한 것이다. 네덜란드는 청어를 배 위에서 바로 염장하는 가공업을 발달시켜 청어의 장거리 교역과 원양어업을 가능케 했고, 이로 인한 조선업과 해운업의 확장을 통해 16세기 북유럽 해상권 해운무역의 무려 70퍼센트를 장악한다.

이를 토대로 금융 분야도 발전하는데 중앙은행 시스템의 시초인 암스테르담 은행, 최초의 주식회사인 동인도회사를 설립해 모은 안정적인 자금으로 세계 무역을 주름잡으며 부강한 나라가 되었다. 그래서 "암스테르담은 청어 뼈 위에 세워졌다"라는 말이 생겼을 정도다. 그런데 중요한 사건이 하나 있었다. 네덜란드의 상인, 지도제작자이자 모험가였던 빌렘 바렌츠(Willem Barentsz) 선장의 이야기다.

1596년 여름, 바렌츠 선장은 네덜란드 상인들이 러시아 시베리아의 고객들에게 보낼 물건들을 운송하면서 인도로 가는 북동 항로를 찾으려고 북극해로 떠났다가 배가 빙하에 갇혀 조난당하고 말았다. 바렌츠 선장과 선원들은 얼어붙은 섬에 올라 배의 갑판을 뜯어 움막을 짓고 영하 40도의 혹독한 추위를 견뎠으나 추위와 식량 부족으로 선원 17명 중 8명이 굶어 죽었다. 1년여 만에 러시아 상선에 구조될 때는 이미 바렌츠 선장도 사망한 뒤였다.

그런데 사고 피해를 조사하던 공무원들이 깜짝 놀라고 말았다. 배에는 소금에 절인 쇠고기, 훈제베이컨, 생선, 버터, 치즈, 밀가루, 기름, 술, 모포, 옷 등의 무역상품이 가득 실려 있었으나, 놀랍게도 이들은 추위와 질병과 굶주림으로 죽어가면서도 고객들이 맡긴 화물에서 치즈 한 조각, 모피 한 장도 건드리지 않은 것이다.

이때부터 '네덜란드 상인들은 신뢰할 만하다'라는 신용이 생겨 각국에서 그들에게 전적으로 화물 배송을 위탁했고, 네덜란드는 해상무역을 독점하다시피 하면서 이를 기반으로 국력을 쌓아 16세기 패권국가가 될 수 있었다. 바렌츠 선장은 47세의 짧은 인생을 살았지만 네덜란드는 10 유로 동전에 그를 새겨 신뢰와 충성이라는 그의 정신을 오늘까지 기리고 있다.

성도는 이런 인생을 살아야 한다. 구질구질하게 신용 팔지 말고, 하나님나라와 그 의를 위해 신용을 지키면 좋겠다. 신용을 지킨 바렌츠 선장의 희생으로 식민지였던 네덜란드가 패권국가가 될 수 있었듯이 나의 정직하고 믿을 만한 태도가 하나님나라가 강성하고 흥왕하는 일에 단초로 사용될 수 있다면 얼마나 감사한 일인가! 하나님께서 주신 사명을 충성스럽게 감당하며 그 신용을 지켜 믿고 맡길 수 있는 일꾼으로 영원히 기억되길 꿈꾸고 소망해본다.

만일 내가 전 세계에서 딱 한 곳만 다시 갈 수 있다면 나는 스위스의 루체른에 가고 싶다. 20대 초반, 날씨도 춥고 황량한 연말에 배낭 하나 메고 유럽 여행을 하다가 루체른 부근에서 우연히 '빈사의 사자상'을 만났을 때의 감동을 지금도 잊을 수 없다. 절벽에 부조로 새겨진 사자상인데, 아무도 없는 그 관광지에서 혼자 그것을 보는 동안 이상하게 가슴이 뭉클하고 눈물이 났다.

알고 보니, 이 사자상은 1792년 프랑스 혁명 당시 전사한 스위스 용병 786명을 기리는 위령비였다. 흰 백합(프랑스 부르봉 왕가의 문장)을 새긴 방패를 끌어안고 부러진 창을 맞고 쓰러져 죽어가는 사자의 모습은 정작 왕실 근위병들마저 다 도망했는데도 끝까지 자신들의 고용주인 루이 16세 일가를 지키다 전사한 스위스 용병의 용맹과 신의를 묘사한 것이다.

사실 혈육도 아니고 돈 받고 와서 싸우는 외국인 용병들이 자신들의 고용주를 위해서 그런다는 것이 나는 잘 이해되지 않았다. 대세가 기울거나 죽을 위험이 닥치면, 혹은 적군이 더 많은 돈을 준다고 하면 쉽게 돌아설 것 같은데 고용주들은 뭘 믿고 용병을 쓰는 것일까. 게다가 용병은 돈도 그리 많이 받지 않았다. 팀장급이 하루에 우리 돈으로 약 백만 원 정도 받고 팀원들은 30-60만 원 정도니까 생명의 대가치고는 큰돈도 아닌데 어떻게 죽음도 불사하며 싸울 수 있을까.

전문가들에 따르면, 용병 시장에서 가장 중요한 것이 명성이라 한다. 프랑스 외인부대같이 명성이 높은 곳은 다른 용병들의 몇 배를 불러도 그들을 고용하고자 하지만, 전세가 불리해 도망치거나 돈 때문에 배신해 명성이 한 번 실추되면 그때부터는 아무리 낮은 가격을 불러도 고객층이 절대로 그 용병을 쓰지 않으므로 자연 도태되고 만다.

"한 번 신용을 얻으면 길은 저절로 열린다."

영국의 정치가였던 에드먼드 버크(Edmund Burke)의 말이다. 지금 내가 조금 손해 보고 희생하더라도 일단 신용을 지키면 그것 때문에 내 가족과 자손들까지 복을 누릴 수 있다. 반대로, 잠깐의 감정과 물질적 유익으로 배신해 신용을 잃으면 자기는 물론 자녀들까지 축복의 기회와 명성을 잃고 불행한 처지가 될 수 있다.

바티칸 시국(市國)의 경비는 스위스 용병이 맡고 있다. 그들은 중세시대 때 스위스 용병의 옷을 입고 그들의 무기 그대로 창을 들고 경비를 선다. 누가 바티칸시로 쳐들어오겠는가. 꿀보직도 이런 꿀보직이 없다. 이게 다 선조들이 헌신하고 신용을 지킨 덕분에 그 명성으로 자손들까지 먹고사는 것 아닌가.

맡긴 일에 대한 충성은 끝까지 성실하고 신의 있게 그 일을 완수하고 해결하는 자세로 평가받는다. 말은 그럴듯하고 시작만 화려한 사람이 아니라 어떤 일을 맡기든 성실하게 최선을 다해 완수해내는 사람, 지금은 희생하고 손해 보더라도 신뢰를 지킴으로 하나님께서 믿고 맡길 수 있는 충성된 사람이 되자.

chapter 3

갈 바를 알지 못하고 나아갔으며

보이는 증거 구하지 말고 약속의 말씀을 따르라

믿음으로 아브라함은 부르심을 받았을 때에 순종하여

장래의 유업으로 받을 땅에 나아갈새

갈 바를 알지 못하고 나아갔으며

히 11:8

버리는 것을 통해 보여지는 믿음

사명에 집중하는 삶은 하나님께서 주시는 말씀만 따라 살아가는 삶이다. 우리가 그토록 부러워하는 위대한 신앙의 인생을 산 아브라함. 그처럼 하나님을 영화롭게 하는 멋진 삶을 살고 그 믿음의 위(位)와 축복을 누리고 싶다면 우리도 아브라함처럼 살아야 한다. 그런 위대한 역사가 어떻게 일어났는지 살펴보자.

히브리서 11장 8절은 아브라함이 "갈 바를 알지 못하고" 나아갔다고 말씀한다. 그는 어떤 확실한 증거를 보고 확실한 보장을 받아 확신에 차서 나아간 것이 아니다. 갈 바를 확실히 알지 못하는 상태에서 말씀만 따라 믿음으로 영적인 모험을 떠났다.

하나님께서 아브라함을 부르실 때 "너는 너의 고향과 친척과 아버지의 집을 떠나 내가 네게 보여줄 땅으로 가라"(창 12:1)라고 하셨다. "너의 고향과 친척과 아버지의 집"으로 상징되는 익숙함과 안정, 평안함을 버리고 하나님께서 '보여준' 땅이 아닌 '보여줄' 땅으로 가라고 하셨다. 일단 순종하여 떠나면 보여주실, 즉 떠나야 보게 될 축복을 한번 선택해

보라는 것이다.

지금 눈앞에는 현재의 안정이 확실히 보장되어 있는데, 이것보다 더 큰 것이 확실하게 보장되어 있으면 모를까 그것을 포기하고 불확실한 하나님의 약속을 선택한다는 것은 분명 모험이다.

아브라함이 하란을 떠날 때 75세였다. "칠십오 세"라는 나이는 모험과 불확실함을 감당하기 어려운 상황과 처지를 대변한다. 75세라는 상황과 처지는 보장된 안정을 버리고 불확실한 미래를 선택할 수 없었지만 그는 주저함 없이 하나님 말씀을 따라갔다.

사실 나이로 대변되는 상황과 처지는 큰 문제가 아니었다. 나는 '75세라는 어려운 상황에서 그 노구에 떠났다'라고 생각하지 않는다. 확실한 투자 정보와 투자처를 얻었는데 "나는 75세라 이제 투자 못 해" 할까? 확실한 증거나 정보를 얻어 눈앞의 이익이 확실하다면 80세, 90세라도 과감하게 투자할 수 있다.

그럼 무엇이 문제인가? '지금 내 시선은 어디에 가 있느냐, 무엇을 바라보고 있느냐'다.

사기꾼이나 투자를 받으려는 사업가들은 확실한 증거나 문건을 제시하고 매혹적인 수치나 그래프를 보여준다. 뭔가 확실한 증거나 안정된 미래의 보장을 보여줘야 사람들이 동조하고 투자의 움직임을 보이기 때문이다. 이렇게 확실한 것이 눈에 보여야 따라가기 쉬울 텐데 하나님은 그분의 백성들에게 어떤 수치나 문건으로 확실한 증거도 보여주시는 대신 그저 약속만 들려주신다.

여기서 믿음이 판별된다. 믿음은 '보고' 가는 것이 아니라 말 그대로

'믿고' 가는 것이다. 황량한 내 삶 한복판에 덩그러니 하나님의 말씀만 있고 확실하지 않아도, 보여주신 것이 아니라 들려주신 약속만 믿고 따라가는 것이 믿음이다. 하나님은 우리가 상황, 처지, 형편을 이기고, 보장된 오늘의 안정과 현재의 익숙함을 버려야만 선택할 수 있는 것을 통해 믿음을 보신다.

"보여주면 갈게요. 확실해지면 갈게요" 하면 실패한다. 확실한 뭔가를 보고 가려고 하면 이미 불순종의 길에 접어든 것이다. 보이는 상황에 시선을 빼앗기면 그 상황에 눌리고 쫓겨 불순종을 답습하게 된다.

지금 누리고 있고 확실하게 보장된 안정을 버리고 불확실한 하나님의 약속을 선택하여 말씀에 순종하려 하면 두렵고 떨린다. 그 모험에는 믿음과 용기가 필요하기에 순종과 사명은 언제나, 그리고 누구에게도 녹록지 않다. 쉬운 순종, 합당한 말씀을 달라고 하지 말라. 그건 순종이 아니다.

내 분야에서 나와 충돌하는 명령을 하실 때

어부인 시몬 베드로는 동생 안드레와 동업자인 야고보, 요한 형제와 밤새도록 그물을 던졌다. 이상하리만큼 그날은 고기가 한 마리도 잡히지 않았다. 자신들의 노하우와 축적된 경험을 다 동원해 그물 던질 곳을 택하고 수없이 그물을 내렸지만 올라오는 것은 실망스럽게도 빈 그물뿐이었다.

어느새 어스름 새벽이 밝아오고 그들은 '오늘은 안 되는 날이구나' 포기하고 그물을 걷어 씻는데 갑자기 엄청난 인파가 호숫가로 몰려들었다. 예수님의 말씀을 들으려 그분을 따라온 무리였다. 예수님은 베드로에게 오셔서 그의 배에 올라타시더니 인파를 피해 조금만 뭍에서 배를 떼라 청하시고, 그 배에서 사람들에게 하나님의 말씀을 들려주셨다. 베드로도 하는 수 없이 그분의 말씀을 들었고, 그분이 보통 분이 아니시라는 것을 느꼈다. 말씀을 마치신 후 예수님은 갑자기 한 곳을 지목하시며 "저 깊은 곳에 그물을 내리라" 말씀하셨다.

자! 삶의 현장, 때로는 내 전문분야에서 이런 일이 생기면 당신은 어떻게 하겠는가? 신앙과 상관없어 보이고 선과 악의 문제도 아니라 여겨지는 일상의 삶, 그리고 내가 전문가라고 자부하는 영역에서 이런 일이 벌어진다면 혹시 당신은 이러지는 않겠는가?

"목사님, 제가 이 분야에서는 잔뼈가 굵은 사람이에요."

"목사님이 잘 몰라서 그런 말씀을 하시나 본데…"

"다 해봤어요. 제 경험으로 봤을 때는요…"

"그건 이론상 안 되고 그럴 확률도 낮아요."

혹시 설교를 들으며 '목사님은 성경 말씀만 하시면 좋겠는데'라고 생각해본 적은 없는가? 하지만 하나님은 성전 안, 예배 가운데에만 계신 것이 아니다. 당신의 일상과 아주 내밀한 사적 문제에도 개입하시고, 때로는 '내가 이 부분만큼은 최고'라 여기는 전문영역에도 개입하셔서 내 경험과 이성과 지식을 깨고 반대의 일을 명하실 때가 있다.

17년 목회하는 동안, 하나님께서 바로 그런 영역에 개입하셔서 말씀 주시고 명령하시는 것을 많이 보았다. 어떤 분이 노조위원장 하는 것을 하나님께서 아주 싫어하신 적이 있다. 노조에서 일하는 게 죄가 아니며 노동자의 인권을 위해서 적극적으로 일해야 하겠지만 그에게는 하지 말라고 명령하셨다. 어떤 분은 아파트 입주자 대표회의에 참여하지 못하게 하셨고, 어떤 분은 땅 투자에, 어떤 분은 취업에 말씀을 주기도 하셨다.

재정 문제나 자녀교육 문제 등 각자 내가 가장 잘 안다고 생각하는 영역이 있다. 그런데 하나님께서 바로 그런 사적이고 은밀한 영역에 찾아오셔서 내 이성과 반대되고 충돌되는 명령을 주실 때가 있다. 이렇게 하면 실패할 것 같은 일을 시키기도 하시고, 하면 대박 날 것 같은 일을 막기도 하신다.

그때가 바로 내 믿음이 증명되는 순간이다. 내 생각과 경험, 이론을 깨뜨리는 명령 앞에서 내 믿음이 드러나며, 내가 진정 하나님의 부르심에 합당한 사명자로 살아갈 수 있는지가 판명된다. 다시 말하지만, 내밀하고 사적인 영역에 하나님의 감동과 말씀이 개입하여 내가 하고 싶은 일을 못 하게 하거나 하기 싫은 일을 하게 하실 때는 내 믿음을 증명하는 때이니, 이때는 무조건 하나님의 말씀만 따라가라.

사명자 인생의 탄생

베드로가 바로 그런 명령을 받았다. 예수님은 베드로의 전문분야라는 사적 영역으로 들어오셔서 그의 이성과 자아를 깨뜨리고 그의 경험과 지식수준을 돌파하는 일을 시키셨다. 그때 베드로의 선택은 우리가 잘 아는 바와 같다.

다른 이유 하나도 없고 주의 말씀에'만' 집중하여 그물을 던지겠다 하고 순종하니 그물이 찢어지고 배 두 척에 가득 차 잠길 만큼 고기가 잡히는 놀라운 일이 벌어진다. 조금 전까지는 아무리 애쓰고 노력해도 한 마리도 못 잡았다(어쩌면 이것도 기적이다). 밤새 그물질을 수백 번 해도 한 마리도 잡히지 않던 그 그물에 이제 찢어질 정도로 고기가 잡히는 하나님의 역사가 일어났다.

이해도 납득도 되지 않더라도 말씀에만 집중할 때, 인간의 경험과 이성과 확률과 가능성 따위가 아니라 주님의 말씀에만 집중할 때 인간의 예상과 상상을 뛰어넘는 하나님의 역사, 하나님의 은혜가 시작된다.

그것을 경험한 베드로는 하나님의 섭리에 대한 그분의 절대주권을 인정하고 겸손히 무릎을 꿇었다. 자신의 경험과 이성 따위가 그분의 섭리와 계획을 앞설 수 없음을 인정하게 된 것이다. 예수님은 그런 그를 일으켜 "무서워하지 말라 이제 후로는 네가 사람을 취하리라"(10절) 하시며 주님의 일꾼으로 세우셨고, 그들은 배를 육지에 대고 모든 것을 버려두고 예수님을 따랐다.

우리는 "그들이 배 두 척에 잠길 만큼 고기를 많이 잡았어! 와, 대박이다"라며 고기 많이 잡은 것에 관심을 쏟지만 여기에 집중하면 안 된다. 함께 있던 다른 사람들은 고기 잡은 것으로 말미암아 놀랐지만 정작 베드로를 포함한 네 명은 그게 중요하지도 않고 필요 없어져서 다 버렸다.

하나님의 말씀과 그분의 뜻을 좇아 살아가는 멋진 사명자와 위대한 인생의 출발점이 이렇게 기록되고 있다.

모두가 하나님의 영광을 열망하며 위대한 사명자의 인생을 살고 싶어 하지만, 말씀에 집중하여 현재 보장된 안정을 버리고 하나님의 뜻과 그분이 약속하신 미래의 영광을 따르는 이 모험은 아무나 할 수 없다.

이것을 시작하면 하나님의 역사를 거듭 경험하면서 차차 그분의 섭리와 절대주권 안에서 자신의 이성과 자아는 깨지고 무릎 꿇게 된다. 하나님은 그런 자를 일으켜 세워 "두려워하지 말라. 이제부터 너는 내 일꾼이다" 하시며 하나님의 뜻을 좇아 살아가는 사명의 삶으로 부르신다. 우리가 간증 책에서 보곤 하는 그런 멋진 인생은 그렇게 탄생하는 것이다.

상황과 형편을 고려하고 계산할수록 불순종과 인본주의 삶에 안주하며 살아갈 가능성이 더 커진다. 확실한 증거가 아닌 하나님의 말씀만 보고, 한 걸음 한 걸음 두렵지만 그 위대한 순종과 사명의 발걸음을 떼어라. 그 영적 모험의 발걸음을 옮겨라!

내가 한계 지은 그 선을 넘어라

세상은 선을 넘는 것을 싫어하며 선을 넘지 말라고 한다. '여기까진 순종할 수 있는' 어떤 한계의 선이 있다. 내 이성과 경험, 인본주의적 계산이 개입되고 통계와 확률이 허용하는 선이다. 이 선을 넘는 것은 도전이고 모험이다. 선을 넘지 않는 인생은 안정되고 편안하지만, 위대한 믿음은 그 선을 뛰어넘어야 탄생한다. 그 한계의 선을 넘어야 하나님의 계획, 기가 막힌 최후 승리의 해답지를 볼 수 있다.

하나님을 알지 못하고 살아간다면, 하나님의 기막힌 역사와 그 섭리와 주권을 이해하지 못하면 아무리 돈 벌고 성공한들 그게 무슨 의미인가. 그저 이 세상의 성공만을 누리고자 한다면 신앙생활 안 해도 된다. 신앙과 상관없이 잘 먹고 잘사는 사람들이 얼마든지 있다. 열심히 살고 민첩하게 투자해서 잘살 수 있다.

그런데 자기 능력 안에서 자기 노력과 성실, 유한한 자기 자본과 정보력으로 하는 자기 경영은 잘해도 딱 거기까지다. 자기 능력 안에서 살아갈 뿐, 내 예상을 뛰어넘고 내 생각보다 훨씬 더 크고 수준 높은 하나님의 섭리와 계획을 맛볼 수는 없다.

베드로는 성공한 인생인가? 세상의 기준에서는 그냥 평범한 어부로 사는 편이 더 잘 먹고 잘살았을 것이다. 어쩌면 예수님과의 만남과 순종 때문에 베드로는 부모님의 근심이 됐을지도 모른다. 안드레, 야고보, 요한과 손발도 잘 맞고, 밤새 노력할 만큼 성실하니 점차 배도 큰 걸로 사고 돈도 많이 벌고 어쩌면 수협 조합장에 당선되어 집안의 자랑이 되었을지도 모른다.

하지만 무엇이 정말 영광스러운 인생인가? 고기 많이 잡고 배 많이 사서 부자 되고 수협 조합장 되어 집안의 자랑이 될 수는 있지만, 그것이 과연 영광스러운 인생일까? 예수님의 제자로서 2천 년이 지난 지금까지도 그 이름이 회자되는 불멸의 주인공 된 것이 더 영광스럽지 않은가.

나는 잠시 잠깐의 순간적인 영화를 위해 살기보다, 47세에 죽었어도 아직도 네덜란드의 10유로 동전에 그 초상이 새겨져 오늘까지 그 정신이 살아 있는 바렌츠 선장 같은 불멸의 인생을 살고 싶다. 결국은 이 선택이다. 일시적인 영광과 안정을 위해서 살 것인가 불멸의 영광을 위해 살 것인가.

액션배우 브루스 리는 "불멸의 존재가 되려면 기억될 만한 인생을 살아라"라고 말했다. 불멸의 방법은 진시황처럼 불로초를 찾아 헤매는 게 아니다. 기억될 만한 인생을 살면 역사와 사람들의 정신 속에 영원히 살아남는다.

보여주면 갈게요 vs 가면 보여줄게

순종이 힘겨울 때 "저 못해요, 안 할래요"보다 "보여주세요"라고 떼를 쓸 때가 많다. 불붙은 떨기나무 앞에서 하나님은 모세를 부르시고, 그를 통해 이스라엘을 애굽에서 인도하여 내게 하겠다고 하셨다. 이에 모세는 "내가 누구이기에 바로에게 가며 이스라엘 자손을 애굽에서 인도하여 내리이까"(출 3:11)라고 한다. 여기에는 하나님께 확실한 증거를 보여 달라는 바람이 담겨 있다. 그런 모세에게 하나님은 이렇게 대답하신다.

> 하나님이 이르시되 내가 반드시 너와 함께 있으리라 네가 그 백성을 애굽에서 인도하여 낸 후에 너희가 이 산에서 하나님을 섬기리니 이것이 내가 너를 보낸 증거니라 출 3:12

이해되는가? 모세는 확실한 증거를 보여주기를 원하는데 하나님은

"네가 내 말에 순종하여 떠나면 '아, 하나님께서 과연 나와 함께 계시며 이 말씀을 나에게 주신 것이 분명하구나' 하는 것을 그때 알게 해주겠다"라고 하시는 것이다. 우리는 지금 확실한 증거를 원하지만, 하나님은 순종하여 가면 그때 증거를 보여주겠다고 하신다.

하나님은 뭔가 확실히 다 보여주고 보장하셔서 우리를 가게끔 하시는 분이 아닌데 우리는 "내가 이것을 하기 싫어하는 것이 아니고 하나님께서 뭔가 확실한 것을 보여주시면 갈게요"라며 주저한다. 나는 그걸 안 하는 게 아니라 확실할 때까지 기다리고 있다고 착각하면서 불순종을 이어간다. 사명은 가라 하고 이성은 안 된다 하고, 말씀은 모험하라 하고 현실은 안주하고 싶은 이 끝없는 갈등에서 하나님이 승리하시면 순종이고, 내가 이기면 불순종이 된다.

신앙은 이렇게 내 생각과 하나님의 말씀이 계속 부딪치고, 두렵고 답답하고 이해가 안 돼서 갈등이 끊이지 않아도 영적 모험을 감행하는 것이다. 지식과 경험, 이성으로 한계를 그은 그 선을 넘어 말씀만 따라 한 걸음 한 걸음 묵묵히 전진하는 것이다. 그때 하나님은 조금씩 길을 보여주시며, "그 길 맞다! 그 길 맞다!" 위로해주시고 격려해주신다.

한 번은 어느 성도님이 "목사님 말씀에 순종했더니 그때부터 기가 막히게 모든 일이 딱딱 맞춰져서 아, 하나님이 내 길을 인도하고 계시는구나 하고 느끼게 됐어요"라고 간증하셔서 "그게 바로 하나님의 다독거림이에요. '봤지? 그 길 맞지? 그 길 맞다니까' 하면서 하나님께서 다독거려주시는 거죠. 그것을 자꾸 경험하고 사세요"라고 얘기해드린 적이 있다.

"보여주면 갈게요", "가면 보여줄게"라는 이 미묘한 신경전. 모세처럼 하나님과 계속 갈등하며 미묘한 신경전을 벌이고 있다면 이제 당신의 삶에서 하나님만이 승리하시게 하라. 일터와 학교, 가정에서, 자녀들의 진로 선택과 삶의 결정에서 오직 주님만이 승리하시게 하라!

순종은 '즉시' 하는 것이다

머뭇거림과 주저함도 불순종이다. 언젠가 하면 된다는 안일함을 버려라. 바로 지금, 하나님께서 원하시는 때 하는 것이 진짜 순종이다. 결과의 동일함으로 만족하지 말라. "언제고 그 일만 해드리면 된다"가 아니다. 시간도 중요하다. 하나님이 원하시는 그때 하고 그때 드리는 것이 진짜 순종이다.

상관이 명령한 일을 내가 제대하기 전에만 마치면 되는 것인가? 아니다. 군대는 명령이 떨어지는 즉시 무조건 해야 한다. '언젠가 제대하기 전에만 하면 되지' 하며 바로 이행하지 않으면 명령 불복종이다. 즉각적인 순종만 순종이다. 우리는 '그때'를 놓쳐서 불순종인데도 결과만 동일하면 순종이라 착각해 진짜 순종을 뒤로 미루고 안주한다. 영적 모험을 감행하고 그 선을 넘을 기회를 놓치고 산다.

하나님께서 주신 사명의 산지를 밟는 것이 지금 해야 할 나의 의무인데 "이 정도만 해도 전 충분합니다"라며 하나님의 명령을 따라 사명의 산지를 밟지 않는다면 그건 겸손이 아니라 범죄다. 가나안 땅을 정복하고 그 거민을 다 멸하라 하신 하나님 말씀을 듣고도 "이 정도만 해도 될 것 같습니다"라며 거절하는 것은 겸손이 아니라 범죄다.

갈렙과 유다 지파처럼 하나님께서 명령하지 않으신 곳도 자원하여 적극적으로 정복하고 점령하는 자가 있는 반면, 머뭇거리며 지체하는 지파도 무려 일곱 지파나 되었다. 그 때문에 하나님께서 진노하셔서 여호수아를 통해 말씀하셨다. 하나님께서 주신 땅은 정복하고 밟는 것이 겸손이고 순종이다. 계산이 많아지면 안 된다. 머뭇거리고 지체함도 불순종이다. 즉시 순종하며 살아가야 한다. 갈라질 징조, 무너질 징후가 보일 때 순종하려 하지 마라! 그럴 때는 결단코 오지 않는다.

이 법칙을 명심하라. 밟을 때 갈라지고 돌 때 무너진다. 요단강은 갈라진 후 밟는 게 아니라 밟아야 갈라지고, 여리고 성은 무너져야 도는 것이 아니라 말씀에 순종하여 돌 때 무너지는 것이다. 우리가 순종하고 결단하고 움직여야 하나님의 역사가 시작되고 하나님의 인도하심과 보호하심이 시작된다.

머뭇거리게 만드는 슬픈 계산

윤종신의 노래는 마음에 와닿는 가사가 많아서 좋아하는데 "교복을 벗고 처음으로 만났던 너 / 그때가 너도 가끔 생각나니"라는 가사로 시작하는 '오래전 그날'(1993)이라는 노래도 그렇다. 첫사랑에 실패한 슬픈 이야기인데 노래 속의 커플은 대학 새내기 때 만난 사이다. 그때는 둘만 있으면 좋았고, 길을 걸으며 많은 꿈을 수줍게 나눴다. 그런데 남자가 군대 가 있는 동안 여자에게 새 남자친구가 생겼다. 2절에 그 이유가 나온다.

새 학기가 시작되는 학교에는 그 옛날 우리의 모습이 있지
뭔가 분주하게 약속이 많은 스무 살의 설레임
너의 학교 그 앞을 난 가끔 거닐지 일상에 찌들어갈 때면
우리 슬픈 계산이 없었던 시절 난 만날 수 있을 테니

'슬픈 계산'에 밑줄을 긋자. 남자가 군인이 되어 복무할 동안, 같은 학년이던 여자는 졸업해서 직장에 들어간다. 남자친구가 휴가 나와 밥 사달라 할 때 여자의 눈에는 생활이 자리잡힌 직장 선배들이 보인다. 그리고 '얘가 복학하고 졸업하고 취직해 이 정도까지 와서 밥벌이를 하려면 몇 년이 걸리고…' 계산하게 된다. 이게 바로 슬픈 계산이다. 슬픈 계산이 시작되는 순간부터 사랑의 순수함은 사라진다.

어찌 보면 참 복음적이다. 우리도 복잡해지면 이미 사랑이 아니고, 복잡해진 건 이미 믿음이 아니다. 계산이 많아지면 하나님 말씀에 즉각 반응하지 않는다. 멈춤과 머뭇거림과 주저함은 복잡한 계산이 많아졌다는 증거다.

얼마 전에 한 성도님이 "목사님, 옛날엔 그렇게 노력하고 아등바등 살아도 모든 게 신기루처럼 다 없어지고 날아갔거든요. 지금은 하나님만

바라보고 말씀만 듣고 진짜 은혜만 누리고 사는데요, 가만히 생각해보니 우리 교회 와서 몇 년 동안 이렇게 살면서 한 번도 뭔가 모자란 적도 없고, 뭔가 멈추거나 침체된 적도 없었어요" 하고는 이런 명언을 하길래 내가 그 자리에서 적어놨다.

"신앙의 세계는 과연 사람의 계산으로는 답이 안 나오더라고요."

오늘 당신의 계산기는 어떤가? 이것저것 따지고 생각하니 안 되는 건 많고 이건 해야겠고, 그래서 하나님께서 하지 말라시는 것을 하고 하나님께서 시키신 것은 못 하고 살아가는 것은 아닌가? 우리는 늘 삶의 상황과 처지, 형편을 이야기한다. 들어보면 인간적으로는 이해가 가고 납득도 되지만 하나님도 그러실까? "너 참 옛날에 이뻤는데. 넌 첫사랑을 잃어버렸구나. 그 첫사랑을 회복하렴"이라고 하지는 않으실까?

당신의 인생에 인간적 계산과 경영으로 잘살아보려고 애쓰던 삶의 허망한 결말과 허무함이 있는지, 하나님께 맡기고 말씀에 순종하며 사니 차고 넘치는 축복이 있더라는 그 성도님과 같은 고백이 있는지 알 수 없지만, 이제는 제발 답도 안 나오는 계산 그만하고, 실행하고 모험하고 도전하고 순종하시길 바란다.

나도, 당신도, 우리 교회도 20년, 30년이 되어도 하나님 말씀에 늘 지금처럼 설레고, 무조건 단순하게 순종하며 하나님께 "너(희)는 첫사랑을 잘 지켰구나. 그 복잡한 슬픈 계산이 없구나"라고 칭찬받았으면 좋겠다.

멀리 보지 못해도 멀리 갈 수 있다

내 첫 책의 제목이기도 한데, 나는 늘 "마음이 없으면 핑계만 보이고 마음이 있으면 길이 보인다"라고 얘기하곤 한다. 나는 교회를 개척할 때 '보고 가는' 것이 아니라 '믿고 가는' 영적 모험과 계산 없는 즉각적인 순종을 감행했다. 그러지 않고 뭔가 확실한 것을 보여주실 때까지 기다렸다면 아마 우리 교회는 아직 세워지지 않았거나 이제 겨우 대전이나 대구쯤 내려왔을 것이다.

순종할 마음이 없으면 어려운 상황, 불리한 형편, 낮은 확률, 비관적인 전망에 마음과 시선을 다 빼앗기고, 위대한 인생을 살게 할 믿음을 자녀에게 물려줄 기회를 놓치고 만다. 그러나 순종할 마음이 있으면 하나님께서 동행하며 인도하시는 길이 보이기 시작하고, 그 길을 따라가다 보면 기가 막힌 '여호와 이레', 이미 준비된 하나님의 역사를 만끽하는 영광과 축복을 누리게 된다.

순종함으로 그 모험을 시작하려 할 때부터 하나님은 걸음마다 발 위의 등불처럼 실천의 전략과 갈 길을 보여주신다.

주의 말씀은 내 발에 등이요 내 길에 빛이니이다 시 119:105

하나님의 말씀은 어떨 때는 고성능의 서치라이트처럼 시대와 역사를 초월하고 먼 훗날 마지막 시대의 징조까지도 비춰 보여주기도 한다. 그런데 개개인에게 주시는 하나님의 말씀은 발 위의 등처럼 언제나 내 앞만 조금씩 비추신다. 멀리까지 밝고 확실하게 보여주면 '아, 저기 초원이 있구나', '아이고, 저기는 낭떠러지네' 이렇게 미리 알고 갈 수 있어 좋을 텐데 하나님의 말씀은 한 걸음씩만 인도하시고, 항상 앞은 캄캄해 보인다.

확실하게 몇 킬로미터 앞까지 다 보고 모든 것을 알고 가면 속이 시원하겠지만 그러지 않아도 괜찮다. 한 걸음씩 눈앞에 있는 것만 보고 가느라 갑갑하고 좀 늦게 알아서 그렇지, 그 등불 붙잡고 놓치지만 않으면 앞에 절벽이 있고 들판이 있고 호수가 있는 것도 결국 다 알게 되어 떨어지지 않고 쉬고 누릴 수 있다.

하나님은 멀리까지 다 보이지는 않아도, 끝까지 놓지 않고 가기만 하면 다 알게 되는 말씀의 등불을 우리에게 주시고 한 걸음 한 걸음 인도하신다. 그래서 항상 앞이 캄캄하고 두려워도, 이해되지 않고 납득되지 않아도, 그 등불을 믿고 의지해서 한 걸음씩 걸어가면 천 리도 만 리도 갈 수 있다.

chapter 4

성장통은 '아픔'이지 '병'이 아니다

반대와 조롱을 이기고 사명 향해 걸어라

부당하게 고난을 받아도 하나님을 생각함으로 슬픔을 참으면 이는 아름다우나

죄가 있어 매를 맞고 참으면 무슨 칭찬이 있으리요

그러나 선을 행함으로 고난을 받고 참으면 이는 하나님 앞에 아름다우니라

이를 위하여 너희가 부르심을 받았으니 그리스도도 너희를 위하여 고난을 받으사

너희에게 본을 끼쳐 그 자취를 따라오게 하려 하셨느니라

벧전 2:19-21

성장과 변화의 아픔을 두려워하지 말라

어릴 때부터 나는 반에서 가장 작았다. 고등학교에 입학해서도 50명 중 키 순서로 48번이었는데 뒤의 두 명보다 더 큰 것도 아니고 셋이 도토리 키 재기하듯 고만고만해서 한데 묶여 '도토리'라는 별명으로 불리기도 했다. 그러던 내가 2학년 때는 29번이 되더니 3학년 때는 14번이 되었다. 그러니까 내 키는 이 2년 사이에 다 큰 것이다.

내내 자라지 않던 키가 쭉 커버리니까 좋긴 좋은데 키가 크는 동안 얼마나 뼈가 쑤시고 아픈지 밤마다 끙끙 앓았다. 그렇게 아픈데도 누구도 나에게 성장병(病)이라 하지 않았다. 성장통(痛)이란다. 몸이 아프다고 다 병이 아니다.

성장통은 내가 경험해본 아픔 중에서도 손에 꼽힐 정도로 아팠어도 병이 아니라 그저 통증일 뿐이었는데, 혈압은 거의 200을 넘나들며 큰일 날 뻔했는데도 머리만 조금 아픈 정도였다. 고혈압, 심근경색 등 심혈관 계통 질환은 통증이 그리 크지 않고 혹은 느끼지 못할 수도 있지만 조용히 있다가 목숨을 앗아가고 인생을 망칠 수 있는 중병이라 침묵의 암살자로 불린다.

심혈관 질환처럼 아무리 덜 아프고 통증이 느껴지지 않아도 그 방향이 죽음으로 향하고 있다면 그것은 병이다. 하지만 아픔에 성장이라는 방향성이 있다면 그것은 아무리 아파도 성장통일 뿐이다.

성장통이 심하다고 키 크기를 마다할 사람이 있을까? 성장에는 당연히 성장과 변화의 고통이 따른다. 내가 내 뜻, 내 경영, 내가 주도하는 능동적 인생을 버리고 하나님의 뜻을 좇아 하나님께서 이끄시는 삶을 살아가기 위해서는 하나님께서 쓰실만한 그릇으로 성장, 변화해야 하고, 그러자면 성장과 변화의 아픔을 두려워하지 말아야 한다. 그것은 성장병이 아니라 성장통일 뿐이니.

> 사무엘이 기름 뿔병을 가져다가 그의 형제 중에서 그에게 부었더니 이날 이후로 다윗이 여호와의 영에게 크게 감동되니라 … 여호와의 영이 사울에게서 떠나고 여호와께서 부리시는 악령이 그를 번뇌하게 한지라 **삼상 16:13,14**

이어진 이 두 절에서 사울과 다윗의 처지가 대조된다. 다윗이 하나님의 택하심으로 사무엘에게 기름 부음을 받자 하나님의 영에 크게 감동된 반면, 하나님의 뜻대로 살지 못하고 사명과 비전의 영역에서 떠난 사울에게는 하나님의 영이 떠나는 일이 일어난다.

그런데 13절 이후로 다윗은 바로 그다음 장부터 고생이 시작된다. 골리앗과 싸우고, 사울의 시기와 질투를 피해 광야에서 도망 다니고, 대적과 수많은 전투를 벌이며 고단하고 버거운 시간을 보내야 했다. 하나님께서 그를 시대적 인물로 선택해주시니 그냥 시골 목동으로 살았으면 겪지 않아도 될 고생길이 열렸다.

그래도 다윗의 도전과 갈등, 시대의 충돌이 여호와의 영이 떠나시고 캐스팅에서 떨어진 사울의 죽어감보다 훨씬 더 행복하다. 다윗은 부딪치고 아팠지만 그 고통은 결국 성장을 향하고 있었다. 하나님께서 주신 원대하고 위대한 꿈, 이스라엘의 왕좌를 향해서 방향성 있게 걸어간 그의 고통은 아파도 성장통이었다.

반면 사울은 이제 무탈하고 하나님의 뜻에 합당하게 싸워야 할 일도 별로 없는 것 같았지만 그의 결말은 스스로 자결하는 그 죽음을 향해, 영적 자살을 향해 걸어가고 있었기에 그의 남은 인생은 병이었다.

성장통을 선택하라. 영적으로 죽어가는 병에 걸린 교회, 가정, 인생 되지 않고 오늘 아무리 아프고 힘들고 어려워도 끝까지 주님 원하시는 길을 걸어갈 수 있다면 좋겠다. 주의 길을 걸어가는 동안 순간순간 아픔과 어려운 갈등이 찾아올 때도 하나님께서 주신 크고 아름다운 축복, 위대한 승리를 꿈꿀 수 있기를 소망한다.

태클 당하지 않는 곳은 벤치뿐이다

하나님의 뜻대로 살아가려는 사람은 사명과 비전을 버리고 십자가를 등지면 겪지 않을 영적 고통을 경험하게 된다. 성장통도 있지만 그런 사람을 마귀가 가만두지 않기 때문이다. 내가 사명에 집중해서 살아가는 동안 마귀는 쉬지 않고 핍박과 유혹을 섞어 끊임없이 태클과 몸싸움을 걸어온다. 마귀가 나를 향한 태클을 멈출 때는 두 경우밖에 없다. 경기가 끝나든지, 내가 포기하거나 감독의 기대에 부응하지 못하고 교체되어 사명의 그라운드를 떠나든지.

뛰어난 기량으로 활발하게 상대 진영을 휘젓고 다니는 주전선수들과 벤치에 앉아서 그라운드 위의 선수들을 부러운 눈으로 바라보고 있는 후보 선수들 중에 누가 더 부상과 아픔이 많을까? 당연히 전자다. 벤치에서는 다칠 일이 없다. 그러나 태클이 들어오더라도 출전하여 사명의 그라운드에서 힘차게 뛰는 것이 더 행복하지 않겠는가? 비전 없이 사는 사람과 교회 공동체는 신앙생활도 무탈하고 별로 아픔도 없지만, 하나님의 역사 속에서 가슴 뛰는 주인공으로 살아갈 수는 없다.

살다 보면 수많은 갈등과 충돌을 겪게 되는데 이런 고통이 있고 없는 것, 그 아픔의 크고 작은 것이 내가 잘살고 있는지 못 살고 있는지를 가늠하는 절대적인 기준이 될 수 없다. 성장에는 고통이 따르게 마련이기 때문이다. 무탈하고 별 갈등과 아픔이 없다는 것이 신앙생활 잘하고 있다는 증거가 되지 못하며, 오히려 침묵의 암살자처럼 내 신앙을 한 방에 무너뜨리는 가장 위험한 일이 될 수도 있다.

미국의 작가이자 사업가인 로버트 기요사키(Robert T. Kiyosaki)는 "패자는 실패할 때 그만두고, 승자는 성공할 때까지 실패한다"(Losers quit when they fail. Winners fail until they succeed)라고 말했다. 영적으로도 그렇다. 패자는 한 번 실패하면 거기서 중단한다. 사역과 순종을 멈추고, 헌신과 섬김을 멈춘다. 하지만 승리하는 사람은 실패하고 공격받고 넘어지고 상처 입어도 "until they succeed", 하나님의 일을 완수해서 하나님의 칭찬과 승리의 면류관 얻을 때까지 사명 감당을 멈추지 않는다.

갈등과 충돌이 없고 마귀의 태클을 받지 않는 편한 벤치에 머물러 있지 말자. 아무리 공격과 태클이 거칠어도 반드시 이겨내고 끝까지 가서 하나님의 일을 완수하자. 사탄은 핍박뿐 아니라 달콤한 유혹의 미끼도 던지겠지만, 사명에 집중하여 그 모든 태클과 유혹을 이기고 맡은 사명을 완수하여 승리의 주인공이 되자.

가치와 신념은 비난과 조롱을 이겨내야 지킬 수 있다

1996년 미국의 애틀랜타 올림픽 때의 실화를 바탕으로 만든 〈리차드 쥬얼〉(Richard Jewell, 2019)이리는 영화가 있나. 계약직 경비원이지만 성실하고 책임감 있게 일하던 올림픽 안전요원 리차드 쥬얼이 수상한 배낭(폭탄)을 조기 발견해 희생을 최소화하고 많은 인명을 구한다. 그런데 영웅으로 칭송받던 그가 하루아침에 테러 용의자로 몰리고 FBI의 과잉 수사와 언론의 왜곡 보도로 힘든 시간을 보내게 된다.

결국 승소해서 누명을 벗게 되지만, 그 영화를 보면서 하나님의 일을 하는 것이 반드시 명성이나 사람들의 인정과 칭찬으로 이어지는 것은 아니라는 생각이 들었다. 그럴지라도 그 억울함과 애매한 고난까지 견디는 힘이 바로 충성이고 사명감이다.

부당하게 고난을 받아도 하나님을 생각함으로 슬픔을 참으면 이는 아름다우나 죄

죄를 지어서 매를 맞고 참는 것은 유익이 없지만, 믿음의 신념과 가치를 가지고 하나님의 선한 일을 하다가 부당하게 고난을 받는 것은 오히려 아름다움이다. 예수님도 그 길을 우리보다 먼저 걸으셔서 우리에게 본을 보이셨으니 우리도 예수님 뒤를 좇아 그렇게 묵묵히 끝까지 걸어갈 수 있으면 좋겠다.

가치와 신념은 귀중하고 좋은 것이지만 존경할 만한 신념의 인생을 누구나 살 수 있는 것은 아니다. 갈등과 충돌을 겪고 비난과 조롱을 들을 때마다 심장에 새겨져 있던 가치와 신념은 꺾이고 퇴색해 간다. 하지만 선하고 가치 있는 신념의 길을 갈 때 비난과 오해를 두려워하지 말라. 그것까지 이겨야 그 신념과 가치가 진짜이고 그 믿음이 순결한 것이다. 가치와 신념은 비난과 조롱을 이기고 수많은 갈등과 충돌을 견딤으로써 지켜내고 소유할 수 있다.

신앙의 세계도 그러하다. 하나님께서 원하고 기뻐하시는 일일수록 비난과 조롱, 충돌과 갈등이 많고 악한 일일수록 동조자가 많다. 수고하고 애쓴 만큼 인정받고 박수받고 합당한 열매를 얻으면 좋겠지만 사실 욕을 먹고 비난과 오해를 받으며 일해야 할 때가 훨씬 더 많다.

그 믿음, 신념, 가치는 먼 훗날 인정받고 결과로 맺어질 때가 많다.

하나님을 위해서 열심히 일하고 헌신한 그 가치를 사람들이 끝까지 몰라주고, 어쩌면 그 열매를 마지막까지 보지 못하고 삶을 마감할 수도 있다.

사후에야 인정받은 혜안

1867년, 재정적 어려움을 겪던 러시아 제국이 알래스카를 매물로 내놓자 당시 미국의 국무장관이던 윌리엄 수어드(William Henry Seward)는 각계의 엄청난 반대에도 불구하고 의회를 설득해 결국 720만 달러에 알래스카를 매입했다. 그것도 700만 달러는 식량 부족에 허덕이는 러시아에 곡식으로 주고 현금은 20만 달러만 내고 샀다.

이에 미국의 언론과 여론은 쓸모없는 얼음덩어리 땅을 샀다고 수어드를 비난하고, 알래스카를 '수어드의 아이스박스', '북극곰 정원' 등으로 부르며 그의 어리석은 선택을 조롱했다.

그러나 시간이 흐르며 알래스카는 미국에 큰 보물이 되었다. 알래스카의 섬 한 곳에서 생산된 모피만 해도 5천만 달러가 넘고, 금, 구리, 철 등 자원도 풍부해 미국의 성장 동력이 되었다. 또한 거대한 유전이 발견되어 미국은 단숨에 세계 3대 산유국이 되었다. 이로 인해 알래스카 매매 계약은 러시아에는 가장 후회스럽고 미국에는 역사상 가장 훌륭한 조약으로 인정받게 되었다.

수어드는 알래스카 매입 후 모진 여론의 뭇매를 맞다가 몇 년 뒤에 세상을 떠났으나 훗날에야 그의 선견지명을 깨달은 미국 국민들은 도시와도로, 항구 등의 이름을 '수어드'로 명명하고 뒤늦게나마 그의 탁월한 안목과 선택을 칭송하게 되었다.

오늘도 사명의 길을 걷는 하나님의 사람들 가운데에는 그 수고와 헌신에 합당한 열매를 보지 못하고 이름도 빛도 없이 눈물을 머금고 인내로 헌신하는 귀한 분들이 많이 계신다. 나는 하나님께서 그들의 숭고한 헌신과 희생을 그 자녀와 후손들을 통해서라도 꼭 빛을 내시고 영광 보여주실 줄로 믿으며 기도한다.

애쓰는 동안 그 결과와 열매까지 볼 수 있다면 너무나도 큰 영광이고 감사지만, 나처럼 하나님께서 미덥지 않고 이런 결과나 열매를 좀 보여줘야 열심히 일할 자 같으니까 보여주신 경우도 많을 것이다. 그래서 눈에 보이는 결과가 그 사람의 신실함과 거룩함의 지표가 될 수 없다.

이 글을 읽고 있는 독자들 중에 작고 어려운 미자립교회, 개척교회를 섬기는 분들이 있다면 그분들을 축복하며 부탁드린다. 알려지고 드러난 사역자보다 그렇게 숨어서 인내로 수고하고 애쓰는 주의 종들이 훨씬 귀하고 아름답다는 것을 기억하며 더 큰 애정으로 잘 섬겨주시고, 할 수 있는 최선으로 존중하고 응원해달라고.

동조자보다 조롱이 많은 일을 하라

어른들도 그렇지만 특히 다음세대에게 신신당부하고 싶다. 동조하는 친구들이 많은 일보다 주변에서 조롱하는 일을 하라. 그게 옳은 일일 가능성이 절대적으로 높다. 인간의 본성이 악하기 때문이다. 선하고 좋은 일에는 동조자가 잘 보이지 않지만, 악인들의 꾀는 따르는 사람이 많고 죄인들의 길과 오만한 자들의 자리는 항상 동조자들로 북적거리기 마련이다.

어릴 때 참외 서리, 수박 서리할 때는 동조자를 모으기가 별로 어렵지 않았다. 굳이 결연하게 "친구들이여, 내 말을 들으시오. 내가 방과 후에 김씨 아저씨의 참외밭에 서리하러 갈 것인데 두렵고 떨리지만 우리 그 두려움 한번 이겨내고 털러 가지 않겠소?" 할 필요가 없다. 긴말 필요 없고 "오늘 학교 끝나고 뭐 할 겨?" 하며 그저 눈 몇 번 깜박이고 고갯짓만 해도 사람들이 줄을 선다.

하지만 시험공부나 스터디 모임, 전도나 기도 모임, 헌신과 선교의 드림에는 아무리 부탁해도 사람들은 늘 딴청 부리고 잘 참여하지 않는다. 아니, 오히려 그런 일들을 할 때는 비난과 조롱이 쏟아진다. 서리하러 가는 무리에 끼지 않고 "곧 시험인데 너희도 그냥 나하고 공부하자" 하면 "과연 너는 학생의 본분을 지키는 참 좋은 학생이구나"라고 칭찬받을까? "하이고, 너는 선생님한테 사랑받아 좋겠다"라며 욕을 먹고 친구들 사이에서 원수가 될 것이다.

그래도 묵묵히 끝까지 선한 길, 외로운 길을 가라. 옳은 길을 갈 때 내 옆에 아무도 없어 외롭고 힘들어도 고독하게 혼자서라도 그 길을 선택하는 영적 분별력과 지혜가 있기를 바란다.

오프라 윈프리의 멘토로 알려진 웨인 다이어(Wayne Dyer)는 고아로 자라 어렵게 뒤늦은 공부를 시작했다. 유수한 대학의 교수가 되었으나 "내 강연은 비싼 수업료 낼 수 있는 부잣집 자녀들뿐만 아니라 어린 시절 나 같은 길거리의 친구들도 들어야 한다"라는 신념으로, 교수직을 버리고 길거리의 강연자로 나섰다. 차츰 그의 강연을 들으러 미국 전역에서 사람들이 몰려왔고, 1억 명 이상이 큰 감동을 받았다.

그는 베스트셀러가 된 《모두에게 사랑받을 필요는 없다》라는 책에서 "남에게 인정과 칭찬을 받으려 하지 말고 자신의 목표에 집중하라. 두려움과 맞서려면 용기가 필요하다"라고 말했다.

우리가 걷는 이 길은 늘 험하고 좁아서 찾는 이가 별로 없고, 세상 사람들은 그 길 걷는 사람들을 이해할 수 없어서 조롱한다. 모든 사람에게 인정과 칭찬을 받으려 하지 말고, 그 길 끝에서 우리를 맞아주실 주님만 바라보고 집중해야 그 길을 갈 수 있다.

성장하는 고통은 병이 아니며 잘 버텨내면 더 큰 인생, 승리의 인생을 살 수 있다. 그러므로 사명에 집중해서 살아갈 때 변화와 성장의 고통을 두려워하지 말고, 자신이 품은 신념과 가치를 지키려 할 때 오는 갈등과 충돌도 이겨내야 한다. 그런데 그 길에서 힘든 것이 하나 더 있는데 이 장에서 내가 가장 강조하고 싶은 내용이기도 하고, 어쩌면 그것이 가장 어려울지 모른다.

아군의 비난에도 묵묵히 전진하라

느헤미야가 훼파된 예루살렘 성벽을 재건하기 시작하자 호론 사람 산발랏과 암몬 사람 도비야와 아라비아 사람 게셈이 훼방하고 너희가 쌓는 성은 여우 새끼 한 마리만 올라가도 무너질 거라며 조롱했다. 사실,

이건 당연한 것이다. 악한 세력은 항상 하나님의 뜻에 맞서서 그 길을 꺾으려 계속 태클을 건다.

악한 길을 도모하는 악한 세력의 비난과 조롱은 우리가 이해한다. 영적 세계를 알지 못하고 영적 가치를 모르는 자들은 충분히 그럴 수 있다. 영적 전쟁에서 사탄의 공격 때문에 포기하는 사람들도 있지만, 외부의 적과 싸우는 것은 그래도 견딜 만하다. 가장 큰 아픔은 사실 내부에 있는 아군의 비난이다.

누가 봐도 내가 잘되고 이 길 가는 것을 막고 비난하고 조롱할 것 같은 사람들이 아니라 나와 가장 친했고 가까이 있었던 사람들, 내가 가장 믿고 의지했던 사람들, 나와 가장 가깝고 내 사명의 길을 지지해주며 하나님 안에서 함께 걸어가야 할 사람들의 공격으로 수많은 사역자와 사명자들이 낙심하고 상처받아 비전을 포기하고 사역을 중단하기도 한다.

예수의 친족들이 듣고 그를 붙들러 나오니 이는 그가 미쳤다 함일러라 **막 3:21**

예수님도 남들 아닌 가족들이 예수님을 미쳤다고 생각해 붙잡으러 오는 일을 겪으셨다. 오늘 내가 귀중한 신념과 가치, 비전과 사명을 품고 주님의 뜻을 좇아 살아갈 때 그 집중력을 흐트러뜨려 힘을 빼고 나를 주저앉히는 위험한 요인 중 하나가 이렇게 나와 가장 가까운 사람들의 비난과 조롱이다.

교회가 교회의 적이 되고 목사가 목사의 적이 되며 선교사가 선교사의 적이 되고 성도가 성도의 적이 될 때가 많다. 하나님 주신 사명을 좇아 그 비전과 목회 일념을 가지고 목회하려고 하면 그것을 꺾고 반대하고 도전하는 사람들이 외부가 아니라 교회 안에 훨씬 더 많다.

하나님의 캐스팅을 시기하는 '고춧가루'들

자기가 안 할 거면, 그 세계를 모르면, 자기는 그 뜻을 받지 못했으면 가만히 있으면 된다. 자기가 전도하기 싫고 선교하기 싫고 건축하기 싫으면 아무것도 하지 않고 묵묵히 지켜보기만 해도 된다. 그런데 어떤 사람들은 일명 고춧가루를 뿌리며 어떻게든 그 길을 막고 방해하는 것을 자기 사명으로 여긴다.

하나님의 캐스팅이 있다. 그러면 그 캐스팅을 받지 못한 주변 사람들은 그 주인공을 가만두지 않는다. 경쟁의식 때문이든 육신의 소욕 때문이든, 같은 팀 안에서도 하나님의 일을 하는 자를 방해한다. 관계와 감정 속에서 갈등을 부추기고 비방하고 음해하는 등 그것을 꺾고 막으려는 사람들 때문에 교회와 하나님의 일 가운데 분열이 많아진다.

요셉의 꿈을 조롱하는 형들

요셉은 하나님께 꿈을 받았다. 하나님은 요셉을 민족과 시대를 살리는 인물로 세우실 것을 열일곱 살 어린 나이에 꿈으로 알려주셨다. 그 꿈을 받지 못한 형들의 반응은 "우리 집안에 이런 멋진 시대적 인물이 나오다니, 할렐루야! 네 대학원 학비는 내가 대줄게" 이런 호의적인 것이 아니라 "어, 저기 꿈쟁이 오네, 꿈쟁이. 저 꿈 잘 꾸시는 분 아니야?" 이런 조롱이었다.

> 요셉이 그들에게 가까이 오기 전에 그들이 요셉을 멀리서 보고 죽이기를 꾀하여
> 서로 이르되 꿈꾸는 자가 오는도다 창 37:18,19

형들이 요셉을 죽이려 했을 때 "저 녀석을 죽이면 그 꿈이 어떻게 되는지 한번 보자"라는 이 말에서 그들이 진짜 죽이고 싶었던 것이 무엇인지 알 수 있다. 그들이 죽이고자 한 것은 단순히 요셉이 아니라 하나님께서 요셉에게 담아주신 꿈, 하나님의 꿈이었다.

> 자, 그를 죽여 한 구덩이에 던지고 우리가 말하기를 악한 짐승이 그를 잡아먹었다
> 하자 그의 꿈이 어떻게 되는지를 우리가 볼 것이니라 하는지라 창 37:20

모세를 비방하는 친족들

모세가 거대한 출애굽 프로젝트를 감당하며 이스라엘 백성을 인도하여 애굽에서 끌어내고 광야의 길을 갈 때 그를 가장 아프게 했던 것도 애굽이나 아말렉, 가나안 족속들이 아니라 바로 내부의 공격이었다.

> 레위의 증손 고핫의 손자 이스할의 아들 고라와 르우벤 자손 엘리압의 아들 다단
> 과 아비람과 벨렛의 아들 온이 당을 짓고 이스라엘 자손 총회에서 택함을 받은 자
> 곧 회중 가운데에서 이름있는 지휘관 이백오십 명과 함께 일어나서 모세를 거스르
> 니라 민 16:1,2

가까운 친족 관계이고 높은 위치의 영향력으로 모세를 힘있게 지지해 줘야 할 고라가 이름있는 지휘관 250명과 함께 모였는데 합력하여 선을 이룬 게 아니었다. "왜 너만 높아? 우리도 거룩한 하나님의 백성이고 하나님과 교제하며 사명을 감당할 수 있는데 왜 너만 총회 가운데 스스로 높여?"라며 하나님의 권위를 무시하고 모세를 거슬렀다.

> 그들이 모여서 모세와 아론을 거슬러 그들에게 이르되 너희가 분수에 지나도다 회
> 중이 다 각각 거룩하고 여호와께서도 그들 중에 계시거늘 너희가 어찌하여 여호와
> 의 총회 위에 스스로 높이느냐 민 16:3

그들뿐만 아니라 누나 미리암과 형 아론도 모세를 비방했다. 모세가 구스 여자를 아내로 취한 것이 빌미가 되었지만 비난의 내용은 "왜 구스 여자를 맞이했느냐"가 아니라 "왜 하나님이 너하고만 대화하시냐. 우리도 하나님의 일꾼이고 하나님의 종이다"라는 것이었다.

> 모세가 구스 여자를 취하였더니 그 구스 여자를 취하였으므로 미리암과 아론이 모
> 세를 비방하니라 그들이 이르되 여호와께서 모세와만 말씀하셨느냐 우리와도 말
> 씀하지 아니하셨느냐 하매 여호와께서 이 말을 들으셨더라 민 12:1,2

마리아를 책망하는 사람들

마리아가 향유 옥합을 깨뜨리는 엄청난 헌신을 했을 때 그 방 안에는 향유 냄새와 함께 박수와 칭송이 넘쳐났을 것 같지만 외려 비난과 책망,

힐난과 꾸짖음이 가득했다.

> 어떤 사람들이 화를 내어 서로 말하되 어찌하여 이 향유를 허비하는가 이 향유를
> 삼백 데나리온 이상에 팔아 가난한 자들에게 줄 수 있었겠도다 하며 그 여자를 책
> 망하는지라 막 14:4,5

이게 화내고 책망할 일인가? 그런 헌신을 하지 못하고 그렇게 섬길 마음이 없는 자들은 가만히라도 있으면 되는데 오히려 분노하여 책망하고 비난하면서 어떻게든 그것을 막고 꺾으려고 애를 쓴다.

비난과 조롱을 감당하는 것도 사역의 일부다

나 또한 목회하면서 교회를 건축하고, 그때그때 하나님이 주시는 비전을 선포할 때마다 가장 많이 갈등했던 게 이것이다.

선포되는 하나님의 비전은 매번 당시의 상황과 형편으로는 감당하기 어려워 보였다. 바라기는 온 교인이 한마음으로 기도하며 순종하여 하나님의 뜻을 이루어드리는 것이지만, 그러지는 못하더라도 싫으면 안하고 가만히 지켜봐도 되는데, 그것을 비난하고 비방해서 어떻게든 그 선교 못 하게, 그 헌신 못 하게, 그래서 그 비전 품고 전진하지 못하게 막는 내부의 총질이 너무나도 많아 정말 힘들었다.

그러나 그것은 사역 중에 겪는 특별하고 예외적인 일이 아니고 그것까지도 사역이다. 하나님의 일은 그런 것이다. 그것을 감당하고 그것까지 이겨내야 진짜 사역이다. 건축하는 사람이 '공구리(건물 기초에 콘크리

트를 타설하는 것)를 안 치고' 건물을 올릴 수는 없다. 기초 작업을 건너뛰고는 건물을 지을 수 없듯이, 하나님의 일을 할 때도 비난과 조롱이라는 이런 밑바탕까지 감당해야지, 이것을 빼고 하나님 일만 할 수는 없다.

하나님의 일을 맡는다는 것은 어떤 것인가. 사람들은 대개 목사는 설교하는 것, 교사는 아이들 가르치는 것, 선교사는 그 선교지에서 사역하는 것이라고 생각한다. 그런데 맡은 그 자리에서 만나게 되는 갈등을 겪고 비난을 받아내는 것도 그 일을 맡은 모든 사역자의 일이고 리더의 역할이다.

골리앗과 붙기 위한 대진표

남자들은 1년에 몇 번은 그런 날이 있다. 세상이 다 내 것 같고 오늘 같으면 호랑이와 싸워도 이길 수 있을 것만 같은 날. 중2 때 최고점을 찍어서 그때는 365일 가운데 300일 정도가 그런 날이고, 나이가 들수록 점점 줄어들며 하향 곡선을 그리게 되는 게 남자의 인생이다.

그런데 이런 날 갑자기 후끈하니 힘도 넘치고 챔피언과 싸워도 이길 것 같은 기분이 들어 "야, 한번 붙자" 하고 챔피언에게 전화하면 바로 대결 날짜를 잡아줄까?

예전에 최홍만이 중학생 아이들이 SNS나 전화로 자꾸 연락해서 싸우자고 도전하고, 너무 어이가 없어서 거절하면 "야, 쫄았냐? 쫄았냐?"라며 계속 빈정대는 것이 정말 힘들다는 말을 방송에서 한 적이 있다. 그러다 한 번은 어느 일진 중학생 때문에 하도 열 받아서 나갔는데 꿀밤 한

대 먹이니 바로 도망갔다고 한다.

이런 경우는 아주 예외적인 해프닝이고, 평소에는 말 같지도 않은 이야기다. 도전하고 싶다고 아무나 도전할 수 있는 것이 아니고 챔피언과 붙을 수 있는 것도 영광이다. 그 종목, 그 체급에서 어느 정도 경력도 쌓고 다른 하수들과 싸워 승수도 쌓아야 챔피언과 붙을 자격도 생기는 것이다.

그 시대에 누구도 도전하기 힘든 가장 두려운 대적이자 그를 물리쳐야 하나님께 영광이 되는 '골리앗'. 그런데 골리앗과 싸우고 싶다고 다 싸울 수 있는 게 아니다. 내가 결정만 하면 바로 골리앗과 싸울 수 있을 것 같지만, 그 전에 먼저 싸워서 이겨야 할 것들이 있다.

가까운 사람의 비난

먼저 엘리압을 통과해야 한다. 내 마음을 허물어뜨리는, 나와 가장 가까운 형 엘리압의 비난과 조롱을 이겨내야 다음 단계로 갈 수 있다.

> 큰형 엘리압이 다윗이 사람들에게 하는 말을 들은지라 그가 다윗에게 노를 발하여 이르되 네가 어찌하여 이리로 내려왔느냐 들에 있는 양들을 누구에게 맡겼느냐 나는 네 교만과 네 마음의 완악함을 아노니 네가 전쟁을 구경하러 왔도다 다윗이 이르되 내가 무엇을 하였나이까 어찌 이유가 없으리이까 하고 **삼상 17:28,29**

엘리압은 골리앗과 싸울 마음이 있는 사람일까? 그는 이미 골리앗을 보고 40일 동안 바위 뒤에 숨어 있던 사람이다. 이런 때 막냇동생이 나와서 골리앗과 싸운다고 할 때 "다윗, 너 참 대단하다. 형으로서 너를 볼 면목이 없구나. 너를 통해 하나님이 영광 받으실 거야" 하고 칭찬하면서 함께 참전한 다른 형제들과 응원하고 격려해주면 얼마나 좋겠는가 마는 오히려 뒤에서 한다는 소리가 "네가 일하기 싫어서 전쟁 구경하러 왔구나. 들에 있는 양은 어쩌고 왔느냐? 이 완악하고 교만한 놈"이니 다윗이 얼마나 가슴 아팠을까.

다윗의 말은 "내가 뭘 잘못했대요. 내가 뭐 그냥 왔겠슈?" 이런 어감이다. 약간 삐지긴 했지만 다윗은 형과 언쟁하지 않고 오해와 억울한 비난을 이겨내고 나왔다.

부정적인 말과 실망감

이기고 나왔더니 이번에는 사울 왕이 부정적인 소리로 그의 마음을 허물어뜨린다.

> 사울이 다윗에게 이르되 네가 가서 저 블레셋 사람과 싸울 수 없으리니 너는 소년이요 그는 어려서부터 용사임이니라 **삼상 17:33**

만일 블레셋 사람이 "야, 우리 골리앗 장군님은 키가 여섯 규빗 한 뼘이나 된다. 너 같은 꼬맹이는 게임도 안 돼" 했으면 차라리 이해하는데 사울은 우리 편이 아닌가. "너는 안 돼"라는 얘기가 같은 팀 안에서 들리고 교회 안에서 들리고 같은 기독교 안에서 들리니 더 가슴 아픈 것이다.

그래도 다시 전진했지만 39절에서 또 실패와 실망감이라는 대적을 만난다. 야심차게 도전해보려고 했더니 갑옷도 안 맞고 처음 들어본 칼이 익숙지 않다. "이것을 입고 가지 못하겠노라" 하고 곧 벗고 내려놔야 하는 초라하고 비참한 처지. 그런 실망스런 결과에도 계속 전진해야 한다.

갈등과 고통은 나의 짐이 아니라 전적이다

골리앗은 멋진 승리로 하나님께 영광 올려드릴 수 있는 대적이지만, 골리앗과 싸우는 것은 내가 결정하는 게 아니며 골리앗과 싸울 기회를 아무나 얻을 수 있는 것도 아니다. 챔피언에게 도전하려면 먼저 승수를 쌓아야 하듯이 영적 골리앗과 싸우려면 먼저 주변의 갈등과 비난, 실망과 싸워 이겨야 한다.

우리 주변에서 주의 역사에 함께하고 어느 역할에 일조하며 신앙의 위대한 지표 안에 올라오신 분들은 꽃길만 쉽게 걸어온 것이 아니다. 이런 엘리압의 조롱도, 사울의 부정적인 말도, 볼품없고 초라한 자기 처지를 보는 그 실망감도 다 이겨냈기 때문에 그 자리까지 올 수 있었던 것이다. 그러니 당신도 먼저 엘리압의 조롱과 비난을 이기고 오라. 사울의 부정적인 소리를 이기고 오라. 쓰러지고 넘어지고 내 뜻대로 되지 않는 그 실망스러운 처지와 환경도 이기고 오라. 그것도 진다면 어떻게 골리앗으로부터 위대한 승리를 거두리라 기대할 수 있겠는가?

골리앗과 싸울 수 있는 것만 해도 감격이다. 그것은 하나님께서 맡기신 길을 걸으며 수많은 갈등과 충돌을 이겨내고 비난과 조롱을 견뎌낸 자들에게만 주어지는 기회이기 때문이다.

그러니 오늘 당신이 겪는 그 고통과 아픔을 오히려 훈장으로 여기며 감사했으면 좋겠다. 그 대적들과 붙어서 1승, 2승… 쌓아가서 마침내 한 번은 골리앗과 맞짱 떠서 멋지게 승리하는 인생 되기를 바란다.

어떤 운동 경기든 승리의 요건은 순발력과 지구력이다. 단거리 달리기, 쇼트트랙과 같이 순발력이 더 필요한 경기가 있고 마라톤과 같이 지구력을 더 많이 요구하는 경기가 있는데 신앙은 즉각 순종하는 순발력, 어떤 시련도 견디며 자신에게 주어진 사명의 길을 완수하는 지구력이 다 필요한 종목이다.

그런데 끝까지 견디려면 무겁고 불필요한 짐을 버려야 한다. 원망, 섭섭함, 인정받지 못한 서운함, 그 갈등과 충돌과 비난에 대한 억울한 마음 같은 것들을 이고 지고서는 그 길을 끝까지 달려갈 수 없다. 마라톤 선수들이 가장 가벼운 차림으로 달리듯이, 조금이라도 무겁고 거추장스러운 마음의 짐은 싹 다 버리고 하나님께서 주신 십자가의 깃대만을 집중하여 바라보고 뛰어야 끝까지 인내할 수 있고 승리할 수 있다.

보라, 당신은 새 것이 되었으니 옛 감정과 관계 따위의 불필요하고 거추장스러운 짐을 다 버려라. 그리고 이제 가벼운 마음으로 갈보리 언덕 십자가만 바라보고 끝까지 달려가라!

chapter 5

정복할 것인가 정복당할 것인가

크리스마스를 크리스마스답게 하라

아들을 낳으리니 이름을 예수라 하라

이는 그가 자기 백성을 그들의 죄에서 구원할 자이심이라 하니라

이 모든 일이 된 것은 주께서 선지자로 하신 말씀을 이루려 하심이니 이르시되

보라 처녀가 잉태하여 아들을 낳을 것이요 그의 이름은 임마누엘이라 하리라 하셨으니

이를 번역한즉 하나님이 우리와 함께 계시다 함이라

마 1:21-23

사상 초유의 비대면 성탄예배

성탄절은 예수 그리스도의 탄생하심, 즉 예수께서 우리를 죄에서 구속하고 구원하시기 위하여 우리에게 오심을 감사하는 날이다. 그러나 코로나19로 2020년 12월에 사회적 거리두기 단계가 수도권 2.5단계, 비수도권 2단계로 격상되어 5인 이상의 집합이 금지되고 사실상 연말모임이 통제되면서 2020년의 크리스마스는 태어나서 처음으로(아마 모든 분이 마찬가지였겠지만) 성전에 함께 모여 예배하지 못하는 첫 성탄절, 너무나도 쓸쓸하고 안타깝고 눈물 나는 성탄절이 되었다.

그해 하반기에 나는 운동, 특히 다리 운동을 열심히 했다. 만약 거리두기가 심각한 단계로 격상되어 예배가 20인 미만으로 제한된다면 새벽부터 밤까지 10부든 11부든 계속 한 시간씩 마라톤 설교를 해서 오시는 성도들에게 말씀을 전할 생각이었다. 그런데 구청에서 이것조차 이번 조치에서는 불법이라 허용되지 않는다는 연락을 받아 성탄 예배를 비대면 온라인으로 드려야 했다.

성탄 예배 말씀을 준비하는 동안 슬픔과 안타까움으로 설교 원고를 쓰는 내내 눈물이 멈추지 않았다. 그러나 생각해보면 코로나 사태로 성전에서 성탄 예배를 드리지 못하는 것뿐만 아니라, 아니 그것보다 더 화가 나고 슬픈 것은 이제 그리스도를 예배하는 이 성탄절에 그 주인공 되시는 예수님이 실종되어 잘 보이지 않는다는 사실이다.

기쁜 날이지만 한편으로는 이렇게 슬프고 씁쓸한 현장 속에서 나는 한 가지 오히려 감사한 것이 있다. 너무나도 분주하고 정신이 혼미할 정도로 복잡하고 요란했던 이 연말연시가 코로나19를 통해서 모든 것이 아주 싸늘할 정도로 중단되어 세상이 잠잠하고 조용해진 것이 오직 예수 그리스도께만 집중할 절호의 기회라 믿기 때문이다.

Christ가 부재하는 Christmas

2020년 성탄절을 2주 앞둔 어느 날, 어느 국회의원이 SNS에 올린 사진 한 장이 국민의 공분을 샀다. 이 코로나 시국, 온 국민이 방역의 고통을 분담하며 힘겹게 살아가는데 국민의 대표라는 국회의원이 마스크도 쓰지 않고 지인들과 와인파티를 즐기는 모습도 분노를 일으켰지만, 그보다 더 논란이 된 것은 그 파티가 위안부 피해자이신 길원옥 할머니의 생일파티였다는 점이다.

모르는 사람은 위안부 할머니의 생일잔치 해드린 것이 뭐가 잘못이냐고 할 수도 있겠지만, 그 자리에 정작 길원옥 할머니는 계시지 않았고, 심지어 그들은 길 할머니께 축하 전화 한 통 드린 적도 없었다는 것이다. 길 할머니의 생일파티랍시고 상관도 없는 사람들이 자기들끼리 모여서 웃고 즐기는 모습이 얼마나 어처구니없는가.

그런데 이런 어처구니없는 모습이 성탄절에도 나타나고 있으니, 이런 일을 당하고 계시고, 그래서 아파하고 분노할 주인공이 바로 예수님이심을 우리는 깨달아야 한다.

크리스마스(Christmas)는 'Christ'(그리스도)와 미사, 예배, 대중(大衆)이라는 뜻을 가진 'Mass'를 합친 말이다. 그래서 크리스마스의 본질은 그리스도를 예배하는 것이다. 크리스마스는 함께 모여 주님을 예배하는 날이지만 요즘 SNS와 TV 프로그램 등 각종 매체를 살펴보면 크리스마스를 활용한 세일 광고와 특집 프로그램은 넘쳐나는데 그 가운데 어디에도 예수님은 보이지 않는다.

'크리스마스' 하면 생각나는 것에 대한 빅데이터 분석을 보면 산타클로스, 트리 장식, 캐럴 같은 것이 우세하게 나타나고, 캐럴도 산타클로스나 눈, 연인, 파티 같은 흥겨운 분위기를 노래하는 것이 대부분이다. 생각나는 캐럴들을 한번 떠올려보라. 예수님이 들어가 있는가? 눈이 오면 좋겠다느니 산타클로스는 어떻게 온다느니 이런 가사뿐이고, 예수님이 계셔야 할 자리를 연인, 사랑, 파티 같은 단어들이 대신 차지하고 있다.

예수님의 생일파티에 예수님이 보이지 않고 그 주인공 없이 우리끼리 흥청망청 즐기는 날로 변질된 오늘날의 크리스마스에 우리는 거룩한 분노를 품고 안타까움과 슬픔을 느껴야 한다. 크리스마스가 주인공인 예수님 없이, 예수님과 상관없는 사람들이 벌이는 세상의 파티가 되도록 방치하지 말고, 우리만이라도 우리 교회라도 제발 예수님을 주인공 되시도록 해야 한다. 이 당연한 얘기를 해야만 하는 비참한 시대를 살아가고 있다.

"성탄을 축하해요"는 옳은 말인가?

> 아들을 낳으리니 이름을 예수라 하라 이는 그가 자기 백성을 그들의 죄에서 구원할 자이심이라 하니라 마 1:21

예수님은 이 땅에 왜 오셨을까? 우리를 죄에서 구원하러 오셨다. 악이 점령한 이 세상, 죄와 죽음에 정복당한 자기 백성을 구원할 다른 길이 있었으면 오지 않으셔도 되었을 것이다. 그러나 잃어버린 이 땅, 잃어버린 자기 백성을 구원하고 회복하실 방법은 예수님이 하늘 영광과 보좌를 버리고 이 땅에 오셔서 대신 죽으시는 것밖에 없었다.

창세기 3장 15절에 "여자의 후손은 네 머리를 상하게 할 것"이라고 약속하신 대로 예수님은 동정녀 마리아를 통해 나심으로 유일하게 아담의 원죄를 받지 않고 흠 없는 화목 제물로서 이 땅에 오시고, 사탄의 머리를 짓밟듯 죄와 사망을 밟고 흑암을 깨뜨리고 죄와 죽음에 속박된 인간을 구원하셨다.

화목제를 드리려면 흠 없는 제물이 필요한데 우리는 다 흠 있는 자들이기에 우리 중에 어떤 사람이 희생하면 되는 것이 아니다. 예수님은 죄와 사망에 완전히 정복당한 우리를 건지시려고 흠 없는 대속 제물로서 오셔서 마치 어린 양이 도살장에 끌려가듯 잠잠히 입을 닫으시고 십자가로 나아가셨다.

> … 그가 도살자에게로 가는 양과 같이 끌려갔고 털 깎는 자 앞에 있는 어린 양이 조용함과 같이 그의 입을 열지 아니하였도다 행 8:32

한번 생각해보자. 내 학비를 벌기 위해 내 아버지가 뜨거운 사막에 기술자로 일하러 가신 것이 축하할 일인가 감사할 일인가? 아버지가 내 수술비를 벌기 위해 그 더러운 하수구 밑바닥에 청소하러 들어가신 것이 축하할 일인가 감사할 일인가? 환자들을 살리려고 그 불편한 방역복을 입고 모두가 두려워하는, 바이러스가 득실대는 죽음의 공간에 들어가는 의료진에게 축하해야 하는가 감사해야 하는가?

잃어버린 하나님의 백성들을 구원하고 되찾기 위하여 예수님이 이 땅에 오신 것이 우리에게는 기쁘고 행복한 일인 것이 분명한데, 과연 예수님에게 축하드릴 일인가? 이 추악한 인간의 몸을 입고, 낮고 천한 이 땅에 오셔서 묵묵히 십자가의 길을 가신 것이 축하할 일인가? 아니다. 축하가 아니라 감사를 드려야 할 일이다.

그런데 사람들은 "예수님, 축하해요"라 하고 심지어 서로서로 성탄을 축하한다고 인사한다. 뭘 축하한단 말인가? 성탄을 왜 축하하는가? 예수님에게 축하하는 것도, 나에게 축하하는 것도, 우리끼리 축하하는 것도 다 잘못이다. 축하가 아니다. 감사해야 한다.

그래서 나는 우리가 주변과 특히 자녀 세대에 축하보다는 감사의 마음을 가르치고, 들떠서 흥청망청할 것이 아니라 거룩하고 경건하게 이 시간을 보내며 주님의 은혜에 깊이 감사하는 기도와 눈물이 흘러넘쳤으면 좋겠다. 이 세상을 정복하러 오신, 죄와 죽음을 정복하러 오신 예수님을 찬양하자. 예수님에게만 집중하자.

크리스마스가 예수님 생일도 아닌데 즐거워한다고?

정말 예수님은 12월 25일에 태어나셨을까? 성경 어디에도 예수님의 탄생 날짜는 기록되지 않았다. 초기 기독교인들은 천지 창조 때 6일째 아담을 지으신 것처럼 두 번째 아담으로 이 땅에 오신 예수님도 한 해가 시작하고 여섯 번째 날 오신 것으로 해석하여 초기 기독교 역사에서는 1월 6일을 성탄절로 지켰다는 기록이 있다. 그러다가 약 1,700년 전인 AD 335/336년 경부터 12월 25일을 크리스마스로 지내게 됐다. 왜 하필 12월, 오늘날처럼 12월 25일로 지켰을까?

당시는 로마가 서구 세계를 지배할 때로, 로마의 가장 큰 축제는 '씨 뿌리는 자'라는 뜻을 가진 농경과 풍요의 신 사투르누스(Saturnus, 영문명은 saturn)의 경축일이었다. 로마인들은 12월 17일부터 사투르누스 신을 숭배하며 일주일간 축제를 벌였는데, 하이라이트로 가장 크게 축제를 벌이는 그 마지막 날이 성탄절이 되었다는 것이다.

어떤 이들은 동지(冬至) 기원설을 이야기한다. 고대 페르시아에서는 밤이 가장 긴 날이자 이날을 기점으로 밤이 짧아지고 낮이 길어지기 시작하는 동짓날을 태양의 부활로 여겨 태양신 미트라(Mitra)의 축일로 삼고 축제를 벌였다고 한다. 이것이 로마에 전해져 크리스마스의 기원이 되었다는 것이다. 중동과 고대 이집트 등 아프리카 북부, 북유럽에도 미트라 숭배로 인한 동지 축제가 있었다.

우리나라와 일본을 비롯한 동양권에서는 동지가 하루 중에 밤이 가장 긴 날이다 보니 귀신이 흥왕한다고 생각했다. 그래서 우리나라에는 귀신이 붉은색을 무서워한다 하여 팥죽을 쑤어 먹고 집안 곳곳에 뿌리는 풍습이 있었다.

어떤 설이 기원이 되었든지 모두 우상을 숭배하고 귀신을 섬기고 달래던 날이었다. 그래서 세상 사람들은 우리 기독교인들을 조롱하기도 한다. 크리스마스가 진짜 예수 생일인 줄 아냐고. 원래는 로마에서 귀신을 섬기고 우상을 숭배했던 날인데 그것도 모르고 그날이 예수 생일인 줄 알고 좋아 날뛴다고….

그런데 몰라서 그런 것이 아니라 오히려 알아서 더 기쁜 날이다. 농경신, 태양신을 숭배하던 날을 예수 이름으로 정복해 그분을 경배하는 날로 바꾸어버린 것이다. 그 무섭고 참혹한 박해 속에서도 생명 걸고 신앙을 지킨 초기 그리스도인들의 믿음이 AD 313년, 콘스탄틴 황제의 회심과 로마제국의 기독교 공인으로 열매를 맺어, 가장 타락하고 가장 추악했던 우상숭배의 날을 예수 정신으로 정복한 날이 바로 크리스마스인 것이다. 할렐루야!

정복의 날이 다시 정복당하고 있다

크리스마스는 죄와 우상숭배로 인한 더러운 타락과 어둠의 권세를 물리치고 농경신, 태양신에게 감사하던 축제를 그리스도께 감사하는 예배로 바꾸어버린 정복의 날이다. 이 자체가 정복의 증거다. 그래서 사탄의 머리를 짓밟듯 이 땅의 죄와 사망과 어둠을 정복하고, 우리를 구원하시려는 예수님의 목적과 사명을 대변하는 가장 멋진 날이다.

그런데 요즘 이것이 다시 이상하게 흘러가고 있다. 우상숭배와 죄로 가득했던 그 날을 정복해서 기뻐하고 있었는데 다시 그날이 세상에, 죄에, 우상에 조금씩 정복당하고 있다. 더 무서운 것은 우리가 정복했던 영적 산지를 야금야금 빼앗기고 있으면서도 그 사실을 자각하지도 인지하지도 못하고 있다는 점이다.

원래 12월 25일의 주인공이던 사투르누스의 기념 축일은 어떤 분위기였을까? 자료를 찾아보니 사람들은 자신들에게 풍성함을 가져다준 이 농업과 풍요의 신에게 감사하며 이날을 로마의 최대 명절로 지켰는데, 서로 선물을 주고받고 마음대로 먹고 마시며 식도락을 즐기는 아주 유쾌하고 즐거운 날이었다고 한다.

축제가 시작되면 모든 일과 사업은 다 중단되고, 노예들에게도 자기들이 하고 싶은 대로 말하고 행동하는 일주일간의 일시적 자유가 주어졌다. 도덕적인 규율도 완화되어 도박과 방종은 물론 음란한 성적 행위들도 관대하게 허용해주는 기간이어서, 그 일주일간 재판부에서는 다른 날에는 용서받지 못할 음란한 성적 범죄행위에까지 관용을 베풀었다는 기록이 있다. 즉 환락과 취함과 방종과 음란한 성적 도착 등이 판을 치는 날이었다는 것이다.

읽다 보니 어떤 느낌이 오지 않는가? 오늘 이 시대, 우리가 맞이하는 크리스마스 시즌과 너무나도 닮았다. 그렇다면 우리는 지금 다시 정복당한 것이다. 정신 똑바로 차려야 한다. 그리스도인들이 민감함을 잃어버리니까 세상이 그 틈을 파고들어 다시 그리스도인들을 정복해가고 있는데, 우리는 그런 줄도 모른 채 그저 희희낙락하며 함께 즐기고 있는 현실이 두렵고도 슬프다.

일반적으로 크리스마스의 인사말은 "메리 크리스마스"(Merry Christmas)다. '메리'(Merry)가 '기뻐하다, 즐거워하다'라는 뜻이니 이 인사말은 "크리스마스를 기뻐합시다", "예수님을 예배하는 것을 즐거워합시다", "기쁘게 예수님을 예배합시다"라는 뜻이다.

그런데 이 "메리 크리스마스"라는 말조차 사라지고 있다. 반기독교 정서의 세력들이 계속 흠집을 내고 공격해서 이제 그 말은 공식 용어로 잘 쓰이지 않고 요즘은 "해피 홀리데이"(Happy Holiday)라는 말로 대체되고 있다. 그나마 '그리스도'의 흔적이라도 남았던 "Christmas"는 이제 '그리스도 예배'라는 그 말뜻도 반구대 암각화처럼 점점 희미하게 지워지고 있다.

크리스마스트리를 금했던 이유

지금은 우리 교회도 지역의 대표 교회가 되어 예수님이 이 땅에 오심을 알리는 통로의 역할을 감당하기 위해서 트리 장식도 하고 반짝이는 전구 불도 켜지만, 전에는 내가 교회는 물론 각 가정의 크리스마스트리에 대해서도 엄격하게 얘기해서 서운해하신 분들이 많다. 어떤 분들은 교회의 개척 초기에 성탄 장식을 사놓고도 눈치가 보여 꺼내지도 못하고 먼지만 쌓여간 집들도 많았다고 이제야 얘기하기도 하신다.

크리스마스트리로 교회와 집안을 예쁘게 장식하는 것이 잘못되었다는 것이 아니다. 이 귀하고 거룩한 날이 세상의 파티장으로 변질되어서는 안 되며 혹시 우리도 그 의미를 알지 못한 채 눈과 귀만 즐거운 우리만의 파티로 훼손시키면 안 된다는 것을 처음부터 엄격하고 단호하게 말씀드린 것이었다.

단호하게 시작해도 시간이 흐를수록 변질되기 쉬운데 처음부터 본질을 단단히 붙잡지 않으면 어떻게 되겠는가. 결국 그 중심과 본질은 다 사라져버리고 흥청망청하게 될 수 있어서 엄격하게 한 것인데 우리 교인들이 잘 이해해주고 오늘까지 이른 것이 나는 정말 감사하다.

트리를 하고 안 하고, 반짝이는 장식을 달고 안 달고 하는 것은 문제의 본질이 아니다. 교회와 가정에, 우리 자신 안에 성탄절의 의미와 정신이 살아 있는가, 우리가 성탄의 본질과 가치를 소유하고 예배드리고 있는가가 정말 중요한 문제의 본질이다.

크리스마스트리는 유럽의 숲 지대에 살던 게르만족이나 바이킹 등이 가지고 있었던 성목(聖木) 숭배 사상에서 비롯되었다고 알려졌다. 성목 숭배 사상의 영향으로 고대 이집트의 동지 축제 때 나뭇가지를 장식했다거나 고대 로마의 축제 때 월계수 장식에 촛불을 달았다는 기록이 있는데 모두 예수님과는 관련이 없다.

게르만족은 8세기 무렵까지 정령을 숭배하며 떡갈나무에 인신제사를 드렸다. 사람을 죽여 떡갈나무 밑에 피를 쏟는 그들에게 선교사 오딘이 전나무 가지를 꺾어 주면서 "(제물을 드리는 대신) 이 가지를 가져가서 집에다 두고 아기 예수님의 탄생을 축하하십시오"라고 설득한 데서 크리스마스트리가 시작되었다고 한다. 그런 면에서 크리스마스트리 역시 세상의 악령과 귀신을 섬기는 그 더러운 우상숭배를 꺾어버린 승리의 증표라 하겠다.

　　고대 이교 문명이 기독교 문명으로 변화하는 과정에서 크리스마스트리를 꾸미는 풍습이 생겨났는데, 처음에는 예수님 탄생 당시 동방박사들을 인도한 베들레헴의 별이나 동정녀 마리아에게 수태를 알리는 천사의 모습을 장식했으나 안타깝게도 점점 막대사탕이나 선물상자 등 예수님과 상관없는 장식들로 바뀌어가고 있다.

　　예수님을 믿고 그분의 길을 따라 걸으며 그리스도의 삶을 살아가는 거룩한 무리가 '성도'다. 성도인 우리는 예수님의 길을 따라 걸어야 한다. 예수님의 길은 정복의 길, 승리의 길이므로 우리는 정복당하는 영적 패배자가 아니라 죄와 사망, 정욕과 어둠, 사탄과 마귀를 밟아 이기는 정복자가 되어야 한다. 믿음의 선배들처럼, 세상에 정복당하고 있는 문화들을 다시 정복해야 한다.

　　환락과 방탕과 술 취함과 음란으로 가득 차버린 이 날을 어떻게, 무엇으로 다시 주님의 날로 정복할 수 있을까? 본질에 집중하여, 훼손되었던 그 모든 것의 의미를 알고 빼앗아와야 한다.

사랑으로 정복하라

첫째, 사랑으로 정복해야 한다. 성탄절은 화해하고 화목을 이루는 사랑의 날이다.

> 하나님의 사랑이 우리에게 이렇게 나타난 바 되었으니 하나님이 자기의 독생자를 세상에 보내심은 그로 말미암아 우리를 살리려 하심이라 사랑은 여기 있으니 우리가 하나님을 사랑한 것이 아니요 하나님이 우리를 사랑하사 우리 죄를 속하기 위하여 화목 제물로 그 아들을 보내셨음이라 사랑하는 자들아 하나님이 이같이 우리를 사랑하셨은즉 우리도 서로 사랑하는 것이 마땅하도다 요일 4:9-11

우리가 하나님께 어떤 노력이나 행위로 사랑을 보여드린 것이 아니다. 하나님께서 그저 우리를 사랑해주셔서 독생자 예수님을 화목 제물로 세상에 보내어 우리 죄를 위하여 죽게 하시고, 죄와 사망을 이기고 사탄의 권세를 꺾으심으로 사랑을 나타내셨다. 그 사랑을 받은 우리는 육체적 쾌락과 정욕의 사랑이 아니라 하나님의 사랑을 이웃과 세상 사람들에게 나누고 펼치고 전해야 한다.

우리는 이미 사랑의 큰 빚을 졌다. 그 사랑의 원금은 갚을 수 없지만 사랑의 이자라도 내 주변 사람들과 이웃에게 잘 갚아 나가야 한다. 헐뜯고 싸우며 대립하는 곳에 들어가 사랑을 전하고 화평을 선물하면 좋겠다. 내 가족과 주변 사람들, 또 고마운 분들뿐 아니라 내가 소홀히 여겼던 이들, 소외되고 힘들고 어려운 이웃에게 예수님처럼 무조건적으로 그 사랑을 전할 수 있으면 좋겠다.

개척 초기부터 우리 교회는 집안에 성탄 장식을 하지 않는 대신 그 돈으로 영국처럼 '박싱데이'(Boxing day)를 해왔다. 이날은 집배원, 신문이나 우유 배달부, 집 앞을 쓸어주는 환경미화원 등 한 해 동안 보이지 않는 곳에서 나를 위해 수고해주신 고마운 분들에게 성탄절을 맞아 작은 선물을 담은 상자를 전하며 사랑과 감사의 마음을 펼치는 날이다. 평소에는 이런 분들과 마주칠 일이 별로 없는데, 이렇게 수고를 감당하고 어찌 보면 소외된 이 시대의 보이지 않는 영웅들에게 작으나마 감사의 마음을 표현하는 것이다.

당신도 그랬으면 좋겠다. 응당 당연하게 여겼던 많은 분의 헌신과 수고에 작게나마 보답하고, 혹은 나에게 어떤 직접적인 연관이 없고 도움을 주지는 않았더라도 "작은 자 하나에게 한 것이 바로 나에게 한 것"이라는 예수님의 말씀을 따라 주변의 작고 소외된 자들에게 사랑을 베풀면 좋겠다. 그것은 관공서나 비기독교인들이 하는 구제와 봉사와 이웃 돕기와는 달라야 하는데 우리는 그것을 통해 그리스도와 복음을 전해야 한다.

만일 누가 말하려면 하나님의 말씀을 하는 것같이 하고 누가 봉사하려면 하나님이 공급하시는 힘으로 하는 것같이 하라 이는 범사에 예수 그리스도로 말미암아 하나님이 영광을 받으시게 하려 함이니 그에게 영광과 권능이 세세에 무궁하도록 있느니라 **벧전 4:11**

어떤 좋은 일, 선한 일을 하든 우리는 하나님이 공급하시고 하나님께 영광 돌리는 일에 사용돼야 한다. "야, 저 사람 참 인격이 훌륭하구나", "저 사람 참 품행이 바르고 도덕적이구나"가 아니라 "역시 그리스도인이구나", "역시 하나님 믿는 사람이구나" 이런 말을 들음으로써 하나님께 영광 돌릴 수 있기를 바란다.

주변의 소외된 이웃들에게, 또 내가 당연히 여기고 감사를 표현하지 못했던 주변의 소중한 사람들에게 사랑을 펼치고 헌신과 희생을 나누어 줌으로써, 예수님이 원하시는 진정 거룩한 성탄절로 다시 이 시대와 이 세상을 정복해야 할 것이다.

사랑으로 마음 문을 열었던 초기 기독교인들

몇 년 전 공공 언론매체에서 오랜만에 기독교에 긍정적 이야기를 전해 주었다. 기독교가 어떻게 이 짧은 기간에 제1종교로 급성장하며 한국 사회에서 가장 강력한 영향력을 펼치는 집단이 될 수 있었는가에 대한 논의였는데 그것은 한마디로 '사랑'이었다.

1884년 갑신정변 때 민비의 조카인 민영익이 급진 개혁파의 칼에 찔려 40군데 이상 심한 자상(刺傷)을 입었다. 그러면 조선에서는 죽는 건데 그때 의료선교사였던 알렌이 고종의 부탁을 받고 와서 지혈과 봉합치료로 민영익을 살려냈다. 당시 사람들에게 이것은 기적과도 같았다.

고종과 민비의 전적인 신임을 받게 된 알렌은 고종에게 병원을 세우게 해달라고 청했다. 서양식 병원이 최초로 세워지면 북새통을 이루고 알렌은 벼락부자가 될 것이다. 그런데 그는 의료인들이 전혀 급료를 받지 않겠으며 이 재산조차도 국립으로 드리겠으니 병원만 세우게 해달라고 했다.

그렇게 해서 1885년, 우리나라에 최초의 서양식 병원 광혜원(후에 제중원으로 명칭 변경)이 세워졌다. 알렌 선교사 혼자서 할 수 없었기에 급하게 요청했을 때 제일 먼저 달려온 의료선교사가 에비슨(Oliver R. Avison)이다. 토론토의과대학 약리학 교수이자 토론토 시장의 주치의가 들어보지도 못한 작고 낙후된 나라에 무급으로 선교를 온 것이다. 그때부터 치료받지 못하고 죽어가던 가난하고 헐벗은 사람들이 제중원으로 몰려들었다.

당시 1800년도 후반의 조선에는 '호열자'로 불리는 무서운 병 콜레라가 창궐했다. 지금 사망자 2천 명인 코로나19 때문에도 온 나라가 이렇게 난리인데 그때는 콜레라로 한양도성에서 20만 명 이상이 죽어갔다. 당시 조선의 의료는 콜레라는 쥐가 옮기는 병이라 하여 고작해야 고양이 그림을 그려서 부적처럼 붙이거나, 콜레라 귀신을 물리친다고 소머리를 잘라서 상에 올려 대문 앞에 두는 것이 콜레라 치료법이었을 정도로 원시적이고 미개한 수준이었다.

그런 이 땅에 서양 최고의 의사들이 선교사로 와서 이 땅 백성들과 함께 살아가며 헌신적으로 사랑을 펼쳤다. 병이 두려워 누구도 함부로 접근하지 않던 그들을 헌신적으로 돌보고 치료하는 선교사들에게 사람들은 감동을 넘어 의아해했다.

거기에 영향받은 조선의 성도들이 자기의 목숨도 내어놓고 환자들을 돌보았다. 그 환자들을 떠메고 병원으로 옮기고 간호를 담당한 인력들은 주로 새문안교회를 중심으로 한 교회 청년 및 같은 기독교인들이었다. 그 모습을 본 당시 사람들은 예수쟁이들은 어떻게 저렇게까지 할 수 있는지 이해할 수 없었다.

그렇게 놀라운 사랑과 헌신에 사람들의 마음 문이 점차 열려 복음과 기독교가 급속도로 전파되었고 이렇게 개신교는 우리나라에서 가장 영향력 있는 제1종교로 성장하고 세워져 왔다는 것이다. 그러나 프로그램의 결론은 "하지만 지금은…"으로 마무리된다.

이 시대는 모든 것이 반목이다. 어떤 재판 결과 하나가 나와도, 어떤 이슈 하나만 터져도 다 갈라지는 이 시대는 사랑 외에는 답이 없다. 예수님이 죄와 사망의 권세를 엎으신 그 유일한 무기는 사랑이었다. 그 사랑과 헌신과 희생으로 이제 우리가 다시 정복해야 한다.

믿음으로 정복하라

무릇 하나님께로부터 난 자마다 세상을 이기느니라 세상을 이기는 승리는 이것이니 우리의 믿음이니라 예수께서 하나님의 아들이심을 믿는 자가 아니면 세상을 이기는 자가 누구냐 요일 5:4,5

둘째, 믿음으로 정복해야 한다. 예수께서 하나님의 아들이심을 믿는 자가 아니면 누가 세상을 이기겠는가. 결국 세상을 이길 유일한 방법은 예수께서 하나님의 아들이심을 믿는 믿음이다.

주일학교 찬양 중에 '용기 있게 말해요'라는 찬양이 있다.

NO라고 말해요 다니엘처럼
하나님이 슬퍼하실 그 어떤 일도
용기있게 말해요 NO NO NO

Yes라고 말해요 세 친구처럼
하나님이 기뻐하실 그 어떤 일도
용기있게 말해요 Yes Yes Yes

세상의 통념과 대세가 어떠하고 내 감정과 처지와 형편이 어떠하든, 하나님께서 슬퍼하고 싫어하실 일이라면 담대하게 "아니오"라고 거절할 용기, 기뻐하실 모든 일에는 "네" 하고 언제든지 순종할 믿음. 아주 단순하고 단출한 메시지지만 이게 바로 기독교 정신이다.

하나님께서 기뻐하실 일 앞에서 우리는 내 상황과 처지를 보고, 물질의 형편과 관계 문제를 살피느라 주춤거린다. 그러나 주님이 원하시는 길이라면 다니엘과 세 친구처럼 "yes"라고 말하고, 내게 능력 주신 자 안에서 내가 모든 것을 할 수 있다고 외치며, 사람들의 눈에는 좁고 험하고 어려워 보이는 길을 택하고, 꽃길 대신 하나님께서 주신 사명의 꿈 길을 걸어라.

반대로 주님께서 싫어하고 기뻐하지 않으실 일이라면 아무리 그 유익과 쾌락과 정욕에 마음이 끌릴지라도 절대로 타협하지 말고 유혹을 조금도 용납하지 말고 단호하게 거절하라. 세상의 잘못된 모든 관행과 죄와 풍속에 타협하지 않는 이 용기가 이 세상에 항거하고 시위하여 우리가 그리스도의 자녀요 군사임을 증명한다.

영적 전쟁은 둘 중 하나다. 정복하든지 정복당하든지, 이기든지 지든지, 살든지 죽든지. 어설픈 타협은 절대 패배임을 명심하라. 이렇게 목숨 걸고 죽음을 불사하고서라도 하나님을 섬기는 믿음으로 인하여, 이 땅과 이 시대를 다시 주님께 돌려드리는 아름다운 회복의 날이 빨리 오게 되기를 기대한다.

크리스마스에 자녀들에게 선물 주지 말라

"크리스마스에 자녀들에게 선물 주지 말라."

나는 사실 이 중간 제목을 본래 이 장의 제목으로 쓰려고 했다. 다른 장들과 제목의 결을 맞춰야 하겠기에 바꾸었지만, 이 말을 제목으로 생각했을 만큼 이 이야기를 힘주어 전하고 싶다.

왜 성탄절에 자녀들에게 선물을 주는가? 애들이 다 받으니까, 못 받으면 내 아이만 초라해지니까…. 그런데 왜 성탄절에 자녀에게 선물을 줘야 하는가? 우리 애가 십자가를 졌는가? 이것은 정말 중요한 메시지다. 우리가 이것을 잘못 가르치고 있다. 본질만 보면 당연한 것들인데 눈이 희미해져서 본질을 보지 못하면 엉뚱한 일들을 하면서 살게 된다.

예수님이 이 땅에 오심은 축하할 일이 아니라 감사할 일이기에 주님께 감사드려야 할 날인데 왜 자녀들에게 선물을 준단 말인가? 이것은 예수님 생일잔치에 진짜 주인공은 빠져 있는 것이고, 좀 강하게 얘기하면. 예수님이 받으실 영광을 도적질해서 자녀에게 주는 것이다. 극단적인 말이라고 비난을 받을 수도 있겠지만 나는 근본적으로 이것이 정말 맞는다고 생각한다.

성탄절은 절대로 자녀들에게 선물 주는 날이 아니다. 크리스마스에 자녀들에게 선물 사주려고 했던 그 돈을 자녀들 이름으로 헌금 드리셔야 한다. 그리고 자녀들이 용돈 모아서 예수님의 은혜에 감사하며 감사헌금 드리도록 자녀들에게도 가르쳐야 한다. 이 말을 듣고 자녀들이 괴로워한다면 그 괴로워하는 정도가 바로 지금까지 잘못됐고 회복해야 하는 분량이다.

이날의 주인공을 자녀들에게 제대로 가르쳐야 한다. 이날은 예수님이 어쩔 수 없는 우리를 위해서 이 땅에 오신 날이고, 그래서 우리가 정말 감격하고 감사해야 하는 날이라고 가르쳐야 한다. 그래서 성탄절을 우리 자녀들이 선물을 기대하는 것이 아니라 예수님에게 감사하며 자기 손으로 예물 드리는 날로 다시 정복해갔으면 좋겠다.

나의 나 됨은 다 주님의 은혜다. 성탄절은 우리가 천국을 소망하며 이 땅을 밟고 살아갈 수 있는 모든 행복과 소망의 근원이 되는 날이다. 이제 그 기쁨을 주인공 되시는 예수님에게만 돌려드리며, 우리끼리 선물을 주고받는 것이 아니라 주님께 감사의 예물을 드리는 우리가 되기를 바란다.

주 여호와의 영이 내게 내리셨으니 이는 여호와께서 내게 기름을 부으사 가난한

자에게 아름다운 소식을 전하게 하려 하심이라 나를 보내사 마음이 상한 자를 고
치며 포로된 자에게 자유를, 갇힌 자에게 놓임을 선포하며 여호와의 은혜의 해와
우리 하나님의 보복의 날을 선포하여 모든 슬픈 자를 위로하되 무릇 시온에서 슬
퍼하는 자에게 화관을 주어 그 재를 대신하며 기쁨의 기름으로 그 슬픔을 대신하
며 찬송의 옷으로 그 근심을 대신하시고 그들이 의의 나무 곧 여호와께서 심으신
그 영광을 나타낼 자라 일컬음을 받게 하려 하심이라 사 61:1-3

 내 소망과 기쁨, 내 부요함과 회복, 자유와 영광의 근원이신 예수님만
사랑하고 찬양하자. 할렐루야! 이 고백이 나와 당신과 우리 자녀들, 다
음세대의 영원한 성탄절 고백 되기를 축원한다.

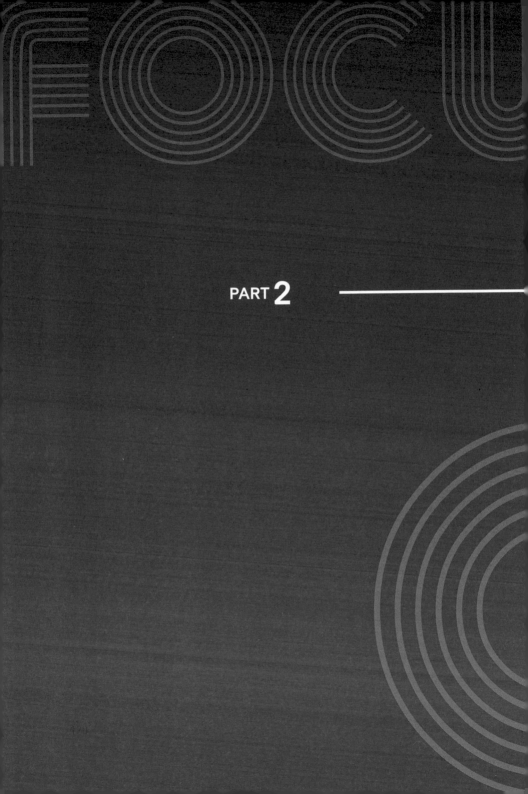

PART **2**

본질에
집중하라

chapter **6**

껍데기에는 능력이 없다

본질에는 목숨 걸고 비본질에는 자유하라

그러므로 너희가 그리스도 예수를 주로 받았으니 그 안에서 행하되

그 안에 뿌리를 박으며 세움을 받아 교훈을 받은 대로 믿음에 굳게 서서 감사함을 넘치게 하라

누가 철학과 헛된 속임수로 너희를 사로잡을까 주의하라

이것은 사람의 전통과 세상의 초등학문을 따름이요 그리스도를 따름이 아니니라

골 2:6-8

FOCUS ON

기준이 다른 사람들

얼마 전에 가수인 후배 홍경민이 "형! 내가 황당한 일을 겪었어"라면서 전화를 했다. 경민이가 딸들을 데리러 어린이집에 간 어느 날, 어린이집 선생님 한 분이 뛰어나오며 자기를 막 부르더란다. 연예인이다 보니 흔히 겪는 일이라 "아, 예" 하며 사인해드리려고 했는데 그 선생님이 "아버님, 혹시 안호성 목사님 아세요? 제가 안호성 목사님 엄청 팬인데요, 우리 목사님이랑 친하시다면서요" 하더라는 것이다. 그러면서 자기가 명색이 20년이 넘은 연예인이라 자기를 기준으로 내가 친한 줄 알았더니 그쪽 계에서는 안호성 목사를 기준으로 자기가 친한 사람이더라며 웃었다.

기준이 달랐던 것이다. 크리스천의 삶도 그렇다. 우리는 하나님의 백성이다. 하나님의 사람이라서 세상 가운데 거룩함, 즉 구별됨이 있다. 세상과는 가치 기준도 다르고, 판단의 조건과 근거도 다르다. 삶을 살아가는 원동(原動)인 원초적 힘과 공급되는 에너지원도 다르고, 소망하고 추구하는 바와 목적과 목표도 다르다.

우리는 세상이 유명하고 세상이 가치 있게 여기는 것에 기준을 두는 것이 아니라 우리만의 기준을 따로 가지고 있다. 바로 그것, 우리가 소중하게 여기고 목숨 걸고 지켜야 하는 우리만의 가치와 기준이 '본질'이라 생각한다.

그 가치와 기준으로 세상과 다르게 살아야 한다. 말로는 예수를 믿는다, 천국을 소망한다고 하면서 세상 사람들과 똑같이 관계와 감정에 지배받고 확률에 놀아나고 상황, 처지, 형편을 따라 선택하고 결정하는 것은 하나님의 백성다운 삶의 모습이 아니다. 우리는 세상 사람들과 달리, 온 마음과 시선을 하나님께 집중하고 그 기준을 근거로 모든 것을 선택하고 결정하는 사람들이어야 한다.

본질에 충실하게 '답게' 살고 있는가

한 번은 타 교회 성도 가정이 우리 교회에서 예배를 드리고 상담을 청했다. 그 가정은 자녀를 어느 기독교 대안학교에 보내놓고 실망감으로 고민이 깊었다. 특히 아버지는 신앙은 없으나 자녀 때문에 그 대안학교가 속해 있는 교회를 할 수 없이 따라 다녀주는 정도의 초신자였다. 그런 그가 예배 중에 눈물을 흘리며 울고 있었다(나이 50이 넘은 경상도 사나이가 사람들 많은 자리에서 눈물을 보이는 것이 흔한 일은 아니다).

그가 목양실로 들어와 "저는 장사하는 장사꾼입니다. 그런데 제가 교회 다니고 예배를 드리면서 이렇게 눈물을 흘려보고 말씀에 은혜받고 감동받은 적이 처음입니다"라며 예배와 말씀의 은혜를 고백한 후 자녀의 학교와 관련해 고민을 털어놓는데 그 말에 정신이 번쩍 났다.

"제가 말씀드리고 싶은 건 이겁니다. 저 같은 장사꾼은 장사하고, 교육자는 제대로 가르치고 교육하고, 목사는 목사님처럼 하나님 말씀을 전하는 목회를 해야 하는 거죠. 그런데 왜 학교가 장사를 하고 교회가 장사를 하는지 모르겠어요, 장사꾼인 저에게는 장사하는 장사치의 술수가 뻔히 보이거든요."

너무나도 당연한 말을 듣고 있는 현실이 부끄럽고 정신이 번쩍 나는 경험이었다. 그는 그날 예배에서는 은혜를 받았다며 "목사는 목사님처럼 이렇게 은혜를 끼치고 하나님 말씀을 전하고 목회하는 것이 맞다"라고 했지만 나는 그 말을 듣고 '나는 과연 지금까지 정말 본질을 붙잡고 교회를 교회답게 하며 목사답게 살아왔는가? 앞으로 그렇게 살아갈 자신이 있는가?'라고 나 자신에게 질문하며 깊은 고민에 빠졌었다.

그렇다. 학교는 학교 본연의 임무에 집중해야 하고, 교회는 교회답게 교회의 책임과 사명을 다해야 한다. 이 당연한 것이 이뤄지지 않을 때 그 공동체는 존재의 이유를 잃고 사회로부터 외면당하고 권위와 힘을 잃는다.

몇 년 전, 뇌출혈로 쓰러진 60대 남성이 보호자인 80대 노모와 함께 병원으로 이송되었는데 병원 측이 접수비 15,000원을 내지 않았다는 이유로 진료를 거부해 그는 병원 세 곳을 전전하다가 결국 식물인간이 되고 만 사건이 있다. 과연 병원에서는 정말 그 15,000원 때문에 그들을 거부한 것일까? 당장 수술 들어가야 하는데 그분들의 남루한 행색을 보니 접수비가 문제가 아니고 큰 수술비를 감당할 수 없을 거라 판단한 것이 아니겠는가?

병원이 병원의 본질적 사명에 충실하지 못했던 이 사건을 접한 사람들은 다 분노했다. 병원은 돈 낸 만큼 치료받는 것이 아니라 아픔만큼 치료받는 곳이어야 한다. 본질을 지키지 못한 병원이 분노를 샀듯, 교회도 교회의 본질을 붙잡고 지켜내지 못하면 시대로부터, 또 하나님으로부터 분노를 사고 외면당하는 불행한 일이 벌어질 것이다. 아니, 이미 벌어지고 있는지도 모른다.

내가 항상 늘 두려워하며 가슴에 새기는 말씀들이 있다. 사역이 분주하고 복잡해지고 여러 가지로 정신없을 때마다 내 마음을 두렵게 하는 말씀이 바로 마태복음 7장 21절 이하의 이 말씀이다.

> 나더러 주여 주여 하는 자마다 다 천국에 들어갈 것이 아니요 다만 하늘에 계신 내 아버지의 뜻대로 행하는 자라야 들어가리라 그날에 많은 사람이 나더러 이르되 주여 주여 우리가 주의 이름으로 선지자 노릇 하며 주의 이름으로 귀신을 쫓아 내며 주의 이름으로 많은 권능을 행하지 아니하였나이까 하리니 그때에 내가 그들에게 밝히 말하되 내가 너희를 도무지 알지 못하니 불법을 행하는 자들아 내게서 떠나가라 하리라 마 7:21-23

이것이 나와 우리 교회 모습이 될까 두렵다. "주여 주여" 외쳐가며 주님의 이름으로 참 많은 일을 하고, 사람들이 인정할 만한 성과도 많이 냈지만, 정작 그것이 하나님의 기쁨이 되지 못해 인정받지 못하고 "이 불법을 행한 자들아, 내게서 떠나가라"라는 하나님의 분노에 찬 외면을 당한다면 어찌 될 것인가.

분주하게 열심히 신앙생활, 종교활동 하는 것으로 만족하지 말고 정말 나는 교회의 머리이신 예수 그리스도께 마음을 쏟고 있는가, 집중하는가, 그분을 붙들고 있는가, 십자가의 은혜에 감격하고 있는가, 오늘도 그 보혈의 은혜로 내가 구원받았음을 인정하며 모든 일을 행하고 있는가를 스스로 점검해야 한다.

사역이 분주하고 선택과 결정의 갈림길에서 생각이 복잡해질 때마다 나는 "장사꾼은 장사하는 게 맞고 교육자는 교육해야 하고 목사는 목회해야 하는데 왜 학교와 교회가 장사를 하고 있습니까"라는 그 분의 말을 기억한다. 그래서 그 복잡했던 고민과 갈등들을 교회의 역할, 학교의 역할로 집중시켜 단순화하여 하나님이 원하시는 선택을 하려고 몸부림을 친다.

대면 예배와 비대면 예배 선택의 갈등

코로나19로 예배가 중단되거나 제한받고, 신앙생활의 여러 모임이 폐쇄되고 멈춘 서글프고 힘든 시간을 지나고 있다. 믿음이 어느 정도 자라고 성숙한 분들은 그래도 괜찮은데 새 신자나 신앙이 어리고 연약한 분들의 영적 성장과 성숙은 묘연해졌고, 교회 공동체의 존립이 위태하며, 전도와 선교사역이 심각한 위기를 맞고 있다. 이러한 때 우리는 무엇을 해야 할지 하나님께서 우리에게 질문을 던지시는 것 같다.

대면 예배와 비대면 예배의 선택도 그 선택의 당위성을 주장하며 나와 다른 선택을 한 사람과 교회 공동체를 비난하고, 또 욕설에 가까운 분노의 말들로 서로를 비신앙적이고 부도덕한 집단인 것처럼 매도해서는 안 될 것이다.

정부가 형평성에 어긋나고 원칙 없는 방역 조치로 종교의 자유를 심하게 침해하는 행정 명령을 남발하는 것에 대해 많은 교회와 목회자들이 항의할 때 한번은 무슨 교회개혁실천 단체의 대표라는 목사가 방송에 나와서 "큰 대형교회들은 교회 건물을 짓느라 빚이 많아서 그 빚을 못 갚을 위기에 처하자 저렇게 몰상식하게 대면예배를 요구하는 것"이라고 어이없는 주장을 한 적이 있다. 정부와 언론이 듣고 싶은 얘기를 해주며 아주 의기양양해하는 모습을 보는 내내 분노가 치밀었다.

세상의 질타와 공권력의 엄포 속에서도 목숨 걸고 예배하며 예배를 지켜내고자 하는 이들이 과연 돈 몇 푼의 경제적 유익 얻자고 그러는 것이겠는가? 오히려 그것이 훨씬 더 경제적인 위험이나 부담을 가중시킬 수도 있는데 말이다. 그들은 정말 하나님과 교회를 향한 뜨거운 사랑과 열정으로 모든 것을 다 건 것이다. 그것을 함부로 폄하해서는 안 될 것이다.

그렇다고 비대면 예배를 선택하고 영상을 통해 답답하고 눈물 나는 예배를 드리면서 채워지지 않는 그 은혜의 갈증에 안타까워하는 교회와 성도들도 잘못된 신앙이 아니며 그것은 비겁함이나 세상과의 타협도 아니다. 그들은 우리의 예배가 사회와 이웃의 안녕과 건강을 해치는 위협이 된다면 우리가 힘들고 답답하더라도 우리 교회 공동체가 양보하고 희생해야 한다고 하나님의 뜻을 구하며 이웃 사랑의 성숙한 기독교 정신을 선택한 것이다.

예배와 함께 모든 교회 활동과 신앙적 행위들이 다 멈춰 선 이때, 과연 하나님께서 우리가 그런 것으로 갈라지고 갈등하며 싸우는 것을 원하실까? 그것은 하나님의 뜻이 아닌 줄 믿는다. 갈등하고 서로 비난할 때가 아니라 본질에 집중할 때임에는 이견이 없을 것이다.

우리 한국 교회가 사역이 너무 많고 여러 행사와 시스템들로 너무 복잡해져 있었던 것은 분명하다. 하는 수 없이 중단됐고 할 수 있는 게 아무것도 없는 이때, 위기(危機)는 '위(危)험하지만 또한 기(機)회'라는 말처럼, 교회가 교회답게 다시 본질로 돌아가고 본질에 집중하는 기회가 되게 하자.

분노에 찬 비난과 다툼과 손가락질을 멈추고 자신을 되돌아보며 잠잠하게 점검하자. 분주한 마음, 나뉘어 있던 시선을 오직 하나님께 집중하자. 복잡해지는 신앙을 다시 단순하게, 오직 예수님의 은혜와 십자가 복음으로만 응축시킬 기회로 삼자.

달콤하지만 헛된 속임수에 사로잡히지 말라

그러므로 너희가 그리스도 예수를 주로 받았으니 그 안에서 행하되 그 안에 뿌리를 박으며 세움을 받아 교훈을 받은 대로 믿음에 굳게 서서 감사함을 넘치게 하라

골 2:6,7

우리가 예수를 믿고 주로 받은 것은 내가 믿고자 노력했거나 내가 뭔가 깨우친 것이 아니라 은혜를 입은 것이다. 그저 하나님께서 "너는 의롭다" 하시며 예수님을 구주로 우리에게 주셨다. 그 은혜를 입은 자들은 무조건 그 안에 뿌리를 깊이 박고 세움을 받아야 한다. 다른 곳이 아니라 오직 예수 그리스도께만 모든 에너지와 시간과 신앙의 뿌리를 두고, 그로부터 세워지고 자라나야 한다. 그리고 교훈을 받은 대로 믿음에 굳게 서서 감사가 넘치게 하라고 한다.

이 말을 하면서 바울은 골로새 교회 안에 거짓 교사들이 들어온 것과 그들의 행위들을 안타까워하며 책망하고 경고한다. 골로새 교회를 향한 사도 바울의 깊은 고민과 책망이 또한 지금 우리의 모습을 향한 것은 아닌지 생각하게 된다.

> 누가 철학과 헛된 속임수로 너희를 사로잡을까 주의하라 이것은 사람의 전통과 세상의 초등학문을 따름이요 그리스도를 따름이 아니니라 골 2:8

교회에 나오면 그리스도를 따르는 것 같지만 꼭 그렇지는 않을 수도 있다. 교회는 흥왕하는 듯하고 사람은 넘쳐나고 내 신앙의 연조는 계속 늘어나지만, 정작 나는 예수 그리스도께 뿌리내리지 않고 그분을 따르지 않고도 얼마든지 교회 활동을 할 수 있다.

목회자로서 솔직히 고백하는데, 성도들이 예수 그리스도께 뿌리박지 않고서도 충분히 교회 생활 잘하고 교회가 행복하고 사람들과의 관계로써 예배 자리가 가득 차는 것을 볼 때도 있다. 이것은 '그래도 이것을 성장으로 볼까 아니면 이것이 아님을 선포하고 이 성장의 달콤한 유혹을 나 스스로 깨뜨려버려야 될까'를 고민하게 되는, 목회자에게는 상당히 큰 갈등과 유혹이다.

하지만 교회는 예수 그리스도를 주로 받았고. 그에게만 뿌리를 내리고 그로부터만 세워져야 한다는 것은 분명하다. 예수님에게 뿌리박고 예수님으로부터 세워지며 예수님을 따라야 한다. 인간관계, 세상 지식이나 철학, 헛된 시대적 유행과 대세의 속임수를 교회 성장의 원리와 원동력으로 사용하여 머릿수를 늘리는 달콤한 성장의 유혹도 뿌리쳐야 한다.

오직 교회는 예수로 살고 예수로 죽어야 한다. 예수님 때문에 부흥하고 예수님 때문에 문 닫을 수도 있어야 한다. 교회 경영과 교회의 성장이 교회의 본질적 목표가 아니다. 예수를 따르는 길에 그것을 거절해야 할 때가 생긴다면 단호하게 건물도 관계도 거절하고, 조직과 시스템도 거절하고, 세상의 인정과 칭찬도 거절하고 오직 예수님만 따라야 한다. 껍데기에는 능력이 없다. 껍데기를 추구하고 껍데기를 붙잡고 살아가는 교회와 성도가 되지 않기를 바란다.

껍데기에는 능력이 없다

2차 세계대전이 한창일 때 미군은 남태평양 군도의 여러 섬을 전략기지로 삼아 비행장을 만들고 보급기를 보내 주둔 중인 미군에게 생필품과 무기들을 공급했다. 그때 뉴기니 원주민들은 생애 처음으로 놀라운 것들을 목격하게 되었다. 처음 보는 흰 피부의 인간들이 갑자기 나타나

나무를 베어내고 큰길(활주로)을 낸다. 얼마 후에는 처음 보는 어마어마한 큰 새 같은 것(비행기)이 날아와 그 길에 내려앉더니 수많은 물품을 내려놓는다. 미군에게 성냥, 탄산음료, 초콜릿 등 처음 보는 신기하고 달콤한 것들을 얻게 된 뉴기니 원주민들은 마냥 행복했다.

전쟁이 끝나자 미군은 모두 철수했으나 원주민들은 언젠가 그 큰 새가 다시 날아와 그들이 맛보았던 달콤한 것들을 줄 것이라 믿었다. 그래서 자신들의 영역에 미군들이 닦았던 활주로 비슷한 것을 만들고 관제탑 같은 오두막도 지어놓고 화물을 잔뜩 실은 비행기가 나타나 착륙하기만을 기다렸다. 아직도 원주민 중에는 USA라고 쓴 옷을 애지중지하고, 미군이 버리고 간 성조기를 숭배하며, 그 성조기를 펼쳐 들고 2월 15일(그들이 미군을 처음 만났던 날로 추측된다)에 대나무 소총을 메고 사열을 하는 부족도 있다고 한다.

이같이 핵심을 잘못 이해하고 근본도 빠뜨린 채 무언가를 바라는 현상을 카고 컬트(cargo cult), 즉 '화물 신앙' 또는 '화물 숭배'라고 부른다. 본질과 근본을 모르고 그 형식만 흉내 내면 보급품을 가득 실은 비행기가 축복과 풍요를 가져다줄 것으로 믿는 이들의 어리석은 모습이 이 시대, 그리고 오늘날 우리 교회들의 신앙과 참 닮았다.

케냐의 쓰레기 마을 고로고초에서 복음을 전하는 평신도 선교사 곽희문 형제는 다른 선교사들처럼 빵을 주고 어떤 문명의 이기(利器)를 제공하는 것이 아니라 오직 복음으로 복음만을 전하고 있다. 그는 자신을 변화시키고 아프리카의 어린 한 생명까지 보살피시는 하나님의 놀라운 역사와 섭리를 기록한 자신의 책 《복음이면 충분합니다》(아가페북스,

2013)에서 "빵 대신 복음"이라며 진정한 선교는 '복음' 하나면 충분하다고 말한다.

그렇다. 빵이 복음을 전하는 접점이 될 수는 있겠지만 복음이면 충분하다. 빵 때문에 몰려드는 교회가 아니라 복음으로 몰려드는 교회가 되어야 한다. 예수님은 오병이어의 기적 이후 구름 떼처럼 몰려드는 사람들을 피하시고, 너희가 나를 쫓는 이유는 빵 때문이라며 그들을 거절하셨다. 그런데 정말 우리는 복음이면 충분한가? 나는 복음이면 충분한 사람인가? 나는 그런 목회를 하고 있는가? 교회와 목회의 가장 큰 위기는 바로 복음이면 충분하다는 이 고백이 흔들리는 것이다.

사역이 사람들에게 인정받고 내 자아실현과 만족을 이루는 장이 되고 있다면, 복음이라는 본질보다 성장이라는 달콤한 유혹에 마음을 빼앗기고 있다면, 그때야말로 건물의 크기나 성도의 숫자에 상관없이 교회가 가장 위험한 순간이다. 교회가 본질은 잃어가면서 껍데기뿐인 외형적 거룩함만 흉내 내지 않기를, 거짓 신앙과 진정한 거룩을 분별하는 능력이 약해지지 않기를 소망한다.

개혁은 새로움의 창조가 아니라 본질의 회복이다

새로 출범하는 정부마다 이전 정부의 실정과 문제들을 개선하겠다고 여러 분야에서 적폐 청산을 외치며 야심차게 개혁에 박차를 가한다. 하지만 현실 문제의 근본을 이해하기보다는 당장 눈에 보이는 것들만 바꾸고 가리며 세속적 숫자와 그래프로 뭔가 승부를 내려 하다가 머잖아

초심을 잊고 헤매다 민심과 지지를 잃곤 한다.

국민은 새롭고 획기적인 형태의 포퓰리즘이 아니라 상식과 정의가 통하고 모든 것이 본연의 자리에서 제 기능을 발휘하는 민주주의의 성취를 열망한다. 개혁이라는 이름으로 비판하고 보복하는 옹졸하고 구태의연한 악순환을 끊고, 껍데기만 남은 폐단들을 청산하고, 모든 국가 기관과 시스템이 단순하고 명료하게 본연의 임무와 역할을 제대로 감당해 사회가 원활하고 유기적으로 돌아가는 것이 진정한 개혁이다.

나라는 나라답고 교회는 교회다워야 한다. 교회가 권위를 잃고 성도가 소금과 빛의 선한 영향력을 세상에 펼치지 못하는 것은 신앙의 본질을 잃은 채 지엽적이고 비본질적인 껍데기만 잡고 있기 때문이다. 500여 년 전 마르틴 루터가 감행한 거룩한 종교개혁이 이 시대, 우리에게도 필요하다. 개혁은 새로움의 창조가 아니라 본질의 회복이다. 교회가 권력을 탐하고 면죄부를 팔아 화려한 성전만 지으려 했던 변질된 기독교를 오직 은혜(sola gratia), 오직 믿음(sola fide), 오직 성경(sola scriptura)이라는 본질의 가치로 복원시킨 것이 종교개혁이었다.

교회가 부족하고 잘못하는 점도 있지만, 개혁은 교회를 향한 말도 안되는 비난과 정죄로 이루어지는 게 아니다. 진짜 개혁은 어떤 혁신적인 사고나 사건, 새로운 것의 개발이 아니라 본질을 지켜내고 회복하는 것이다. 진정한 신앙적 가치에 목숨 거는 것이다.

본질을 붙들어야 능력이 있다. 우리 한국 교회도 교회만이 할 수 있고 교회가 해야 하는 교회 본질의 역할과 사명을 감당할 때 비로소 다시 힘과 능력을 회복하고 교회다워질 것이다. 교회가 해야 할 역할, 교회만이

할 수 있는 일은 무엇인가. 구원의 주님이신 예수 그리스도, 유일한 길이요 진리요 생명이신 예수 그리스도의 복음을 전하는 것이다.

> 베드로가 이르되 은과 금은 내게 없거니와 내게 있는 이것을 네게 주노니 나사렛 예수 그리스도의 이름으로 일어나 걸으라 하고 **행 3:6**

나면서부터 걷지 못하여 아무 소망 없이 성전 미문 앞에서 구걸하며 연명하는 걸인에게 베드로는 너무도 당당하게 그가 소유한 가장 소중하고 좋은 것, 바로 나사렛 예수 그리스도를 전하고 그 복음을 선물했다. 우리 교회와 성도들도 세상이 추구하는 은과 금이 아니라 우리에게만 있는 가장 위대하고 소중한 것을 세상에 선포하고 전해야 한다. 우리만이 가진 구원의 이름과 천국 소망의 유일한 열쇠를 주어야 한다. 교회만이 소유한 복음, 가장 위대하고 소중한 가치인 복음과 예수 그리스도를 희망 없는 이 시대에 선포하고 외쳐야 한다.

"우리를 모든 죄와 죽음으로부터 구원하신 예수 그리스도를 너희에게 주노니 희망 없는 시대여, 이제 너는 자유하라! 절망하는 세대여, 일어나 천국 소망을 향해 걸으라!"

구청도 문화센터도 줄 수 있는 것, 인문학자, 성공학 강사, 자기계발서 저자, 동기 부여 연설가, 상담학 전문가들도 줄 수 있는 것들이 아닌, 교회만이 할 수 있는 본질의 사명에 집중해야 한다.

본질이 지켜지면 사람에 흔들리지 않는다

서울에 집회 갈 때 자주 들르는 식당이 있다. 한 할머니가 운영하시는 한식 뷔페인데 닭볶음탕이나 제육볶음이 무한 제공되고 반찬은 10가지가 기본으로 항상 나오는데 값도 무척 저렴해서 그쪽 지역에 집회가 있으면 꼭 찾아간다. 양만 많은 것이 아니라 정말 맛있다. 항상 정갈하고 특히 나물은 어릴 적 어머니의 손맛을 느낄 수 있어서 '역시 할머니가 하시는 음식들이라 다르구나' 연신 감탄하며 사역 중에 잠시나마 행복을 만끽하곤 한다.

그런데 늦은 점심을 먹고 나오던 어느 날, 뜻밖의 사실을 알게 되었다. 휴식 시간인지 커피 한 잔씩 들고 몰려나오는 주방 직원들과 마주쳤는데 그들이 전부 노랑머리 러시아계(우크라이나에서 왔다고 한다)와 동남아계 외국인 노동자들이었다! 아니, 우리 어머니의 손맛을 느끼게 해준 이 음식들을 다 외국인이 만들었다니? 어떻게 그들에게서 고향의 맛이 난단 말인가.

알고 보니 할머니의 레시피를 똑같이 따라서 하기 때문이었다. 모르는 음식이니까 할머니가 시키는 그대로 한다는 것이다. 그 말에 어쩌면 외국인들이어서 그 맛이 지켜졌을 수도 있었겠다는 생각이 들었다. 한국인이면 자기의 레시피, 자기 고향 스타일, 자기 엄마의 방식들로 자꾸 손을 대서 사람이 바뀔 때마다 음식 맛이 달라졌을지도 모르는데 할머니의 레시피를 지키니 우크라이나 사람이 오든 베트남 사람이 오든 본래의 맛을 지킬 수 있었던 것이다.

본질을 붙들면 사람과 시스템이 바뀌어도 그대로 운영된다. 교회도 그렇다. 교회가 사람 바뀌면 무너지고 사람 한 명에 좌우되지 않는 길은 교회의 머리 되시는 예수님의 십자가 은혜, 보혈의 능력이라는 본질을 붙잡고 그 위에 서는 것이다. 교회가 보혈의 피비린내로 가득하고, 십자가만 바라봐도 감사와 감격의 눈물이 터지는 예배를 회복한다면 어떤 목회자와 중직자가 리더로 세워지든, 또한 어떤 교단이든, 복음주의, 은사주의, 보수적 진보적 어떤 신앙 노선을 추구하든 상관없이 교회의 능력이 발휘되고 역사가 일어나게 된다.

그림자 같은 비본질에는 자유하라

본질에 집중하되 비본질에는 자유하라. 본질이 확실하고 확고히 세워졌다면 비본질에 흔들려서는 안 된다. 사도 바울이 성령님의 감동으로 골로새 교회를 책망하고 권면한 골로새서 말씀에도 이 두 가지가 주제를 이루고 있다.

하나는 철학이나 헛된 속임수, 시대적 어떤 초등학문 같은 것들로 마음을 뺏기거나 본질을 잃어버리지 말고, 본질을 붙들고 본질에 목숨을 걸라는 것이다. 또 하나는 비본질에 매달려 그것을 붙잡고 늘어지는 자들이 그러지 않는 자들을 비판하고 정죄하는데 너희는 그런 것들에 대해서 흔들리지 말라는 것이다.

"본질에 목숨 걸고 비본질에 자유하라" 이 말에 따라 "본질인가 비본질인가" 이것만 물어보면 된다. 신앙에 고민이 있다면 하나님을 아버지로 생각하고, 이 문제가 본질인지 비본질인지 생각해서 본질적인 것은 붙들되 비본질인 것에는 자유해도 된다.

금욕주의와 절기

> 그러므로 먹고 마시는 것과 절기나 초하루나 안식일을 이유로 누구든지 너희를 비
> 판하지 못하게 하라 이것들은 장래 일의 그림자이나 몸은 그리스도의 것이니라
> 골 2:16,17

"먹고 마시는 것"은 모세 율법에 언급된 음식 관련 규정(레 7:20-27 ; 민 6:3)보다는 골로새 교회의 거짓 교사들의 금욕주의적 경향을 나타낸다(막 7:19). "절기나 초하루나 안식일"은 유대인들의 성일(聖日)을 가리키는데, 율법에 대한 순종을 보임으로써 선택된 백성임을 드러내는 것이었다.

그러나 바울은 "몸은 그리스도의 것"이고 이것들은 "장래 일의 그림자", 즉 그리스도의 구속 사역을 가리키는 '그림자'(히 8:5, 10:1)라고 말한다. 몸이 중한가 그림자가 중한가? 그림자는 실체라는 본질의 비본질이다. 몸(실체)인 그리스도께서 오심으로 이 율법들은 이미 폐하여진 그림자라는 것이다.

이미 그리스도께서 율법을 폐기하셨기에 이런 날들은 초등학문에 불과하므로(갈 4:9,10) 그리스도인은 거짓 교사들의 금욕주의와 유대인의 절기를 지킬 필요가 없고, 이러한 날들의 준수 여부에 관해 판단과 비난을 받을 이유가 없다. 예수 그리스도라는 실체가 오셨는데 어리석게도

그분 대신 그림자를 붙잡아서는 안 되며, 그림자를 함께 붙잡지 않는다고 다른 사람을 비방하고 정죄하는 것은 더욱 안 될 말이다.

그러나 오늘날 우리에게도 거짓 교사들처럼 무엇을 하고 안 하는 '금욕주의'와 '안식일'에 관해 다른 사람을 비판하고 정죄하는 모습이 많이 보인다. 자기가 어떤 것을 지키고 사는 것은 상관없지만 비본질을 기준으로 삼아 믿음이 잘되니 못되니 하며 남을 평가하고 정죄한다면 거기서부터는 범죄다. 예를 들면 주일에 돈을 쓰지 않는 것을 신앙의 가치로 생각하여 절대로 식당에서 밥 사 먹거나 물건을 사지 않는 사람이 있다. 그것은 좋다. 그러나 그가 주일예배 후 식당에 가서 새 신자에게 식사를 대접하는 사람에게 주일날 돈 쓴다고 비난한다면 그것은 잘못이다.

위선적인 겸손과 거룩

아무도 꾸며낸 겸손과 천사 숭배를 이유로 너희를 정죄하지 못하게 하라 그가 그 본 것에 의지하여 그 육신의 생각을 따라 헛되이 과장하고 골 2:18

"꾸며낸 겸손"과 "천사 숭배"는 밀접한 상관성을 갖는다. 거짓 교사들은 인간이 절대자이신 하나님께 직접 경배드리는 것은 교만한 것이므로 그보다 못한 천사에게 경배해야 하며 그것이 겸손한 행위라고 주장했고 자신들의 신비적인 체험에 근거하여 그것을 자랑했다. 이러한 자랑은 '육체의 마음'에서 비롯된 것으로 이는 하나님으로부터 오는 계시가 아니라 인간적인 감정이나 이성 혹은 욕심으로 말미암은 것이다.

꾸며낸 겸손, 외식, 위선적인 거룩이 있다. 그런 것으로 사람들의 눈을 속이고, 종교적으로 교회에서 높은 직분과 자리에 올라간 사람들도 많다. 이러한 꾸며낸 겸손과 거룩, 직분의 껍데기를 자기 신앙의 보증으로 생각하며 남을 타박하고 가르치려 하고 비판하고 점수 매기는 사람들이 너무도 많다.

절대 아니다. 본질을 붙잡고 비본질에는 자유로워야 한다. 능력 없는 그림자, 껍데기를 자꾸만 실체로 생각하고 좇는 허망한 신앙으로 골로새 교회의 위기를 답습하는 나의 신앙, 한국 교회가 되지 않기를 간절히 소망한다.

머리 되신 예수의 피가 온전히 흐르는 공동체로

껍데기 같은 비본질적이고 지엽적인 것들을 따르는 자들을 바울은 "머리를 붙들지 아니하는" 자라고 말한다.

> 머리를 붙들지 아니하는지라 온몸이 머리로 말미암아 마디와 힘줄로 공급함을 얻고 연합하여 하나님이 자라게 하심으로 자라느니라 골 2:19

그리스도는 "모든 통치자와 권세의 머리"(10절)시며, 교회는 그리스도의 몸이다(골 1:18, 24, 3:15 ; 엡 1:22, 23). "온몸이 머리로 말미암아 마디와 힘줄로 공급함을 얻고 연합하여 하나님이 자라게 하심으로 자라"듯 교회의 구성원들은 머리 되신 그리스도를 정점으로 긴밀히 연합되어 있으며 하나님께서 양육시킴으로 성장해 나간다. 그러나 거짓 교사들은 그리스도를 머리로 인정하기를 거부하고 거짓 겸손과 천사 숭배로 대치하여 자신들을 자랑하였다. 그러므로 머리이신 그리스도를 붙들지 않은 이들은 그리스도의 몸 된 교회의 지체가 아니었다.

로켓이 발사될 때 우주인은 최대 8G, 초음속으로 날다 선회할 때 전투기 조종사는 최대 9G에 이르는 중력을 견뎌야 한다. 8G, 9G는 우리가 평소에 느끼는 중력의 8배, 9배를 뜻하며, 온몸의 근육이 몸무게의 8-9배나 되는 힘을 견뎌야 한다는 것이다. 이때 피가 한쪽으로 쏠리는데 이를 견디지 못하면 피가 뇌에 공급되지 못해 'G-LOC'(중력에 의한 의식상실) 상태에 빠지게 된다.

그래서 그들은 '원심분리기'라는 기계에 탑승해 정신없이 회전하는 상황에서 중력 가속을 견디는 '중력가속 내성훈련'을 받는데 우주인은 4-8G, 전투기 조종사는 6-9G를 견뎌내야 한다. 4G부터는 피가 다리로 쏠리고 뇌에 공급되지 않아 정신이 멍해지기 시작한다. 뇌에 피가 공급되지 못하면 이 건강하고 유능한 엘리트들도 간단한 구구단을 못 외우고 자기 이름을 말하지 못하는 무능력한 상태에 빠지게 된다.

바로 교회가 그렇다. 교회는 이 세상 어떤 조직과 사회집단보다 가장 힘 있고 능력 있는 주님의 몸 된 공동체지만, 그 안에 머리 되신 예수 그리스도의 피가 흐르지 못하고 산소 같은 은혜가 공급되지 못하면 세상에서 가장 무기력하고 무능한 공동체로 전락할 수 있다. 지체인 우리가 일하는 것 같지만 머리로부터 공급되는 에너지와 명령이 없으면 그 일들은 무의미해진다.

머리를 붙들어야 한다. 머리의 지배와 공급함을 받는 지체들이 가장 강력하다. 머리 되신 예수님을 붙잡지 않으면 종교적 행위들은 현란하고 능숙해도 허망한 사람일 뿐이다. 그런 사람은 포도나무 원줄기에 붙어 있지 않은 가지, 당장은 무성해 보이지만 곧 버려져 시들고 불에 태워질 가지와도 같다.

가지들이여, 나무에 붙어 있기를 힘쓰라

나는 포도나무요 너희는 가지라 그가 내 안에, 내가 그 안에 거하면 사람이 열매를 많이 맺나니 나를 떠나서는 너희가 아무것도 할 수 없음이라 요 15:5

포도나무에 붙어 있는 가지는 머리에 붙어 있는 지체인 교회요 성도들이다. 지체가 머리에 붙어서 머리로부터 공급을 받아 성장하듯 포도나무 가지들은 포도나무에 붙어 있을 때 살아가고 열매를 맺을 수 있다. 이것이 신앙의 본질이다.

열매는 가지에 맺힌다. 하나님은 교회와 우리를 통해서 하나님의 영광스러운 일과 열매들을 나타내기를 기뻐하신다. 하지만 가지가 지혜롭고 멋지게 생겨서, 가지가 노력하고 열매 맺기를 꿈꾼다고 해서 열매가 나는 것은 아니다. 가지가 어쨌든 포도나무 원줄기에 붙어 있어야 수분과 영양분을 공급받아 열매를 맺는 것이다. 포도나무 가지의 가장 큰 자랑은 원줄기에 붙어 있는 것이다.

예배를 드리고 성경을 읽는 본질적 이유는 하나님의 뜻을 알고 그 뜻대로 살기 위함이요, 유일한 구원의 길이신 예수 그리스도를 발견하기 위함이다. 그러나 신앙의 규례들을 만들어 그것을 지키는 행위를 거룩함과 경건으로 착각하며 예수 그리스도의 구원에 감사함이 없고 그 은혜를 입은 자의 감격적인 신앙고백과 예배의 삶이 없다면, 그러면서도 남이 행하지 않는 것에 분노하며 정죄하고 비판한다면 그것은 포도나무에서 떨어져 나간 죽은 신앙이다.

그러므로 포도나무 가지는 그 어떤 노력보다 붙어 있으려는 간절함이 있어야 한다. 거룩해 보이는 행위와 외적 모습으로 구별되려 할 것이 아니라, 어떤 상황에도 예수님에게 속하고 그 안에 거하려는 간절한 갈망이 있어야 한다.

지체는 머리에 붙어 있어야 한다. 본질을 붙들고 그것에서 떨어질까 조금이라도 멀어질까 두려워해야 한다. 대학입시에서 떨어진 것보다, 시험 점수 떨어진 것보다, 승진에서 누락되는 것보다 더 두려워하고 민감하게 반응하는 진짜 예수쟁이가 되어라. 십자가의 능력과 은혜를 향한 나의 갈망은 멈출 수 없다고 고백하는 우리가 되기를 간절히 소망한다.

chapter **7**

오라!

하나님이 받으시는 예배를 드려라

아버지께 참되게 예배하는 자들은 영과 진리로 예배할 때가 오나니 곧 이때라

아버지께서는 자기에게 이렇게 예배하는 자들을 찾으시느니라

하나님은 영이시니 예배하는 자가 영과 진리로 예배할지니라

요 4:23,24

FOCUS ON

우리가 집중해야 할 신앙적 요소와 핵심이 많이 있지만 가장 중요한 것은 우리를 향하신 예수님의 명령과 뜻이다. 우리를 향한 예수님의 가장 위대하고 중한 명령 두 가지 중 하나가 바로 "나에게 오라!"이다. 예수님은 우리를 "수고하고 무거운 짐 진 자들"이라 부르시며 자신에게 나아오라 청하신다. 거기에 진정한 쉼이 있다고 말씀하신다.

그 이전에도 쉽지는 않았지만 어느 날 갑자기 광풍처럼 불어 닥친 코로나19로 너무나도 힘든 일상이 이어지고 있다. 어쩌면 겨우겨우 살아내고 있다고 할 만큼 힘들게 하루를 살아내며 이제 한계에 이르러 그야말로 견디고 버티고 있는 모든 이에게 우리 주님은 진정한 쉼과 안식이시며 유일한 희망이다. 이것을 아는 것, 인정하는 것, 그리고 믿는 것이 믿음이고 신앙이다.

예수님이 진정한 희망이고 쉼이시라는 것은 내가 스스로 깨우쳐 알게 되는 것이 아니다. 수가 성 여인처럼 나를 찾아와 만나주신 예수님의 크신 은혜와 위로를 입음으로 알게 되는 하나님의 은혜요 선물이며 전적인 특권이다.

수가 성 여인은 행복을 누구보다도 갈망했던 것 같다. 나도 한번 보란 듯이 행복하게 살고 싶은 간절한 기대를 좇아 다섯 번이나 남편을 만났지만 그토록 갈구했던 행복은 묘연하고 여섯 번째 남자와 살고 있는 지금도 여전히 불행하고 오히려 가중된 상처와 미천한 자존감으로 고독했다.

그런 그녀에게 물 긷는 일은 매일 반복되는 무거운 짐이었고 탈출하고자 하나 벗어날 수 없는 고통스러운 인생의 굴레였다. 이 여인이 오늘 하루하루를 힘겹게 살아가며 의미 없이 반복되는 일상에 지친 우리의 자화상일 수 있다. 하루라도 이 짐을 벗어버리고 싶은 그녀에게 예수님이 프러포즈하시듯 이렇게 말씀하신다.

> … 이 물을 마시는 자마다 다시 목마르려니와 내가 주는 물을 마시는 자는 영원히 목마르지 아니하리니 내가 주는 물은 그 속에서 영생하도록 솟아나는 샘물이 되리라
>
> 요 4:13,14

이것이 바로 우리가 예수님을 만나는 이유와 목적이다. 세상의 어떤 가치로도 세상의 어떤 공급으로도 우리는 늘 헛헛하고 목마를 수밖에 없는 존재다. 예수님을 만나야만 진정한 안식과 해갈의 기쁨이 있다는 것이다.

진정한 예배를 알 때 물동이를 내려놓게 된다

예수님이 주시는 물에 대해 들은 여인은 "주여 그런 물을 내게 주사 목마르지도 않고 또 여기 물 길으러 오지도 않게 하옵소서"(15절)라고 청한다. 일상에 지치고 사람들과의 관계 속에서 상처받고 낮은 자존감으로 고독하게 살아가는 여인의 바람은 매일 반복해서 길어야 하는 이 물 좀 그만 길으러 나오는 것이었다.

이것은 '아, 때려치우고 싶다'라는 세상 사람들의 욕구이기도 하다. 직장인들의 가장 큰 소망이 퇴직이라 한다. 출근 안 해도 먹고살 염려 없는 퇴직이 가장 큰 소망이란다. 계속 반복되지만 먹고살기 위해 의미 없이 꾸역꾸역 반복되는 일상이 이 여인의 고민이자 우리의 짐이다.

그런 그녀가 자기를 찾아오신 예수님을 만났고, 주님을 만나는 순간 '물동이'를 내던지고 자유를 누리게 되었다. 물동이는 하기 싫어도 꾸역꾸역 물을 채워 하루를 견디며 살아내는 그녀의 불행과 고된 일상, 반복되는 노동의 굴레, 해결되지 않는 삶의 무게와 인생의 짐을 상징한다.

여자가 물동이를 버려두고 동네로 들어가서 사람들에게 이르되 나의 행한 모든 일을 내게 말한 사람을 와서 보라 이는 그리스도가 아니냐 하니 요 4:28,29

그녀는 그토록 원했던 자유와 쉼을 어디서 얻게 되었는가. 예수님과의 만남이다. 아니, 예수님이 찾아와주신 것이다. 우연히 만난 것처럼 보이지만 예수님이 그녀를 찾아와 만나주신 것이다.

"수고하고 무거운 짐 진 자들아, 나에게 오라."

오늘 예수님은 우리에게도 말씀하신다. 우리에게는 답이 없으며 예수님에게 와야 진짜 쉼이 있다는 것이다. 이것을 알게 된 그녀는 물동이를 버려두고 마을로 들어가 사람들에게 예수님을 전한다. 오늘도 이 자유함을 누린 자들은 "너도 한번 와 봐!"라고 말하지 않을 수 없다.

그런데 궁금하다. 조금 전까지도 '아, 이놈의 물 좀 안 길었으면 좋겠다' 생각하며 하염없이 짊어졌던 이 물동이를 그녀는 어떻게 미련 없이 내던지며 인생의 짐과 세상의 시선에서 자유를 누리게 되었을까? "주여 그런 물을 내게 주사 목마르지도 않고 또 여기 물 길으러 오지도 않게 하옵소서"라는 15절과 "여자가 물동이를 버려두고"라는 28절 사이에 무슨 일이 있었던 것일까.

20절이 있었다. 수가 성 여인은 예수님으로부터 진정한 예배에 대해 듣고 알게 되자 진정한 자유와 평안을 누리게 되었다. 여인이 묻는다.

> 우리 조상들은 이 산에서 예배하였는데 당신들의 말은 예배할 곳이 예루살렘에 있다 하더이다 요 4:20

그녀가 말한 "이 산"은 사마리아 사람들이 예배한 그리심 산이다. 그리심산은 축복의 산이고, 저주의 산이라 불린 에발산과 마주 보고 있다. 사마리아인들은 그리심산에서 예배하는 것이 옳다 하였고, 유대인들은 예루살렘 성전에서 예배해야 한다며 서로 비난하고 서로의 예배가 잘못되었다 주장했다. 여인의 질문에 예수님은 여기도 저기도 아니며 진정한 예배는 장소가 중요한 게 아니라고 대답하셨다.

예수께서 이르시되 여자여 내 말을 믿으라 이 산에서도 말고 예루살렘에서도 말고 너희가 아버지께 예배할 때가 이르리라 … 아버지께 참되게 예배하는 자들은 영과 진리로 예배할 때가 오나니 곧 이때라 아버지께서는 자기에게 이렇게 예배하는 자들을 찾으시느니라 하나님은 영이시니 예배하는 자가 영과 진리로 예배할지니라

요 4:21,23,24

하나님 아버지는 영이시니 영과 진리로 예배해야 하며 하나님은 그런 자를 찾고 계신다는 것이다. 교회는 죄로 하나님과 단절되어 영적 사망에 이른 채 이 땅을 살아가는 자들이 하나님과 만나는 곳이며, 그 유일한 통로요 희망이신 예수님을 만나 진정한 안식과 자유와 평안을 누리는 곳이다. 그 안식과 평안의 증거이자 은혜에 대한 반응이 바로 예배다.

죄로 인한 단절로 예배가 필요해졌다

왜 우리에게 예배가 필요한가. 죄가 들어와 우리와 하나님의 관계가 단절되었기 때문이다. 에덴동산은 하나님과 함께하는 곳이었으므로 특별히 예배가 필요하지 않았다. 우리가 멀리 떨어져 지내는 부모님이나 자녀들과는 전화나 영상통화를 통해 안부를 확인하고 관계를 유지하지만 한 집에 사는 가족들과는 굳이 그럴 필요가 없는 것처럼.

그런데 죄가 우리 안에 들어와 죄로 인해 하나님과의 관계가 단절되었다. 예배는 그런 우리가 하나님과 다시 교제하며 관계를 회복하고 유지할 유일한 통로이므로 죄가 우리에게 들어온 순간부터 예배가 필요했

던 것이고, 이는 우리가 예배를 항상 붙잡아야 할 이유다.

인간은 하나님만으로도 충분하고 그분만 계시면 아무런 모자람도 부족함도 없는 존재인데 마귀는 우리가 하나님의 사랑을 의심하도록 충동질하여 결국 그 사이를 갈라놓는다. 이것이 마귀의 목적이고 에덴동산 때부터 지금까지 하고 있는 일이다.

하나님과 함께하며 삶 자체가 예배였던 에덴동산에서 간교한 뱀이 여자에게 "하나님이 참으로 너희에게 동산 모든 나무의 열매를 먹지 말라 하시더냐"(창 3:1)라고 물었다.

하나님은 다 먹으라 하시고, 다만 동산 중앙에 있는 선악을 알게 하는 나무 하나만 제한하셨다. 그러면 하나님 안에 속하여 하나님과의 관계가 유지되는 것이다. 사람이 모든 행위로 완전해질 수는 없고, 하나님은 그저 손대지 말아야 할 하나의 선악과를 지정하시고 그것을 통해 우리와 관계를 유지하길 원하셨다.

하나님은 선악과를 먹으면 "반드시 죽으리라"(창 2:17) 하셨으나 여자는 "너희가 죽을까 하노라 하셨느니라"(창 3:3)라고 대답했고 뱀은 "너희가 결코 죽지 아니하리라"(창 3:4)라고 말했다. 하나님 말씀을 완전히 신뢰하지 않고 하나님을 의심하기 시작함으로 죄가 들어왔다.

선악과를 먹었는데도 그들은 뱀의 말대로 죽지 않았고 하나님의 말씀은 이루어지지 않은 듯했다. 하지만 하나님과의 관계가 끊어졌다. 껍데기인 육신은 죽지 않은 것처럼 보였지만 선악과를 먹고 하나님과 관계가 깨어져 그들의 영이 죽게 된 것이 진정한 죽음이었다.

그들이 선악과를 먹게 된 배경을 보라. 뱀은 너희가 이 선악과를 먹으면 지혜로워져 선악을 분별할 줄 알게 된다고 유혹했다.

> 너희가 그것을 먹는 날에는 너희 눈이 밝아져 하나님과 같이 되어 선악을 알 줄 하
> 나님이 아심이니라 창 3:5

여기서 하나님과의 관계를 이탈한 이유가 나온다. 그들이 눈이 밝아져 선악을 알기를 원한 것은 내가 하나님처럼 되고 싶어 한 것이다. 그들 안에 내가 하나님처럼 되어서 내 인생을 경영하고 내 힘으로 뭔가 해보려는 탐욕과 교만함이 들어오자 그들은 하나님의 사랑을 의심하고 하나님을 신뢰하지 않게 되었다. 그 죄로 인해 하나님과의 관계가 단절되었고 그 결과, 모든 것이 갖추어지고 가장 완벽한, 무엇보다도 하나님과 동거하는 에덴동산에서 쫓겨나게 되었다.

> 아담에게 이르시되 네가 네 아내의 말을 듣고 내가 네게 먹지 말라 한 나무의 열매
> 를 먹었은즉 땅은 너로 말미암아 저주를 받고 너는 네 평생에 수고하여야 그 소산
> 을 먹으리라 땅이 네게 가시덤불과 엉겅퀴를 낼 것이라 네가 먹을 것은 밭의 채소
> 인즉 네가 흙으로 돌아갈 때까지 얼굴에 땀을 흘려야 먹을 것을 먹으리니 창 3:17-19

그때부터 사람에게 평생 수고하는 고통의 인생이 시작되었다. 바로 예수님이 말씀하시고 오늘까지 우리가 살아가는 "수고하고 무거운 짐진 자"의 인생이다. 또한, 전에는 하나님과 함께하고 대화하며 하나님께서 이끄시는 대로 살아갔지만 이제는 하나님을 갈망하고 부르짖고 찾

아야 그분을 만날 수 있고 뭔가 노력하고 애를 써야 그 관계를 유지할 수 있게 되었다. 그것이 예배다.

받으시는 예배, 받지 않으시는 예배

3장에 죄가 들어와서 생겨난 것이 4장이다. 가인과 아벨의 제사 이야기로 예배의 시작을 보게 된다. 4장에서 우리는 최초의 살인자 가인이 동생을 쳐 죽이는 사건에 집중하지만 실은 예배가 시작됐다는 것이 매우 중요한 사건이다.

> 세월이 지난 후에 가인은 땅의 소산으로 제물을 삼아 여호와께 드렸고 아벨은 자기도 양의 첫 새끼와 그 기름으로 드렸더니 여호와께서 아벨과 그의 제물은 받으셨으나 가인과 그의 제물은 받지 아니하신지라 가인이 몹시 분하여 안색이 변하니
>
> 창 4:3-5

예배를 드렸는데 하나님은 어떤 예배는 받으시고 어떤 예배는 받지 않으셨다. 하나님을 예배한다고 해서 그 예배를 하나님께서 다 받으시는 것은 아니라는 사실에 주목하라. 가인의 살인 사건이 아니라 예배를 받으실 수도 거절하실 수도 있는 분이신 하나님께 집중해야 한다.

가인이 자기 예배가 받아들여지지 않은 것에 분노하자 하나님은 "네가 분하여 함은 어찌 됨이며 안색이 변함은 어찌 됨이냐 네가 선을 행하면 어찌 낯을 들지 못하겠느냐 선을 행하지 아니하면 죄가 문에 엎드려

있느니라 죄가 너를 원하나 너는 죄를 다스릴지니라"(창 4:6,7)라고 말씀하신다. 이 말씀을 쉬운성경으로 보면 다음과 같다.

여호와께서 가인에게 물으셨습니다. "네가 왜 화를 내느냐? 왜 안색이 변하느냐? 네가 좋은 마음을 품고 있다면 어찌 얼굴을 들지 못하겠느냐? 네가 좋은 마음을 품지 않으면 죄가 너를 지배하려 할 것이다. 죄는 너를 다스리고 싶어 하지만, 너는 죄를 다스려야 한다." 창 4:6,7 쉬운성경

예배드리는 형식과 행위도 중요하지만, 그 전에 내가 하나님께서 기뻐하실 만한 좋은 마음을 품고, 하나님을 향한 내 마음의 중심과 삶이 선하고 진실해야 하나님께서 그 예배를 받으실 수 있다. 그것이 예배의 정신에 근거한, 예배의 본질이 살아 있는 진정한 예배다.

그래서 예수님은 아버지께 참으로 예배하는 자, 신령과 진정으로 예배하는 자를 찾고 계신다고 말씀하신다. 행위의 거룩함으로 평가받는 것이 아니라 마음의 진정성이 우선이요, 영과 진리로 예배드려야 한다. 그렇다고 행위나 형식을 무시하고 널브러져 아무렇게나 예배드려도 안 되고, 예배 정신의 진정성에 행위의 거룩함과 경건함이 있어야 한다.

예배의 형식과 행위로 치면 가장 웅장했던 예배는 예수님 당시의 유월절 예배였을 것이다. 온 세계에 퍼져 있던 유대인 디아스포라들도 예루살렘까지 그 먼 길을 찾아와 수십 만의 인파가 인산인해를 이룬 북적임 속에서 예배를 드렸다.

역사가 요세푸스가 당시의 유월절 상황을 기록한 문헌에 따르면 유

월절 희생제물로 예루살렘에 도착한 양의 숫자가 25만 6천 5백 마리라고 한다. 수십만이 넘는 인파로 북적이는 가운데 웅장하고 위대한 성전 건물에서 양 25만 마리를 희생제물로 바친 그 큰 규모의 예배를 주님은 책망하여 흩으시고 쫓아내셨다.

웅장하고 화려한 건물, 인산인해 속에 수많은 헌신제물로 피비린내가 진동해도 하나님은 그 예배를 받지 않으실 수도 있다. 반면, 초라하게 홀로 자신의 집이나 산이나 그런 형편 중에서 진정 하나님을 향한 갈망과 회개와 확신으로 드린 예배는 받으셨음을 기억하자.

하나님은 물고기 배 속에서 홀로 눈물로 회개하며 엎드린 요나의 예배를 받으셨고, 허물어진 고국의 예루살렘 성전을 향해 집에서 창문을 열고 기도하며 드리던 다니엘의 예배를 받으셨다. 우상 숭배가 대세가 되어버린 시대적 상황 속에서 홀로 목숨 걸고 하나님의 임재를 간청했던 엘리야의 갈멜산 제단을 받으셨다.

성전 문을 닫는 위기를 자초하는 태도

코로나19로 우리의 예배가 위협받고 침체되고 또 흔들리고 있다. 한국 교회 130여 년 역사 가운데 일제 강점기에도 전쟁의 포화 속에서도 닫히지 않았던 성전 문이 닫히고 예배가 멈추고 예배당이 텅텅 비는 초유의 사태를 경험했다. 많이 모였다고 성공한 예배도 아니고 드린 횟수가 많다고 승리한 예배자도 아닐 것이다. 우리가 예배의 위기로 여기는 이때가 하나님의 기준과 섭리로는 예배 회복의 기회일 수 있다.

이럴 때일수록 그리심산이냐 예루살렘이냐의 장소 논쟁을 그치고 내가 지금까지 하나님께 신령과 진정으로 예배드렸는지 형식적 위선으로 드렸는지 돌아보아야 한다. 지금까지 반복해온 예배가 예배의 본질과 정신에 합당한 참 예배였는지 처절하게 자성하며 점검해야 한다.

예배가 훼손되었던 영적 암흑기에 시대를 향해 선포하신 하나님의 경고 말씀을 듣고 깨우치며 회개해야 한다.

여호와께서 말라기를 통하여 이스라엘에게 말씀하신 경고라 **말 1:1**

암흑기에 들어가기 전, 하나님은 말라기 선지자를 통해 시대를 향해 경고하셨다. 경고는 말 그대로 경고다. 그 뒤에 심판과 재앙과 영적 암흑이 뒤따른다는 것이다.

2-4절에서 하나님께서 너희를 사랑했다고 하시자 이스라엘 백성들은 하나님이 우리를 사랑하셨는데 왜 여전히 부족하고 힘드냐며 시큰둥하다. 원하는 바가 응답되지 않고 내 뜻대로 성취되지 않으면 하나님이 나를 별로 사랑하지 않는 것 같다고 생각하는 우리 모습 같다.

그들에게 하나님은 에서와 야곱의 비유를 통해 하나님의 전적인 은혜와 사랑을 말씀해주신다. 이유 없이 야곱을 사랑하셨듯 구원에는 다른 이유가 없다는 것이다. 구원의 이유는 없어도 구원의 목적은 있다. 하나님을 영화롭게 하고 하나님을 예배하는 것이다. 그러나 그들은 하나님을 진정으로 예배하지 않았다.

> 내 이름을 멸시하는 제사장들아 나 만군의 여호와가 너희에게 이르기를 아들은 그 아버지를, 종은 그 주인을 공경하나니 내가 아버지일진대 나를 공경함이 어디 있느냐 내가 주인일진대 나를 두려워함이 어디 있느냐 하나 너희는 이르기를 우리가 어떻게 주의 이름을 멸시하였나이까 하는도다 **말 1:6**

이 은혜를 입었으면 너희는 아들이 아버지를 공경하듯, 종이 주인을 두려워하듯 나를 경외하고 공경하는 것이 옳은데 너희의 예배 태도를 보니 제사장들부터 아니더라는 것이다. 그런데 그들은 우리가 언제 그랬냐, 주일성수 잘했고 십일조 잘 드렸는데 무슨 얘기냐 한다.

> 너희가 더러운 떡을 나의 단에 드리고도 말하기를 우리가 어떻게 주를 더럽게 하였나이까 하는도다 이는 너희가 여호와의 식탁은 경멸히 여길 것이라 말하기 때문이라 만군의 여호와가 이르노라 너희가 눈먼 희생제물을 바치는 것이 어찌 악하지 아니하며 저는 것, 병든 것을 드리는 것이 어찌 악하지 아니하냐 이제 그것을 너희 총독에게 드려보라 그가 너를 기뻐하겠으며 너를 받아주겠느냐 **말 1:7,8**

하나님 경외함을 버리고 그분의 사랑과 영광을 송축하는 예배의 정신을 잃은 백성들은 세상의 권력자에게도 드리지 못할 병들고 흠 있는 제물을 가져와 예배드렸다. 하나님은 그런 예배를 기뻐하지 않으시며 폐하기를 원하셨다. 너무도 안타까운 이 말씀이 우리 한국 교회와 우리를 향한 말씀은 아닌지 정말 두려운 마음으로 듣기를 바란다.

예배의 위기는 하나님께 돌아오라는 부르심

만군의 여호와가 이르노라 너희가 내 제단 위에 헛되이 불사르지 못하게 하기 위하여 너희 중에 성전 문을 닫을 자가 있었으면 좋겠도다 내가 너희를 기뻐하지 아니하며 너희가 손으로 드리는 것을 받지도 아니하리라 말 1:10

지금까지 우리가 반복하여 행했던 그 모든 예배가 "예배 드려준다", "교회 나와준다" 그런 마음으로 드린 것은 아니었을까. 꾸역꾸역 나와 때우던 행위들, 반복되던 형식들이 주님께는 구역질나고, 저런 예배 좀 못 드리게 차라리 저 성전 문을 닫아줬으면 좋겠다고 탄식할 예배는 아니었을까. 이 말씀은 오늘 우리를 향한 동일한 경고이며 회개를 촉구하는 하나님의 말씀일 수도 있다.

하나님의 백성이 하나님을 배반할 때, 이방 족속들은 하나님의 책망과 징벌의 매로 쓰임 받았다. 그런 이방 족속을 매가 왜 이리 단단하냐며 원망할 것이 아니라, 하나님께 등 돌리고 우상 숭배하며 그릇된 길을 간 자신들의 죄를 돌이키고 하나님께 돌아가 진정한 예배를 회복해야 한다.

이 시대, 교회를 향한 불공평한 편파보도, 종교활동을 부당하게 제한하고 위협하는 공권력, 세상의 손가락질과 질타, 대다수 교회가 모범적인 방역을 하고 있는데 몇몇 일부 잘못된 종교단체들로 인해 받게 되는 오해들…. 억울한가? 솔직히 그런 마음도 든다. 하지만 지금은 그런 것을 볼 때가 아니라 하나님께 돌아가 하나님과의 관계를 회복할 때다.

말라기 말씀의 결론도 그것이다. 하나님께서 제발 내 경고를 들으라 하셔서도 그들은 그 말씀을 듣지 않고 "내가 언제 말씀 안 들었는데요? 내가 언제 순종 안 했는데요? 내가 언제 예배 안 드렸는데요? 내가 언제…" 이런 말만 계속 반복했다. 그러나 하나님의 결론은 이것이다.

> 만군의 여호와가 이르노라 너희 조상들의 날로부터 너희가 나의 규례를 떠나 지키지 아니하였도다 그런즉 내게로 돌아오라 그리하면 나도 너희에게로 돌아가리라 …
>
> 말 3:7

주님이 우리에게 돌아오라 말씀하실 때 이제 우리는 그 말씀을 들어야 한다. 잘못된 실수와 실패를 더는 반복하지 말고 다시 진정한 예배로, 하나님과 관계를 회복하는 자리로 돌아가야 한다. "내게로 돌아오라. 내게로 오라" 이것이 구약과 신약의 동일한 메시지이며 명령이다.

이 시대, 예배가 중단되고 뭔가 훼손되고 있는 것 같지만 그것을 외부의 외압으로만 여기지 말자. 실은 하나님의 섭리와 뜻의 시간이며 우리에게는 예배의 정신을 다시 붙잡아 진정한 예배를 회복할 절호의 찬스일 수 있음을 기억하자. 그래서 원망이 아니라 예배의 본질로 돌아가는 회복이 일어나기를 간절히 소망한다.

chapter **8**

올바른 예배의 정신

수고와 짐을 내려놓고 신뢰와 사랑으로

수고하고 무거운 짐 진 자들아 다 내게로 오라 내가 너희를 쉬게 하리라

나는 마음이 온유하고 겸손하니 나의 멍에를 메고 내게 배우라

그리하면 너희 마음이 쉼을 얻으리니

이는 내 멍에는 쉽고 내 짐은 가벼움이라 하시니라

마 11:28-30

하나님을 신뢰함으로 멈추고 쉴 수 있는가?

하나님은 참으로 아버지께 예배하는 자를 찾으신다. 영과 진리로 예배하는 자를 찾으시고 그들을 참된 예배자라고 하신다면 무엇이 예배의 정신일까? 예배의 본질이 되는 예배 정신에서 두 가지를 살펴보고자 한다. 그중 첫 번째는 바로 '신뢰'다.

하나님께서 우리의 형편을 아시고 우리를 부르신다. 우리는 어떤 존재인가? "수고하고 무거운 짐 진 자들"이다. 하나님은 그런 자들을 불러 예배를 통해 관계를 회복시키시고 참된 평화와 안식과 쉼을 주시겠다고 약속해주신다.

수고하고 무거운 짐 진 자들아 다 내게로 오라 내가 너희를 쉬게 하리라 마 11:28

이 말씀을 헬라어 원어로 보면 "수고하고"는 능동형이고 "무거운 짐 진"은 수동형이다. 이 "수고"는 누가 억지로 시켜서 하는 게 아니라 자기 스스로 선택한 것이다. 내가 무엇인가 해보려고 스스로 일을 자처하고 스스로 수고를 행하며 스스로 어렵게 살아가는 어리석음을 가리킨다.

하나님이면 충분한 우리에게 내가 하나님처럼 되고자 하는 죄성이 들어오자 하나님이 이끄시는 내 삶을 내가 경영하고 싶어진다. 내가 지혜로워져서 내가 무엇인가 할 수 있겠다고 착각한다.

그런데 내가 뭔가 해보려 하고 열심히 살수록 이상하게 마음이 하나님과 더 멀어지고, 불안과 염려, 미래의 걱정과 근심으로 가득 찬다. 그러니 그 일을 놓을 수 없고 쉴 수 없다. 매일매일 그 반복되는 수고와 노력을 멈추지 못하고 평안이 없는 것은 누가 시켜서가 아니라 자기가 자처한 어려움이고 고난일 수 있다.

예배는 안식이다. 예배가 진정한 쉼인 것은 하나님을 신뢰함으로 인하여 멈추고 내려놓을 수 있기 때문이다. 멈추고 자유를 누리는 것은 하나님을 확신하고 신뢰하는 자들만이 할 수 있다. 하나님의 인도하심을 신뢰해야 쉴 수 있고, 주님의 섭리에 흔들리지 않는 믿음이 있을 때 진정 안식하고 평안을 누릴 수 있다.

안식일에 관한 바리새인들의 실패는 일하지 않는 무노동에 집중한 데 있다. 지금도 볼펜으로 뭘 쓰는 것은 괜찮은데 볼펜 끝을 딸깍 누르는 행위는 노동으로 보는 식으로, 어디까지 노동으로 볼 것이냐에 집중한다. 바리새인들은 형식과 행위에 치우쳐 잘못된 것에 집중했다.

예배, 주일성수, 안식의 진정한 목적은 일하지 않는 것, 돈 내고 밥 사 먹지 않는 데 있지 않다. 진짜는 무노동이 아니라 하나님에 대한 진정한 믿음이다. "하나님을 정말로 신뢰해서 오늘도 주일 성수하고 예배드릴 수 있느냐", "상황에 휘둘리지 않고 참 평안으로 주님께 감사하고 오늘 이 예배 가운데 기뻐할 수 있느냐"를 증명하고 확인하는 것이 바로 예배다.

지금이야말로 진정 예배가 필요한 시기

사람들은 코로나19 때문에 예배를 중단해야 하고 예배가 없어져야 한다고 얘기하지만 사실 지금이야말로 예배가 더욱 필요한 시기다. 이거 안 하면 죽을 것 같아서, 내던지고 싶은 물동이를 끌어안고 미친 듯이 일만 하며 살아가는 이 시대의 '수고하는 자들'에게 지금 예배가 가장 필요하다.

사람들이 코로나19를 무서워하지만 코로나19보다 더 위험한 것이 있다. 코로나 블루(코로나로 인한 우울감)와 그 이전부터 이미 있어 온 우울 증세로 자살이 심각한 증가세를 보이고 있다. 2019년 통계에 의하면 1일당 코로나 사망자는 1.6명인데 비해 자살 사망자는 38명이다. 무엇이 진짜 더 위험한 시대인가. 통계에 잡히지 않은 경우까지 하면 더 많겠지만 통계에 잡힌 것만 봐도 2018년 우리나라의 자살 사망자는 13,670명으로 세계 1위다.

인구 10만 명당 자살자 수는 OECD 평균이 10명 정도인데 우리나라는 26.6명이고 2019년에는 26.9명으로 늘었다. 이 숫자는 매년 9-10퍼센트씩 증가하고 있다. 자살 외에도 우울감과 불안, 근심이 원인이 된 각종 질병과 암 사망자까지 포함하면 이 시대 가운데 스트레스와 불안, 근심과 걱정의 폐해는 이루 말할 수 없다.

또한 사람들은 미친 듯이 앞만 보고 달리며 열심히 일하고, 행복과 안정을 위해 빚투, 영끌(빚 내서 주식투자 하고 영혼까지 끌어다가 집을 산다는 뜻의 줄임말 신조어)하여 소유가 늘고 풍족해져도 만족하고 평안해지는 것이 아니라 그럴수록 마음이 더 불안해지고 내면에 채워지지 않는 헛헛함으로 오히려 괴로워하고 있다. 그래서 이 시대는 더욱 예배가 필요하다. 이 인간 내면의 헛헛함과 갈증을 해결하실 분은 오직 예수 그리스도뿐이다. 예배만이 희망이다. 예수님만이 희망이다.

그런데 교회에 나와 예배를 드리는 성도들도 마찬가지다. 하나님을 신뢰하여 의지하지 않고 내 자아가 살아서 내가 무엇인가를 해야만 할 것 같은 불안감에 쫓기니까 육신은 예배당에 있지만 딴 데 한눈팔고 다른 것에 집중하며 의지할 때가 많다. 할 일들이 쌓여 있으니까 예배를 얼른 치러내듯 끝내고 급히 일터로 달려가고 사람 만나러 가야 하는데 설교가 길어지고 예배가 길어지면 불안해서 참지를 못한다.

제발 안식하시기를 바란다. 안식은 신뢰에서 나온다. 예배는 하나님을 신뢰하고 확신하는 것이다.

"여호와는 나의 목자시니 내가 부족함이 없으리로다."

왜 부족함이 없겠는가. 그러나 주님이 내 인생 이끌어 가시니 나는 괜찮다는 고백이다. 하나님이 나를 이끌어 가시고 우리 가정과 공동체를 이끌어 가시니 지금 내 처지는 조금 부족하고 힘들어도 내 모든 불안과 걱정과 근심거리의 짐을 모두 주님께 내려놓을 수 있는 것이 진짜 예배의 정신이다.

말씀을 편식하고 억압하는 예배의 위기

예배를 통해 진정한 안식을 주시려고 허락하신 하나님의 말씀이 진정 내 인생에 결정과 선택의 근거가 되지 못하고 어느새 참고사항이 되어버린 지 오래다. 나를 인도하는 목자가 이쪽으로 가자 하면 양은 이쪽으로 가야 한다. 목자의 말씀이 내 선택의 결정적 근거가 되어야 하는데 어느 순간부터 우리는 그러지 않는다. 전적인 신뢰가 떨어져 말씀이 최종적 권위가 되지 못하고 그저 참고사항에 불과하다.

더 나아가 내가 듣고 싶은 말씀만 골라 받고 편식하기 시작한다. 말씀이 내 치부와 죄성을 건드리거나 내 의견과 충돌하면, 그래서 내 마음에 들지 않으면 교회를 떠나고 말씀을 바꿔버린다. 이러한 태도는 이미 구약시대, 자기가 듣고 싶은 말씀을 강요하고 억압했던 불의한 왕들을 떠올리게 한다.

게다가 자기가 원하는 양질의 서비스를 요구하며 '고객'처럼 변질된 성도들을 영입하기에 급급한 교회와 목회자들은 그들을 환영하며 권징의 회초리 대신 환영의 화관을 주기 시작했다. 어찌 됐든 어떤 식이든 많이 모여 숫자가 늘어난 성장을 부흥이라 착각하고, 그것을 목회자의 능력으로 평가하고 평가받기 시작했다.

자신이 원하는 말씀을 선포하지 않는 미가야를 가두고 폭력을 가한 아합 왕처럼, 말라기 선지자의 시대에 흠 있는 제물을 드리던 백성들처럼, 우리는 하나님을 전적으로 의지하지도, 그 인도하심을 확신하지도 않으며 내 힘과 내 경영으로 뭔가를 해내리라 착각한다. 그래서 하나님께 인도받지 않는 자기주도적 인생으로 말씀보다 앞서고 하나님과 말씀을 끌고 다니려 한다.

그런 예배가 진짜 예배겠는가. 그런데 그런 예배를 자행하면서도 주일날 예배당에 와 있으니 나는 예배드렸다고 착각한다. 이것이 위기다. 나는 내 위주로 바쁘고, 내 기준으로 열심인 그 삶을 응원하고 지지해줄 목사와 교회와 말씀과 예배가 필요하고, 더 나아가 주님마저 나를 위해 필요한 거짓된 예배자는 아니었는가?

그런 이 시대에 하나님께서 전염병과 또 공권력을 사용해서라도 성전 문을 닫아버리실 수도 있겠다는 생각이 든다. 나의 예배를 두려움으로 점검하고 자성해야 할 때다. 지금이 예배를 온전히 회복할 기회임을 잊지 말자.

내 안에 빛이 사라진 만큼이 어둠이다

온전한 예배를 드리지 못하는 상황이 이어지니 성도들뿐만 아니라 목회자인 나에게도 영적인 어려움이 찾아왔다. 교회나 물맷돌학교나 가정에 무슨 문제나 어려움이 생긴 것도 아닌데 이상하게 마음이 불안하고 두렵고 걱정으로 가득 차 너무도 힘든 시간을 보냈다. 그런 내 마음을 바라보며 문득 깨달은 것이 있다.

'아하, 내 근심과 염려와 불안은 절대로 상황과 처지와 형편에 근거한 게 아니구나. 내가 하나님을 신뢰하지 않는 만큼이 바로 내 불안이고 내 걱정의 크기구나!'

우리는 빛과 어둠이 다 실제로 존재하는 줄 아는데 그렇지 않다. 빛은 실존하지만 어둠은 실존하지 않으며 관념적일 뿐이다. 빛과 어둠이 서로 싸우는 게 아니라 원래 어둠은 존재하지 않고, 그냥 빛이 없는 부분을 어둠이라 부르는 것뿐이다.

그와 같이 우리의 걱정, 염려, 근심도 원래 실체가 없고, 하나님이 내 삶에 계시지 않은 부분, 하나님이 내 마음의 공간을 차지하지 않은 부분만큼이 걱정이고 근심이다. 하나님이 내 안에 계시지 않고 그 은혜가 채워지지 않은 만큼, 그 관계가 회복되지 않은 만큼이 불안과 염려로 가득차서 얼마나 고통스럽고 아프고 힘들었는지 모른다.

빛이 들어오는 순간 어둠은 싹 사라지는 것처럼, 내 안에 다시 하나님이 들어오시면 내 마음속 모든 두려움과 염려의 어둠은 사라진다. 진정한 예배를 통해 하나님과의 관계가 회복되면 내 마음은 가장 완벽한 에덴동산 같은 천국을 누리게 된다. 아마 당신도 현실의 상황, 처지는 여전히 어려운데 마음의 걱정, 불안이 사라지고 기쁨으로 가득한 천국을 경험한 적이 있을 것이다.

하나님과의 관계가 끊어지고 쫓겨난 에덴동산을 회복하는 통로는 예배다. 온전한 예배를 통해 다시 하나님을 전적으로 신뢰할 때 하나님의 이끄심과 주 안에 거함이 가장 안전하다는 것을 인정하게 된다. 그래서 다시 나 스스로 무엇인가 하려 들지 않고 하나님께 온전히 내 삶을 내어 맡겨 그 안으로의 회복이 이루어진다. 이 예배의 정신을 회복하여 진정한 쉼을 누릴 수 있기를 바란다.

탕자의 돌이킴과 그를 받아주심이 예배 정신이다

탕자는 망하려고 작정한 게 아니었다. 잘살고 싶었고 자기 나름대로 잘되고 행복하길 원했다. 실은 아버지 집에 거하며 그 인도와 보호 아래 있는 것이 가장 안전하고 완벽한 것이었지만 그것을 몰랐던 그는 아버지가 돌아가실 때만 받는 유산을 요구해 아버지와의 관계를 청산했다. 이것은 하나님과 완벽한 동행을 이룬 에덴동산에서 하나님처럼 스스로 지혜로워져 무엇인가 할 수 있을 것이라 착각하여 지혜로워지고자 선악과를 탐하는 아담과 하와의 범죄와도 같다.

탕자는 아버지와의 관계를 일찍이 청산하고 유산을 받아 자기 나름대로 열심히 살았다. 자기의 열심으로 뭔가를 해보려고 시도했다. 망하려고 한 게 아니라 자기 나름대로는 성공을 위해 원대한 계획도 세웠을 것이고, 치밀하고 기민하게 경영도 해보았을 것이다. 그의 흥청망청이 어쩌면 영업이고 로비였을지도 모른다. 성공의 동아줄 한번 잡아보려고 아마 사람들 만나며 열심히 살았을 것이다.

하지만 결과적으로는 자기가 좇은 그 모든 성공과 행복이 신기루일 뿐임을 확인하고, 돼지 먹이인 쥐엄 열매조차 주어지지 않는 핍절하고 비참한 삶 속에서 비로소 아버지 안에 거하는 것이 가장 안전하고 복되다는 것을 깨닫고 아버지의 집으로 돌아온다.

그때 아버지가 달려와 그를 안아주고 모든 것을 회복시키며 잔치를 베푸는데 이것이 바로 예배의 상징이다. 아버지 품에 있는 것이 비참하고 피곤한 삶에서 진정 해방되는 것임을 깨달았을 때 염치없고 나 자신조차 용서할 수 없는 비참한 나지만 아버지께 돌아가는 것, 다시 아버지의 인도하심과 보호하심 안으로 들어가는 것이 참다운 예배 정신이다.

내 힘으로 뭔가를 해보겠다고 관계를 청산하고 유산을 먼저 받아 간 못된 아들을 아버지는 거절하지 않고 팔 벌려 안아주신다. 그 탕자의 모습이 이 시대 우리의 자화상이다. 예수님 또한 그런 우리를 내치거나 버리지 않고 환영하시며 "내게로 오라. 제발 거기서 고생하지 말고, 너 혼자 뭔가를 해보려는 헛된 수고 그만하고 내게로 와서 진정한 자유와 쉼을 누려라"라고 말씀하신다.

이제 내 뜻과 내 열심과 노력과 힘으로 살려는 헛된 수고함을 버리고 하나님을 더욱 신뢰하자. 하나님께서 인도하시는 길이 최선임을 인정하고 그 길을 설렘으로 기대하자. 그 진정한 믿음의 예배를 회복하자. 지금은 모든 것이 허물어지고 사망의 음침한 골짜기를 지나고 있을지라도 주님의 인도하심과 섭리의 끝은 반드시 내 생각보다 더 멋진 푸른 초장과 쉴만한 물가일 것을 신뢰하는 확정된 믿음으로 하나님을 예배하자.

무거운 죄와 율법의 짐이 지워진 자들

하나님을 전적으로 신뢰하는 마음으로 아버지께 돌아오는 것이 예배라면 진정한 예배 정신, 그 두 번째는 바로 사랑이다. 마태복음 11장 28절 말씀을 다시 읽어보자.

수고하고 무거운 짐 진 자들아 다 내게로 오라 내가 너희를 쉬게 하리라 **마 11:28**

"수고하고"는 능동형으로, 누가 시킨 게 아니라 자기가 수고와 고생을 자처한 것이라는 것을 앞에서 보았다. 이어지는 "무거운 짐 진"은 헬라어 원어에서 현재분사 수동형으로, 내가 짊어진 게 아니라 짐 지워진 것이다. 즉, 타인에 의해서 무거운 짐이 지워진 채 계속 그 짐을 내려놓지 못하고 강요당하는 것을 가리킨다. 이는 죄와 염려의 고통이나 육체의 의무 외에 특별히 전통적으로 부과되고 있는 유대인들의 율법과 유전의 짐을 의미하기도 한다.

구약시대 하나님의 백성들은 죄로 인해 깨어진 하나님과의 관계를 온전히 회복하기 위해서 율법을 철저히 지켰다. 하나님과 관계를 회복할 수 있는 유일한 길은 율법이었기 때문이다. 그러나 율법을 잘 준수하기 위해 스스로 수많은 유전들을 만들고 지키려 몸부림쳤지만, 죄로부터 자유로워지기는커녕 오히려 죄의 무게를 더욱 크게 느끼게 되었고 염려와 두려움, 절망만 가중되었다. 로마서 말씀처럼 율법은 죄를 더욱 크게 드러냄으로써 자신의 죄성과 죄인 됨을 더욱 뼈저리게 느끼고 인정하게 할 뿐이었다.

> 죄가 율법 있기 전에도 세상에 있었으나 율법이 없었을 때에는 죄를 죄로 여기지 아니하였느니라 **롬 5:13**

죄는 율법 이전에도 있었다. 그런데 율법이 들어옴으로 죄로부터 자유로워지는 게 아니라 죄가 죄인 것을 알게 되어 더 짓눌리게 되었다. 율법으로 완벽해질 수 없고, 율법을 기준 삼으니 내가 얼마나 죄인인가만 더 드러났다.

> 한 사람이 순종하지 아니함으로 많은 사람이 죄인 된 것같이 한 사람이 순종하심
> 으로 많은 사람이 의인이 되리라 율법이 들어온 것은 범죄를 더하게 하려 함이라
> 그러나 죄가 더한 곳에 은혜가 더욱 넘쳤나니 **롬** 5:19,20

율법이 들어온 것은 죄가 넘치게 한다. 율법이 들어와서 사람들이 안 짓던 죄를 많이 짓게 된 것이 아니라 이미 다 죄인인데 율법의 기준으로 볼 때 이게 다 죄라는 것을 알게 되니 죄가 넘치는 것이다.

한 사람의 범죄로 인한 원죄의 짐, 그리고 그 원죄의 짐을 해결하고자 했던 율법과 온갖 유전들의 짐은 지워진 짐이지 내가 선택한 것이 아니었다. "수고"가 나 스스로 선택한 능동적 고민과 염려였다면 이 "짐"은 내가 원치 않았지만 내 안에 이미 싹튼 죄성 및 내가 얼마나 추악한 죄인인지 깨닫게 하고 하나님과 회복될 수 없다는 절망만 더 가중시키는 율법과 유전들이다.

율법의 행위가 아니라 은혜에 집중하라

> 그러나 이 은사는 그 범죄와 같지 아니하니 곧 한 사람의 범죄를 인하여 많은 사람
> 이 죽었은즉 더욱 하나님의 은혜와 또한 한 사람 예수 그리스도의 은혜로 말미암
> 은 선물은 많은 사람에게 넘쳤느니라 **롬** 5:15

죄가 넘치고 도저히 소망이 없어 보였다. 율법의 행위로는 도저히 의인이 될 수 없음을 인정할 수밖에 없었다. 하지만 하나님은 그들을 포기하거나 버리지 않으시고 예수님을 보내주셔서 더 큰 십자가의 은혜와 사랑으로 그 죄를 덮어주셨다. 예수께서 두 번째 아담으로 오심으로 이제 은혜의 시대가 도래했다.

한 사람의 범죄로 수많은 자에게 죄의 짐과 사망과 어둠의 짐이 지워졌다면 이제는 예수님 한 분 때문에 그의 은혜로 말미암은 선물이 많은 사람에게 넘치게 되었다. 이것이 소망이다. 이 은혜만이 내가 살아갈 힘이요 살 수 있는 이유이므로 은혜의 근본이신 예수님에게 예배의 시선이 집중되어야 한다.

신앙의 시선과 관점을 구원의 주 예수 그리스도께 집중하지 못하고 비본질적이고 지엽적인 껍데기에 불과한 종교적 행위와 관습에만 치우쳐 이런 것들을 무의식적으로 반복한다면 채워지지 않은 공허함과 불안, 염려, 근심의 짐이 마치 물에 젖은 솜이불처럼 점점 무겁게 우리를 짓누르게 된다. 교회를 몇 년 다녔든 예배를 몇 번 드렸든, 주일날 몸이 교회에 와 있든 아니든 똑같다.

오직 은혜의 주님께, 우리를 살리기 위해 헌신과 희생의 짐을 대신 짊어지고 보혈로 값비싼 대가를 치르신 예수님에게 돌아와야 참된 쉼과 평강을 얻는다. 행위나 형식이 우리에게 자유를 주지 못한다.

그러니까 바리새인들, 실패한 신앙인들, 하나님께 버림받은 종교행위자들의 가장 큰 실패 원인은 자꾸 짐을 지워주는 것이다. 율법과 형식과 껍데기의 짐으로, 행위의 거룩함으로 구원을 받을 수 있다고 착각한다.

그러나 내 죄가 더하여 가중될 뿐이고 절망만 가중될 뿐이다. 죄가 넘친 곳에 은혜가 더욱 넘치듯 이제는 죽음과 같은 우리의 죄를 흰 눈처럼 덮어주실 예수 그리스도의 그 은혜와 사랑에 우리의 마음과 시선을 집중해야 한다.

예수님의 제자라면 그분과 함께 사랑의 멍에를 메자

예수님은 "너희들, 율법과 유전의 짐을 다 벗어버리고 내게 와서 이제 평강과 쉼만 얻어라" 하지 않으셨다. 그 짐을 내려놓고서 나와 함께할 멍에가 있다 하셨다.

나는 마음이 온유하고 겸손하니 나의 멍에를 메고 내게 배우라 그리하면 너희 마음이 쉼을 얻으리니 이는 내 멍에는 쉽고 내 짐은 가벼움이라 하시니라 마 11:29,30

멍에는 짐승들에게 수레를 끌거나 쟁기를 가는 등 일을 시키고 부리기 위해서 등에 지게 한 도구다. 팔레스타인 문화권에서 멍에는 혼자 메는 것이 아니라 항상 짝(pair)을 이루어서 지는 것이었다. 짐승도 두 마리가 짝이 되어 함께 메었고, 일꾼이나 종도 두 노역자가 함께 메었다. 그러므로 "와서 나의 멍에를 메어라" 하신 것은 구원받으려고 종교적 의무와 책임을 홀로 짊어지지 말라는 것이다. 예수님이 지신 이 십자가의 멍에는 사랑이다. 사랑의 멍에, 화목의 십자가를 '함께' 지고 가자는 예수님의 행복한 권유이며 간곡한 프로포즈다.

또한 유대인 사회에서 "멍에를 메다"라는 말은 스승과 제자 사이의 훈육(訓育) 관계를 가리킬 때 사용하는 관용적 표현이었다. 그래서 이 말씀은 진정한 제자의 영적 신앙생활을 은유적으로 표현한 것이다. 예수님을 따르는 제자들은 율법의 짐은 메지 않아도 되지만 주님이 지고 계신 사랑의 멍에는 함께 지고 가야 한다.

우리는 반드시 둘 중 하나를 선택해야 한다. 율법과 세상의 멍에가 아니면 예수님과 함께 사랑의 멍에를 메야 하는 것이 우리 인간의 운명이다. 괴로움과 사망을 안겨주는 세상과 율법의 멍에를 벗어버리고 싶다면 주님이 지신 사랑의 십자가를 함께 지고 자기를 부인하며 주님의 제자로서 그분을 따라가는 길밖에 없다.

예수님은 나를 이 세상의 기준으로 판단하여 정죄하지 않으시고 오히려 나 같은 사람을 포기하지 않고 내 짐을 함께 져주셨다. 예배는 그 은혜에 반응하여 나도 이제 예수님 곁에 비어 있는 사랑의 멍에를 함께 지고 용서와 긍휼로 살아가는 것이다. 그렇다면 우리는 예배드렸는가? 몸은 예배당에 나와 있지만 내 안에 얼마나 많은 분노와 누군가를 비방하고 정죄하는 혀가 있었는가. 그것은 하나님 보시기에 예배가 아니었다는 것이다. 그러니 예배를 드리러 나오다가 형제에게 원망들을 일이 생각나면 먼저 화해하고 와서 예배드리라 하신 것이다.

그러므로 예물을 제단에 드리려다가 거기서 네 형제에게 원망들을 만한 일이 있는 것이 생각나거든 예물을 제단 앞에 두고 먼저 가서 형제와 화목하고 그 후에 와서 예물을 드리라 마 5:23,24

이 마음이 없다면 예배드리는 것이 아니다. 오늘 나는 예배드리는 시간과 장소에 집중하다가 혹시 이웃 사랑을 놓치고 있지는 않은가? 원망들을 일을 해놓고 회복하지 못한 채 자기의에 빠져있지는 않은지 점검해 보아야 한다.

사랑이 예배 정신이다

신앙의 행위, 예배의 정신이 갈등되고 선택의 기로에 있다면 말씀만 생각하자. 코로나19가 발생하고 확산되면서 예배당 문을 닫고 비대면 예배로 전환할지를 결정해야 했을 때 정말 고민과 갈등이 컸다.

'이 시대에 어떤 것이 옳은가. 혹시 내가 비겁하여 세상과 타협하는 것은 아닐까. 혹은 뭔가 형식적이고 자기의에 빠져 우(愚)를 범하는 것은 아닐까. 대체 어떤 것이 옳은가'라는 두려움과 갈등…. 나 하나의 결정으로 끝나지 않고 그 결정이 우리 성도들과 수많은 영상 예배자들의 선택과 결정에 영향을 미칠 것이기 때문에 두려운 마음으로 매일 고민했다. 그러다 이 말씀을 보고 핵심에 집중하기로 했다.

> 선생님 율법 중에서 어느 계명이 크니이까 예수께서 이르시되 네 마음을 다하고 목숨을 다하고 뜻을 다하여 주 너의 하나님을 사랑하라 하셨으니 이것이 크고 첫째 되는 계명이요 둘째도 그와 같으니 네 이웃을 네 자신같이 사랑하라 하셨으니 이 두 계명이 온 율법과 선지자의 강령이니라 마 22:36-40

예수님이 말씀하신 것이다. 모든 율법과 신앙 행위의 핵심과 가치는 이 두 가지다. 목숨 걸고 하나님을 사랑하라. 그리고 네 이웃을 자기 자신처럼 사랑하라. 모든 갈등 상황에서 이 핵심 가치와 기준을 붙들고 생각하면 지금 어떻게 해야 할지가 분명해진다.

이 당연한 이야기를, 세속의 방송에서 한 앵커가 교회를 향해 이렇게 말한 적이 있다. "억울한 측면이 있겠지만 코로나19의 이 엄중한 시기에 '네 이웃을 네 자신처럼 사랑하라'는 예수님의 말씀에 교회들은 귀 기울여보시기를 바랍니다"라고. 그 말에 내가 눈물이 났다.

오늘 우리는 정말 목숨 다해 하나님을 사랑해야 한다. 비신앙적, 비본질적 협박과 요구에는 목숨 걸고 싸우며 죽을 각오로 믿음을 지켜야 한다. 그리고 또 하나의 핵심 가치로 이웃을 사랑해야 한다. 그래서 내 신앙의 유전과 형식의 이유로 그들을 힘들게 하고 그들에게 피해를 입히고 원망 들을 일도 하지 말아야 한다.

예수님이 "이것도 행하고 저것도 버리지 말아야 할지니라"(마 23:23) 하셨듯이, 행위보다 더 중한 바 예배의 정신과 신앙의 핵심 가치인 사랑을 지키되, 모이기를 폐하는 이 시대 가운데서도 어떻게 해서든지 모여 예배드리는 예배자의 모습도 잘 지켜 이것을 자녀들과 다음세대에 물려줄 수 있어야 한다. 성숙하게 기다려서, 방역조치를 위반하지 않되, 모이기를 힘쓰고 모이기를 폐하지 않는 자들이 되자.

우리는 예수님의 "내게로 오라" 그 명령에 귀 기울이며 주님께로 나아가 세상이 줄 수 없는, 사람에게서는 얻을 수 없는 진정한 화평과 평안을 누려야 한다. 그것이 바로 예배이며 교회의 본질적 역할이다. 예배는 주께서 행하신 섭리와 베푸신 은혜에 대한 나의 반응이며 나의 자아를 내려놓는 일이고 이제 내가 아닌 주의 인도하심을 따르는 삶을 살겠다고 고백하고 결단하는 가장 고결한 시간이다.

세상은 이 예배의 기쁨을 알지 못한다. 우리가 왜 그토록 예배를 갈망하며 눈물을 흘리고 모이기를 기뻐하는지 세상은 이해하려야 이해할 수가 없다. 그래서 계속 "꼭 그렇게 나가서 예배드려야 돼?"라고 물으며 꼭 중독된 사람들 같다고 말한다. 어쩌면 그 말이 맞다. 이 기쁨은 하나님만 의지하고 하나님만 꿈꾸고 하나님만 사랑하는 자들만이 느낄 수 있는, 영적인 쉼과 안식을 넘어 영적 쾌락이다. 그 맛을 알기에 우리는 예배를 멈출 수 없는 것이다.

chapter 9

가라!

진정한 팬데믹으로 향하는 메신저가 되어라

그러므로 너희는 가서 모든 족속으로 제자를 삼아

아버지와 아들과 성령의 이름으로 세례를 주고

마 28:19

예수님의 지상명령 : 가라

사람들은 "어디서 '오라 가라'야?" 하며 누가 오라 가라 하는 것을 아주 싫어한다. 그러나 우리는 주님이 오라 하시면 오고, 가라 하시면 가야 하는 사람들이다.

예수님이 이 땅에 선포하신 최대의 지상명령(至上命令)이 두 가지 있다. 하나는 "오라", 또 하나는 "가라"다. 예수님이 "내게 오라" 하셨기에 우리는 예수님에게 다 '와야' 하고, "가서 모든 족속으로 제자를 삼아라" 하셨기에 그들을 제자 삼기 위해 그들에게 '가야' 한다.

예수님이 하늘로 올라가시기 직전에 주신 마지막 명령도 "가라"였다. "오직 성령이 너희에게 임하시면 너희가 권능을 받고 예루살렘과 온 유대와 사마리아와 땅끝까지 이르러 내 증인이 되리라"(행 1:8)라는 명령에서도 "땅끝까지 이르러"는 땅끝까지 가라는 뜻이다. "땅끝"은 공간적으로는 지구 끝 어디라도, 그리고 모든 민족에게 가야 하며, 시간적으로 다음세대까지 가야 함을 나타낸다.

"자, 내가 너희에게 모든 권세를 주었으니 너희는 이제 땅끝까지 가라!"

우리는 예수님이 십자가에 못 박혀 죽으시고 부활하신 후 제자들에게 찾아오셔서 명하신 최대의 명령이자 승천하시기 직전에 마지막으로 주신 이 "가라"의 명령에 집중해야 한다. 이 명령에 철저히 순종하는 것은 먼저 구원받고 은혜받은 이들의 책임이며 의무다. 주님은 우리의 예배를 통해 영광 받으시고, 우리를 통해 복음이 세상 끝까지 모든 민족에게 전해지길 원하신다.

죄인인 인간은 죄와 사망의 무거운 짐을 자기 힘으로는 도무지 해결할 수 없으므로 "내게로 오라"라는 예수님의 명령을 반드시 듣고 예수님에게 나아와야 한다. 그래서 예수님에게 나아와 구원받고 세상이 줄 수 없는 평안을 얻은 자, 그 은혜 입은 자들의 모임이 에클레시아(ecclesia), 바로 교회다. '내가 구원의 주인공이 되다니! 내가 영생과 천국을 소유했다니!' 이 감격과 행복을 누린 사람들은 거기 머물러 있기만 하면 안 된다. 이제 수가 성 여인처럼 세상의 짐을 물동이처럼 내버려 두고 마을로 '가서' 내가 누린 이 복음의 기쁨을 전해야 한다.

교회를 개척할 때부터 나는 우리 교인들에게 좋은 교회, 건강한 교회의 모델로서 '주유소 같은 교회'가 되자고 외쳐왔다. 여기에는 두 가지 뜻이 있는데 첫째는 '主有所'로서 교회의 머리요 주인 되시는 예수님이 늘 계시는 진정한 교회가 되자는 것이다.

둘째는 '注油所'로서, 우리가 예배 가운데 회복하고 힘과 용기를 공급받아 담대하게 다시 세상으로 나아가는 곳이 되자는 것이다. 주유소는 목적지가 아니라 경유지(經由地)다. 모든 차가 주유소에 오지만 거기 머무르지 않고 연료를 넣은 후 진정한 목적지를 향해 떠나듯, 교회에서 힘과 담대함, 소망과 위로를 공급받은 후에는 그것을 가지고 흩어져 복음을 전해야 한다.

우리는 그리스도의 편지

하나님이 그분의 백성들은 어떻게 바라보시고 어떤 존재로 여기시는지를 잘 살펴보면 우리가 어떻게 살아야 할지를 알게 된다. 성경은 우리 성도의 정체성과 존재를 "그리스도의 편지"라고 표현한다.

> 너희는 우리로 말미암아 나타난 그리스도의 편지니 이는 먹으로 쓴 것이 아니요 오직 살아계신 하나님의 영으로 쓴 것이며 또 돌판에 쓴 것이 아니요 오직 육의 마음판에 쓴 것이라 **고후 3:3**

편지에는 편지를 쓴 사람의 마음과 뜻과 목적이 담겨 그것을 알지 못하는 세상 사람들에게 전해진다. 우리가 그리스도의 편지라면 우리를 통해 세상은 무엇을 알게 되어야 할까? 세상을 향한 하나님의 긍휼과 사랑, 예수님의 구원과 은혜, 주님이 선물하고 싶으신 천국 소망이 우리의 신앙생활과 말과 행동을 통해 그들에게 전해져야 한다.

편지는 제때, 제대로 배달되어야 한다는 점도 내용 못지않게 정말 중요하다. 편지가 실종되거나 배달이 지연되어 어려움을 겪어본 적이 있는가? 나는 지금 생각해도 식은땀이 나고 정말 아찔한 경험이 있다.

한번은 전북극동방송 지사장님이 전화를 걸어 너무도 조심스럽게 "목사님, 제가 귀찮게 해드려서 죄송한데 다시 한번 청합니다"라고 하셔서 의아했는데 뜻밖의 얘기를 들었다. 그 분이 전북극동방송에 나를 초청해 전북 연합부흥성회를 하고 싶으셔서 하루라도 좋으니 와주시면 좋겠다고 교회로 편지를 보내셨다고 한다. 등기우편이라 교회 사무실에서 수신했다는 우체국 확인 문자를 받았는데 그 후로 열흘이 넘도록 내게서 아무 답이 없어서 다시 전화를 하신 것이었다.

나는 처음 듣는 얘기라 당황스러웠다. 지사장님께 양해를 구하고 교회에 연락해 얼마 후 사역자들이 편지 더미 속에서 그 편지를 찾아왔다. 정말이지 내가 지금까지 받아본 모든 편지 중 가장 정중하고 간절하게 집회를 요청하는 편지였는데 읽으면서 내가 막 땀이 삐질삐질 나고 얼마나 마음이 힘들었는지….

지사장님께 전화를 드려 정말 잘못했다고 사과드리고, 제가 이 편지를 이제야 전달받았는데 정말 오해하셨겠다고, 3일이든 일주일이든 무조건 가겠다고 말씀드리며 간신히 관계를 풀었다. 통화 후 담당 사역자들을 불러 그 편지를 보여주며 크게 야단을 쳤고, 그들도 편지를 보며 부끄러워 어쩔 줄 몰라 했다.

전에도 이런 일이 몇 번 있어서 내가 오해를 산 적이 많은데 또 이런 일이 생기니 너무나 속상했다. 그 편지가 영영 전달되지 않았다면 어떤 일이 벌어졌을지…. 나를 초청한 사람과 나 사이에서 편지를 전달해야 할 사람들이 제대로 하지 않으면 나도 모르는 사이에 이렇게 엄청난 오해가 생길 수 있는 것이다.

우리는 제대로 전달되어야 할 편지이며, 하나님께서 가장 겸손하고 간절하고 정중하게 우리의 가족, 친구, 이웃을 구원과 생명으로 초대하시는 "오라"의 초청장을 전달할 책무가 있는 사람들이다. 이 복음의 편지는 절대로 지연되거나 사라지지 않고 제대로 전달되어야 한다. 당신은 하나님께 속 시원한 배달자인가, 답답하고 분통 터지게 하는 배달자인가?

배달 사고에도 포기하지 않으시는 하나님

지사장님 입장에서 보면 나는 이렇게 간절하고 겸손한 청을 받고도 가타부타 답도 하지 않는 정말 몰지각한 사람이었다. 만일 그 분이 '내가 이렇게까지 간청했는데 전화 한 통도 없고, 나를 무시해?' 하고 화가 나서 나와의 관계를 접었다면 어쩔 뻔했을까. 그때 나는 지사장님이 포기하지 않고 다시 내게 전화해주신 것이 너무나 감사했다.

비록 전달해야 할 사람들의 직무유기로 생긴 오해라 해도 그 분은 나의 묵묵부답을 거절로 여겼을 것이고, 서운하고 낙심이 되었을 것이다. 그런데도 포기하지 않고 계속 연락하셔서 결국은 그 복된 소식을 알게 하고, 나에게 쏟았던 그 마음의 진정성을 알게 해주었다.

이것이 바로 신앙의 모델인 것 같다. 내가 그 마음을 알지 못할 때는 지사장님과 그냥 좀 알고 지내는 관계였는데 그 마음을 제대로 받고 나니 너무나 감사해서 하루가 아니라 없는 시간 중에 일주일도 바칠 수 있는 관계가 되었다.

또한 그 모습에서 나는 절대로 포기하지 않으시는 하나님의 모습을 보았다. 하나님께서 나를 통해 A에게 구원의 기쁜 소식을 전달하시려고 내게 복음의 메시지를 맡겨주셨는데 나는 오늘 내 삶이 바쁘다는 평계로 그것을 어딘가에 던져두고 직무유기하고 있을지도 모른다. 그때 하나님은 "내가 A에게 초청장을 보냈는데 회신이 안 오니 A는 끝이구나"라며 포기하지 않으시고 그에게 계속 초대장을 보내실 것이다. 다른 사람, 다른 방법들을 통해…. 이게 바로 전도다.

하나님은 우리 주변의 믿지 않는 자들을 위해 사랑과 긍휼의 마음으로 간절함을 담아 "세상에서 수고하고 무거운 짐 진 자들아, 나는 온유하고 겸손하니 다 내게로 오너라"라는 편지를 써서 우리에게 전달하라고 주셨다. 그것을 우리가 직무 유기하며 제대로 전달하지 않아 우리 주변 사람들이 하나님의 마음을 오해하고, 아니 알지도 못하고 있을 때 그분은 그래도 그들을 포기하지 않으시고 내가 아닌 다른 루트를 통해서라도 반드시 그 마음을 전달하여 구원하실 것이다. 다만 그때 우리는 책망을 받게 될 것이다.

직무 유기한 파수꾼이 받을 책망

"예수 그리스도를 믿으면 그 누구든지 영원히 삽니다"라는 생명의 소식은 반대로 얘기하면 "예수 그리스도를 만나지 못하면 세상의 누구라도, 아무리 잘난 사람도 영원히 죽습니다"라는 심판의 소식이기도 하다. 우리는 예수님의 재림과 그 심판의 날이 점점 임박하고 있음을 안다. 이를 전해야 해서 파수꾼이 세워진 것이며, 편지를 전달하지 않으면 책망을 받듯 경고의 나팔을 불지 않으면 그 책임을 져야 한다.

에스겔서 33장 2-9절 말씀은 우리 믿는 자들을 심판의 소식을 전해야 하는 '영혼의 파수꾼'으로 표현하며 그 의무를 제대로 이행하지 않을 때 받을 큰 책망을 알려준다.

인자야 너는 네 민족에게 말하여 이르라 가령 내가 칼을 한 땅에 임하게 한다 하자 그 땅 백성이 자기들 가운데의 하나를 택하여 파수꾼을 삼은 그 사람이 그 땅에 칼이 임함을 보고 나팔을 불어 백성에게 경고하되 그들이 나팔 소리를 듣고도 정신 차리지 아니하므로 그 임하는 칼에 제거함을 당하면 그 피가 자기의 머리로 돌아갈 것이라 **겔 33:2-4**

파수꾼이 칼의 임함, 즉 심판이 다가오는 것을 보고 경고했는데 백성들이 듣지 않아서 망하는 것은 어쩔 수 없다. 그런데 파수꾼이 그것을 보고도 경고하지 않으면 그 백성은 당연히 죽되 그들의 핏값은 경고의 나팔을 불지 않은 파수꾼에게서 찾는다는 것이다.

그러나 칼이 임함을 파수꾼이 보고도 나팔을 불지 아니하여 백성에게 경고하지 아니하므로 그중의 한 사람이 그 임하는 칼에 제거당하면 그는 자기 죄악으로 말미암아 제거되려니와 그 죄는 내가 파수꾼의 손에서 찾으리라 **겔 33:6**

우리는 마지막 때와 하나님의 심판이 오고 있음을 세상에 알리고, 죄와 사망의 권세에서 자유하고 영생을 얻게 하는 유일한 길이신 예수 그리스도의 복음을 전해야 하는 파수꾼이다. 하나님은 우리가 그것을 전하지 않으면 그들도 믿지 못하고 망하여 반드시 죽겠지만 그 사망의 책임은 우리에게 묻겠다고 하신다.

> 인자야 내가 너를 이스라엘 족속의 파수꾼으로 삼음이 이와 같으니라 그런즉 너는 내 입의 말을 듣고 나를 대신하여 그들에게 경고할지어다 가령 내가 악인에게 이르기를 악인아 너는 반드시 죽으리라 하였다 하자 네가 그 악인에게 말로 경고하여 그의 길에서 떠나게 하지 아니하면 그 악인은 자기 죄악으로 말미암아 죽으려니와 내가 그의 피를 네 손에서 찾으리라 **겔 33:7,8**

좋은 소식(good news, 복음)을 전하는 자들의 발은 아름답다고 칭찬받는다(롬 10:15). 그러나 사도 바울은 복음을 전하는 것이 자랑할 일이 아니라 당연히 해야 할 일이며, 복음을 전하지 않으면 나에게 오히려 벌과 화가 있으리라 고백했다. 복음을 전하고 예수 그리스도와 천국 소망을 전하는 것은 가장 영광스럽고 칭찬받아 마땅한 일이지만, 거꾸로 그것을 전하지 않는 것은 벌이요 화가 됨을 기억하라.

> 내가 복음을 전할지라도 자랑할 것이 없음은 내가 부득불 할 일임이라 만일 복음을 전하지 아니하면 내게 화가 있을 것이로다 **고전 9:16**

소금과 빛은 영향력을 펼쳐야 하는 존재다

우리의 본질, 정체성은 그리스도의 편지다. 또한 예수님은 우리를 '소금'과 '빛'이라고 하셨다. 너희는 세상에서 세상의 많고 많은 물질 중 소금처럼 빛처럼 살아야 한다고 말씀하신다.

> 너희는 세상의 소금이니 소금이 만일 그 맛을 잃으면 무엇으로 짜게 하리요 후에는 아무 쓸 데 없어 다만 밖에 버려져 사람에게 밟힐 뿐이니라 너희는 세상의 빛이라 산 위에 있는 동네가 숨겨지지 못할 것이요 사람이 등불을 켜서 말 아래에 두지 아니하고 등경 위에 두나니 이러므로 집 안 모든 사람에게 비치느니라 마 5:13-15

소금과 빛은 둘 다 매우 소중한 것인데 그 가치의 발생은 금이나 다이아몬드와는 다르다. 금은 그저 소유만 해도 생기는 존재의 가치가 있다. 그러나 소금은 녹아서 음식이 상하는 것을 막고 음식의 맛을 내줄 때, 빛은 주위를 밝혀서 보게 하고 은혜의 소통을 하게 해줄 때 그 역할의 선한 영향력으로 가치 있게 된다.

소금은 참 귀한 것이지만 덩어리져 있으면 환영받지 못한다. 누구든 찌개 속에서 고깃덩어리를 건지면 기뻐하지만 소금 덩어리가 나오면 짜증을 낸다. 빛은 비추라고 있는 것이다. 빛을 등경 위에 두어 비추게 하지 않고 그릇 속, 바가지 밑에 두면 아무 소용이 없다.

우리는 전도의 사명을 지고 그리스도의 편지와 파수꾼으로서 주님의 뜻을 전하고, 소금과 빛처럼 "Go", 번지고 퍼져나가 선한 영향력을 세상에 펼쳐야 한다. 덩어리진 소금, 가두어진 빛이 되어 멈춰 있지 말고 각자의 관계에서, 가정과 일터에서, 학업과 사역의 현장에서 그곳을 맛깔나고 밝게 만드는 소금과 빛의 인생을 살아가야 한다.

그렇다면 소금과 빛으로서 구체적으로 어떻게 사람들을 전도해야 할까? 먼저는 우리의 착한 행실을 보고 그들이 하나님께 영광 돌리게 하는 것이다.

> 이같이 너희 빛이 사람 앞에 비치게 하여 그들로 너희 착한 행실을 보고 하늘에 계신 너희 아버지께 영광을 돌리게 하라 **마 5:16**

말뿐이 아니라 착한 행실로 복음을 전하라

연설이나 강연을 할 때 제스처는 말의 전달력을 증폭시킨다. 아무것도 아닌 것 같지만 손짓만 자연스럽게 했는데도 정보의 전달력이 무려 300퍼센트나 높아졌다는 연구 결과가 있다.

같은 내용의 연설문을 가지고 한쪽 청중에게는 말로만 전달하고, 다른 쪽 청중에게는 적절한 제스처를 사용하며 강연을 진행했다. 숫자와 관련된 정보를 전달할 때 "30퍼센트"라 말하면서 손가락 세 개를 편다든지, 보수와 진보 등 반대되는 대조군을 얘기하며 손으로 가운데를 가르는 시늉을 하고 두 대상을 왼손과 오른손으로 구분하는 식이었다.

그 결과, 몸짓 언어를 사용한 강연을 보고 들은 청중은 같은 내용을 제스처 없이 말로만 진행한 강연장의 청중보다 정보를 무려 3배나 더 많이 기억했다고 한다.

몸짓만 더해져도 이렇게 다른데 삶이 더해지면 어떻게 될까? 가장 영향력 없는 설교는 말로만 하는 것이다. 우리가 전하는 복음도 마찬가지다. 삶으로 말하고, 말씀대로 살 때 그 말씀에 힘이 실리고 파괴력이 생긴다.

스데반 집사의 순교 후 박해가 시작되자 사람들이 흩어져 도망친 곳에서 복음을 전했다. 그중 사마리아로 간 빌립 집사는 말씀을 전할 뿐 아니라 병든 자를 고치고 귀신을 내쫓았다. 사람들은 빌립이 전하는 말씀도 듣고 그가 행하는 표적을 보고 한마음으로 그 말씀을 인정하고 따랐다.

> 무리가 빌립의 말도 듣고 행하는 표적도 보고 한마음으로 그가 하는 말을 따르더라 … 그 성에 큰 기쁨이 있더라 **행 8:6,8**

2천 년 전 빌립이 사마리아에 예수 그리스도의 복음을 전할 때 그 말씀에 권위를 갖게 한 것은 바로 표적이었다. 그 당시에는 그가 전하는 신이 참된 신이고 그가 전하는 신앙과 복음이 진짜임을 보여주려면 예수님처럼 표적을 보여주었다.

그렇다면 이 시대의 사마리아, 이 시대의 불신자들이 말씀의 권위를 인정하기 위해 요구하는 표적은 무엇인가? 바로 그리스도인들의 성실, 정직, 책임, 도덕성, 희생과 사랑, 헌신과 배려다. 그들은 상식이 통하는 교회, 기본을 지키고 인격이 다듬어진 그리스도인을 보고 싶어 한다. 그 것을 보여주어야 내가 믿는 예수님, 내 교회, 내가 따르는 말씀이 권위를 인정받는다.

이 시대 교회와 그리스도인이 가장 비판을 받는 것이 이것이다. "교회 다닌다면서 어떻게 그따위로 살아?", "교회 장로다 집사다 해서 믿었더니 이렇게 사기를 쳐?" 이런 얘기가 얼마나 많이 들리는가. 엉망으로 살면서 복음을 말하는 사람을 보면 너무나 부끄럽고 차라리 복음을 저 입밖에 내지 말았으면 싶다.

사기 치고 불의하게 돈 벌고 사업을 경영하면서 예수님 팔아먹지 말라. 성경 들고 주차장에서 싸우지 말라. 직장에서 그리스도인답게 정직하고 어떤 일을 맡겨도 성실하고 책임감 있게 완수하라. 갈등과 마찰이 있을 때 조금은 양보하고 손해 볼 줄 아는 사람, 기본이 되어 있고 상식이 통하는 사람이 돼라. 그래서 "예수 믿으세요"라는 자신의 말이 사람들의 마음을 움직이고 그 인생을 흔들 만큼 강력하고 무거운 말씀 될 수 있도록 하라.

요즘은 기대치가 하도 많이 떨어져서 이 시대는 그저 상식만 통하는 교회, 기본을 지키는 그리스도인들만이라도 만나기를 원한다. 그런 시대에 우리는 '보여줌'으로써 내가 전한 복음에 권위를 부여할 수 있어야 한다.

전도의 미련한 것으로 전도하라

십자가의 도가 멸망하는 자들에게는 미련한 것이요 구원을 받는 우리에게는 하나

전도는 세상의 지혜로 하는 게 아니다. 세상 사람들은 우리가 전하는 십자가의 도를 패배와 죽음의 미련한 것으로 여기지만 하나님은 전도의 미련한 것으로 구원하기를 기뻐하신다. 십자가는 세상과 천국을 잇는 유일한 길이요 사닥다리이기에, 십자가의 도는 사람들에게 미련한 것일지라도 하나님의 능력이다.

전도는 가서 이해시키고 설득하는 것도 아니고 부탁하고 애원하는 것도 아니다. 믿음으로 당당하게 선포하는 것이며, 그 확신과 믿음이 느껴지는 것이 능력이다. 그렇다고 "예수 천당 불신 지옥!" 하고 던지고 나오라는 것이 아니다.

개척 시절, 나는 미용사 한 분을 전도하려고 그 분이 하는 미용실에 가서 내 머리를 맡겼었다. 내가 손님이고 갑(甲)이지만 전도의 목적으로 만나니 내가 을(乙)이 되어 내 머리는 내 몸에 붙어 있을 뿐 더 이상 내 것이 아니라 그 분 것(?)이 되었고, 그 분이 깎아주시는 스타일로 일 년 이상을 말없이 순종해야 했다. 그 결과 그 분은 지금 우리 교회 권사님이 되어 계신다.

복음을 전하기 위해 내가 을(乙)을 자처하고 매달려야 할 때도 있지만, 그렇다고 전도가 교회 다녀달라고 비굴하게 애원해야 하는 것은 아니다. 예수님이 길이요 진리요 생명이심을 알지 못하는 세상에 이것을 당당히 선포하는 것이다.

베드로 사도는 돈을 바라는 걸인에게 "은과 금은 내게 없지만 내게 있는 것을 너에게 줄 터이니 곧 나사렛 예수 그리스도의 이름으로 일어나 걸으라!"라며 원색적으로 예수를 전했다. 이것이 의학적인가, 지적인가, 논리적이고 합리적인가? 아니다. 그래서 전도는 미련해 보이지만 담대한 선포다. 진짜 멋진 것이다.

목회자 세미나에서 "우리 선배 베드로 목사님처럼 이 설교를 세상 가운데 당당히 외칠 수 있는 목사님 여기 몇 분 계십니까? '당신이 그렇게 원하는 은과 금은 우리 교회에 없지만 내게 있는 것을 당신에게 주겠다. 곧 나사렛 예수 그리스도 이름으로 당신은 절망에서 일어나 걸어라'라고 선포할 수 있습니까?" 하고 물었더니 어떤 분은 그렇다고 하고 어떤 분은 대답하지 못했다. 내 안에 그 생명의 이름이 없으면 안 된다. 결국 전도와 선교는 그 은혜를 누린 자에게만 허락되는, 구원받은 제자만의 특권이다.

앞서 언급한 케냐의 곽희문 선교사는 다른 선교사들은 다 빵을 주며 선교할 때 "당신은 이까짓 빵이 아니라 생명의 떡을 먹어야 합니다. 예수 그리스도를 믿어야 합니다. 이 땅은 잠시뿐이요 우리는 나그네지만 영원한 본향이 있습니다. 천국이 있습니다!"라고 담대하게 복음을 선포했다.

그런데 우리는 아주 지혜롭고 세련된 전도는 많이 하는데 십자가의 원색적인 복음과 보혈의 피비린내를 그대로 전달하는 이 미련한 전도는 머뭇거릴 때가 있다. 전도는 지식을 전달하고 교육하는 프로그램이 아니고, 멋지고 세련된 방법론이나 설득력 있는 공감 능력도 아니다. 당당하고 담대한 선포다.

수가 성 여인이 그랬다. 예수님을 만났을 때 그녀에게 무슨 시스템이나 프로그램이 있었는가? 그저 가서 선포했을 뿐인데 사람들이 예수께로 왔다. 이 여인이 무얼 그리 잘했나? 설득력이나 어떤 지적 능력이 있는가? 고전적인 연설 기법이 보이는가? 아무것도 없다. "내가 만난 이 사람을 와서 보라. 진짜 그리스도야"(요 4:29) 했을 뿐인데 많은 사람이 와서 따랐다.

이런 전도가 참 미련하고 어리석어 보일 수 있지만, 이 원색적인 복음의 선포가 가장 강력한 능력이다. 전도와 선교는 수가 성 여인처럼 그 은혜를 누린 자들, 베드로처럼 예수님을 배신하고도 그 사랑을 덧입은 자들만이 당당히 외칠 수 있는 특권이다. 은혜 입은 자들에게만 허락된 이 능력의 복음 전도에 게으르지 않기를 바란다.

성령 받고 성령의 능력으로 전도하라

전도는 내 힘으로 하는 게 아니라 성령 받아서 성령의 능력으로 하는 것이다. 땅끝까지 이르러 내 증인이 되라는 예수님의 명령에도 '오직'의 전제가 있다.

오직 성령이 너희에게 임하시면 너희가 권능을 받고 예루살렘과 온 유대와 사마리아와 땅끝까지 이르러 내 증인이 되리라 하시니라 **행 1:8**

사도 바울은 복음을 전하는 일에 생명을 걸었다. 그는 "주 예수께 받은 사명 곧 하나님의 은혜의 복음을 증언하는 일을 마치려 함에는 나의 생명조차 조금도 귀한 것으로 여기지 아니하노라"(행 20:24)라고 했다. 어떻게 이런 일이 가능할까?

바로 앞 절에서 그는 "오직 성령이 각 성에서 내게 증언하여 결박과 환난이 나를 기다린다 하시나"(행 20:23)라고 말했다. 그는 성령 받고 성령의 음성을 듣는 성령 충만한 자였다.

이 복음의 열정, 선교의 열정, 전도의 열정은 성령 충만한 자에게서 나타난다. 성령의 권능을 받고 성령에 매여 성령이 주도하는 삶을 살아가는 사람이 이렇게 목숨 걸고 전도하고 선교할 수 있다. 전도는 결국 충만함이다. 충만은 차고 넘치는 것이다. 내 안에 넘치는 기쁨과 은혜의 충만함, 즉 나를 채우고도 남는 그 분량이 바로 생명력이 된다.

본래 수가 성 여인은 기쁨이 넘치기는커녕 까딱 죽기 직전이었다. 자유함도 없고 은혜도 없고 자기 삶 하나 감당할 수 없을 만큼 간당간당하게 살던 사람이 예수님을 만나 다시는 목마르지 않을 자유함과 기쁨이 충만해지자 주체할 수 없어서 물동이 버려두고 달려가 사람들에게 "와 보라"라고 외쳤다.

예수님을 만나고 그 은혜로 충만한 자는 가만히 있을 수가 없다. 성령의 불 받은 사람이 가장 힘든 게 가만히 있는 것이다. 은혜 충만한 사람들은 일 못 하게 가만히 놔두면 못 견딘다. 반면 은혜가 간당간당하고 충만하지 않은 사람들은 일을 시키면 어쩔 수 없이 하긴 한다. 관계 때문에 순번 때문에 억지로 하다 보니 "한 달이 어째 이렇게 빨리 돌아오냐. 벌써 우리 선교회가 설거지할 차례야" 하며 불평이 많고 섭섭함도 많다.

기름이 가득 찬 램프의 심지에 불을 붙이면 보기에는 그 심지가 타는 것 같지만 실은 심지가 머금은 기름이 타는 것처럼, 우리가 성령 충만하면 일은 내가 하는 것 같지만 실은 내 안에 성령께서 주신 능력과 은혜가 일하는 것이다. 하지만 마른 심지에 불을 붙이면 잠깐은 타지만 기름이 아니라 심지가 타는 거라서 잠깐 타다 꺼지고 연기와 그을음이 많이 생긴다. 즉, 지구력이 없어 끝까지 타지도 못하고 불평, 원망, 비교, 섭섭함이 많은 것이다.

내가 작은 교회들의 집회에 많이 가는데 몇십 년 동안 30명을 못 넘었던 교회가 100명을 넘는 일들이 많이 일어났다. 그래서 비법을 알려달라는 분들이 많은데 비법 같은 것은 없다. 집회 후 성령 받고 뜨거워진 그들이 어떤 방법으로든 스스로 알아서 부흥한 것이다.

성령의 생각은 생명과 평안이므로(롬 8:6) 성령 충만한 교회는 생명력 있게 복음 전할 생각, 전도하고 선교할 생각을 하고 누군가를 위로할 생각, 긍휼히 여기고 품어줄 생각을 한다. 그래서 성령 받고 충만해져야 한다. 은혜가 있어야 한다. 부흥은 성령 충만의 당연한 결과다.

전도와 선교는 아버지의 마음으로 하는 것이다

전도와 선교는 사도 바울처럼 성령을 받아야 하는 것인데 성령 받는다는 것이 무엇일까? 성령은 하나님의 영이고 하나님은 우리 아버지시니 성령은 곧 아버지의 영이다. 그래서 성령 받는다는 것은 아버지의 마음이 우리 안에 들어오는 것이다.

누가복음 15장의 '탕자의 비유'에서 장자의 실수는 아버지의 마음을 모른 것, 아버지의 심장이 없는 것이었다. 그는 교회에서 육신의 일, 육체의 일은 열심히 했지만 정작 잃어버린 둘째 아들, 탕자를 찾는 아버지의 애타는 심정은 몰랐다.

아들을 잃은 아버지에게 산해진미 차려드리고 염소를 20마리에서 100마리로 늘리면 아버지가 기뻐할까? 조금은 기쁘겠지만 그건 진짜 기쁨이 아니다. 관계가 끊어진 자녀는 아버지에게 죽은 자나 마찬가지다. 어딘가에 살아 있어도 아버지는 죽은 것처럼 아프다. 장자는 그런 아버지의 마음을 헤아려 잃어버린 아들, 자기 동생을 찾아야 했다.

이 탕자의 비유에서 장자는 바리새인과 서기관들을 가리킨다. 누가복음 15장에서 바리새인과 서기관들은 죄인들, 세리들과 함께 식사하고 오시는 예수님을 보고 수군거리며 비난한다. 그러자 예수님은 그들에게 잃어버린 양, 잃어버린 한 드라크마, 그리고 잃어버린 탕자에 관한 세 비유를 연이어 말씀하신다. 실패한 영적 장자 바리새인과 서기관들은 들으라는 것이다.

그 장자의 실수를 답습하지 말자. 교회 일은 참 열심히 하는데 정작 잃어버린 아들딸을 찾고자 하는 아버지의 애타는 마음과 비통함이 우리 안에 없다면 바리새인과 서기관들, 탕자의 형과 같은 영적 실패자를 따르는 것이다.

영혼 구원의 마음에는 주저함이 없다

육신을 따르는 자는 육신의 일을, 영을 따르는 자는 영의 일을 생각하나니 육신의
생각은 사망이요 영의 생각은 생명과 평안이니라 롬 8:5,6

마치 두 사람의 일대기처럼, 사도 바울은 성령 받기 전과 후가 완전히
달라져 죽이는 사람과 살리는 사람으로 나뉘었다. 육신을 따를 때는 스
데반을 돌로 치고 교회를 깨뜨리고 죽일 생각만 했으나 예수님을 만나
성령 받으니 생명과 평안으로 생각이 옮겨져 어떻게든 살릴 생각을 하게
되었다. 아버지의 영을 받아 아버지의 마음을 품게 되자 이제 자아를 내
려놓고 복음 전파를 위해 전적인 헌신과 희생을 할 수 있게 되었다.

예전의 사울은 자아가 하늘을 찔러 자기가 옳고 자기를 높이는 사람
이었다. 자기 신념과 사상, 신앙관만을 고수하며 이것에 위배되거나 거
스르면 참지 못하고 죽이려 했다. 그런 사울이 이제 자기가 없는 사람이
되어, 어떻게든 여러 사람 구원할 수 있는 길이라면 여기서는 이 모습, 저
기서는 저 모습이 되었다.

내가 모든 사람에게서 자유로우나 스스로 모든 사람에게 종이 된 것은 더 많은 사
람을 얻고자 함이라 … 내가 여러 사람에게 여러 모습이 된 것은 아무쪼록 몇 사람
이라도 구원하고자 함이니 고전 9:19,22

줏대도 없고 사상도 없는 것같이 보일지라도 '한 사람이라도, 몇 사람

이라도 구원할 수 있다면 나는 그 길을 택하겠다' 하고 바보처럼 갈 수 있는 것은 바로 그 안에 아버지의 마음이 있었기 때문이다.

자식을 잃어버린 아버지는 부끄러운 게 없다. 자존심 강하고 돈이 급했던 아버지도 자식 잃어버리면 카드빚을 져서라도 현수막 만들어 걸고, 숫기 없어 사람들 앞에 나서지도 못했던 사람이 피켓 들고 대로변에 뛰쳐나가 내 자식 찾아달라고 외치게 된다. 자기가 없어진 것이다. 하나님의 영이 임하여 자식 잃은 아버지의 심장을 받은 자는 몇 사람이라도 얻을 수 있는 길이 있다면 자기의 모든 것을 송두리째 내놓고 종처럼 굴어도 주저하지 않고 그 길을 선택할 수 있게 된다.

우리가 그렇게 전도의 미련한 것을 택하고 세련됨을 버릴 수 있기를 바란다. 그렇다고 무법, 무질서로 하자는 게 아니다. 내가 챙길 것 다 챙기고 내 할 것 다 하고 내 쓸 것 다 쓰면서 하나님께는 없다고 못 한다고 하는 모습을 버리자는 것이다.

중국 송나라 시대의 정치가이자 유학자인 사마광(司馬光)의 어린 시절 일화다. 그가 친구들과 놀고 있는데 한 아이가 실수로 커다란 물항아리에 빠지고 말았다. 아이가 허우적거리며 살려달라고 소리 지르자 친구들은 당황하여 울어대고 어른들은 사다리나 아이를 구할 밧줄을 찾으러 정신없이 돌아다니기 시작했다.

그때 사마광은 돌을 들어 항아리를 향해 던졌고, 항아리가 깨져 물이 쏟아지며 그 아이는 목숨을 구할 수 있었다. 이를 본 어른들은 사마광을 칭찬하는 한편 자신들을 부끄러워했다. 그들은 아이를 살려야 한다는 당위성은 인정했지만, 한편으로는 귀한 자산인 항아리를 깨기 싫었다. 그러나 어린 사마광은 생명보다 소중한 것이 없었으므로 생명을 살리기 위해 주저 없이 돌을 들어 항아리를 깼던 것이다.

오늘 우리가 아끼는 항아리는 무엇인가. 우리도 복음을 전해야 하는 당위성은 인정하고 사명감은 있지만 내 모든 것을 지키고 희생하는 것은 뒤로 미룰 때가 많다. 아무쪼록 한 영혼을 구원하는 일에는 내 소중한 물질, 시간, 관계 등 그 어떤 것에도 주저함이 없어야 할 것이다.

팬데믹 시대에 진정한 팬데믹을 이루자

지금과 같이 세계적으로 감염병이 대유행하는 상태를 '팬데믹'(Pandemic)이라 일컫는데 이 단어는 그리스어로 '모든'이라는 뜻의 팬(pan)과 '사람, 인구'라는 뜻의 데믹(demic)의 합성어다. 그러므로 '팬데믹'은 원래 모든 민족, 모든 사람을 뜻하는 것이다. 어원을 살펴보다가 나는 '팬데믹 시대를 팬데믹으로 만들어야 한다'라는 생각이 들었다. 무슨 소리냐고?

우리는 세계를 휩쓴 중증의 감염병을 팬데믹이라고 하지만 예수님의 지상명령인 "너희는 가서 모든 민족을 제자로 삼아"(go and make disciples of all nations, 마 28:19) 이 말씀에서 "모든 민족"이 본래 '팬데믹'이다. 교회는 모든 사람, 모든 민족에게 복음을 전하고 구원과 희망과 자유를 선포하여 진정한 팬데믹을 이뤄야 하는 존재다.

암울한 이 시대의 가장 큰 위기는 복음을 전하는 것이 막히고 전도와 선교가 위축당하고 있다는 점이다. 하지만 교회와 성도는 예수님의 위대한 지상명령(至上命令) 앞에 어떤 이유와 핑계도 댈 수 없다. 때를 얻든지 못 얻든지, 땅끝까지 이르러 모든 민족에게 굿 뉴스, 복음을 전해야 한다. 이 시대를 핑계 대고 변명하며 멈춰 있지 말고, 만나는 모든 이에게 예수님을 전하고 복음을 전하는 우리가 되기를 주의 이름으로 축복한다.

chapter 10

빠른 성장이 아니라 바른 성장으로

말씀의 반석 위에 건강하게 성장하는 교회

그런즉 이스라엘 온 집은 확실히 알지니 너희가 십자가에 못 박은 이 예수를

하나님이 주와 그리스도가 되게 하셨느니라 하니라 그들이 이 말을 듣고 마음에 찔려

베드로와 다른 사도들에게 물어 이르되 형제들아 우리가 어찌할꼬 하거늘

베드로가 이르되 너희가 회개하여 각각 예수 그리스도의 이름으로 세례를 받고 죄 사함을 받으라

그리하면 성령의 선물을 받으리니 ⋯ 그 말을 받은 사람들은 세례를 받으매

이날에 신도의 수가 삼천이나 더하더라

행 2:36–38,41

부럽고 충격적인 초대 교회의 부흥

"아~ 아무것도 한 것이 없는데… 내가 벌써 12살이라고?"

어느 날 나를 빵 터지게 한, 생일 맞은 카톡 친구의 프로필 글이다. 처음에는 한 60세쯤 된 분인 줄 알았다가 나이를 보고 웃음이 터졌는데 '내가 벌써 열두 살이라고?'에서 나름 깊은 한숨이 느껴지기도 했다. 새해가 되고 생일을 맞을 때면 나이를 먹고 신앙의 연조도 늘어나는 것이 부끄럽기도 하고 뭔가에 쫓기듯 편치 않은 우리 마음도 이 아이의 마음과 다르지 않을 것 같다.

코로나19로 많은 계획과 일정이 어긋나고 꿈과 바람이 무산되면서 인생이란 정말 뜻대로 되지 않는다는 것을 새삼 느끼게 된다. 우리가 원한다고 다 일할 수 있는 것이 아니기에 일할 수 있고 헌신할 수 있고 전도할 수 있고 선교할 수 있을 때 더 열심히 하나님의 일을 이루어 드려야겠다는 생각이 든다.

교회가 침체되고 예배의 자리가 텅텅 비어가는 이 한국 교회의 위기 속에서 어느 교회든 어떤 목회자, 어떤 사역자든 지금 자기 사역에 만족할 수 있는 사람은 아무도 없을 것 같다. 마음만큼은 내 인생 송두리째 드려 하나님께 영광 돌리기를 원하는데 내 사역의 현장은 가시적 성과나 열매 없이 실패만 답습하는 듯 초라해 보일 때 낙심이 된다. 특히 코로나19 사태로 썰렁하게 빈 예배당을 보면 더욱 그렇다.

그런 상황에서 설교 한 번에 하루 만에 성도가 몇천 명이 늘었다는 초대 교회의 부흥은 부럽다 못해 충격적이기까지 하다. 아마 요즘 이 시대에도 큰 반향을 일으킬 교계 사건일 것이다.

그 말을 받은 사람들은 세례를 받으매 이날에 신도의 수가 삼천이나 더하더라

행 2:41

말씀을 들은 사람 중에 믿는 자가 많으니 남자의 수가 약 오천이나 되었더라

행 4:4

뭔가 엄청난 부흥의 역사가 일어나고 있는 것이 분명한 모습이다. 요즘의 한국 교회와 대비되는 초대 교회의 모습을 보면서 어쩔 수 없이 눈에 보이는 결과에 마음과 시선을 빼앗기기 쉽고 가슴 아플 만큼 부러움도 느껴지겠지만, 그것을 거절하고 꼭 보아야 할 참된 부흥, 건강한 교회의 모습이 있다.

오늘 우리가 초대 교회에 진정 부러워할 것은 "와, 한 번에 삼천 명이

나?", "와, 제자의 수가 오천 명이나 되었다고?" 이런 숫자적 부흥과 빠른 성장이 아니다. 초대 교회가 이루어낸 건강하고 바른 성장, 참된 부흥을 부러워하고 배우려 해야 한다. 부러워해야 꿈꿀 수 있고, 꿈꾸고 소망해야 이룰 수 있다.

말씀이 살아 있는 건강한 부흥

"삼천", "오천", "심히 많아지고", "허다한 무리" 등 기적과 같은 초대 교회의 부흥을 나타내는 기록을 보면 그 모든 부흥에 공통적으로 관련된 것이 있으니 바로 말씀이다. 앞서 본 2장 41절, 4장 4절은 "그 말을 받은 사람들", "말씀을 들은 사람들"을 언급하며 6장 7절에서는 하나님의 말씀이 점점 왕성했다고 기록한다.

> 하나님의 말씀이 점점 왕성하여 예루살렘에 있는 제자의 수가 심히 많아지고 허다한 제사장의 무리도 이 도에 복종하니라 행 6:7

바른 성장, 참된 부흥은 첫째, 말씀이 살아 있는 것이다. 엄청난 숫자적 성장과 교회의 진정한 부흥의 원동력은 바로 말씀이었다. 말씀이 능력이다. 말씀이 교회를 이끌어가는 가장 강력한 힘이고, 강퍅한 심령을 깨뜨려 우리를 변화시킬 수 있는 유일한 검이다. 히브리서 저자는 이렇게 고백한다.

말씀은 어떠한 예리한 검보다 날이 살아 있어서 우리 영혼과 육을 쪼개며 생각을 바꾸고 심령을 갈아엎을 수 있는, 마치 원자력같이 강력한 에너지다. 살아 역사하며, 죽어가는 인생과 시대에 활력을 불어넣고 어떤 불의와 어둠도 단박에 깨뜨릴 수 있는 강력한 능력이다. 원자력의 원천이 원자로인 것과 같이 말씀의 강력한 능력과 힘의 원천은 바로 예수 그리스도시다.

예수님은 말씀이 육신이 되어 우리를 찾아와 우리 안에 거하신 분이시다. 그래서 말씀의 워딩(wording)에 힘이 있는 것이 아니라 말씀 안에 예수님이 계실 때 그 말씀에 힘이 있다.

예수님은 "너희가 예배드리고 말씀을 많이 들으면서 이 예배 가운데,

말씀 듣는 설교에 영생 있다고 착각하는데 이것은 모두 예수 그리스도와 관련되어 선포되고 전해져야 그게 능력"이라고 말씀하신다. 예수 그리스도께 집중해야 한다는 것이다. 그래서 교회는 교회의 원천적인 힘이자 원자력같이 강력한 에너지의 원자로 되신 예수님을 어떻게든 말씀에 실어 선포하고 전할 사명이 있다. 이것이 이루어지는 교회가 건강하고, 이것을 통해 부흥하는 것이 바른 성장이다.

빠르지만 바르지 않은 성장

"큰 신도시의 종교 부지에 교회 건물을 잘 지었더니 한 번에 성도의 수가 3천이나 더하였더라" 이런 이야기도 많이 들린다. 그러나 말씀이 근원 되지 않은 빠른 성장이라면 눈길도 주지 말라. 무엇보다도 말씀의 핵심이신 예수님이 전파되어 그 말씀을 듣고 깨지고 변화된 사람들이 심히 많아지는 바른 부흥, 바른 성장을 꿈꾸고 실현해야 한다.

교회는 조직도 아니고 껍데기도 아니다. 천국의 소망을 선물 받고 구원의 은혜를 입은 자들의 모임이다. 교회의 상징으로 십자가를 아무리 많이 붙여놔도 말씀이 살아 운동력 있게 역사하지 않고 말씀의 핵심인 예수님이 전파되지 않으면 우리의 신앙과 교회는 헛것이다. 그렇게 부흥된 것은 오히려 악이요 독일 수 있다.

2007년도에 한국 교회를 신랄하게 비판하며 등장한 《부족한 기독교》 시리즈가 있다. 저자는 고 옥한흠 목사님의 아들 옥성호 집사로, 모태신앙으로 태어났으나 신앙은 코미디라며 교회를 떠났다가 마틴 로이

드 존스 목사님의 성경 교리 강해를 듣고 회심하고 돌아와 이 책들을 통해 한국 교회에 경종을 울렸다.

이 시리즈에는 《심리학에 물든 부족한 기독교》, 《마케팅에 물든 부족한 기독교》, 《엔터테인먼트에 물든 부족한 기독교》의 세 종류가 있다. 이 책들의 내용에 다 동의하는 것은 아니지만 언제부턴가 교회 안에 번영신앙과 성장제일주의가 판을 치면서 숫자만 늘면 성공으로 인정하고, 그러다 보니 많은 사람을 끌어모으기 위해 마케팅이든 심리학이든 엔터테인먼트적 요소든 다 도입하는 모습이 있었음을 부인할 수 없다.

하나님을 위해서 일하고 싶고 하나님께 뭔가 해드리고 싶은 열망이 지나치면 본질에 집중하지 못하게 되고, 과정이 어떠하든 보이는 성과를 내고 싶은 욕심으로 오히려 하나님의 영광을 가리고 하나님과의 관계를 단절시키는 실수를 범할 수 있다. 그러면서도 그것을 알지 못하고 나는 지금 하나님을 위해 열심히 일하고 있다고 착각할 수 있다.

지극히 목표지향적인 경쟁심의 과열로 교회 안에 시기와 질투가 생기고, 수많은 갈등과 분쟁이 일어나며, 인본주의적 방법과 세속적 수단이 총동원되어 전도와 선교 현장이 세상의 비즈니스와 다를 것이 없다. 아니, 세상에는 그래도 상도덕이라는 게 있는데 교회의 사역 현장에는 그마저도 부재하여 어찌 보면 치열한 마케팅 현장 내지는 레드오션의 경쟁터가 될 때가 얼마나 많은지 모른다.

건물이 크다고 교회가 큰 것이 아니다. 조직과 관계가 탄탄하다고 교회가 건강한 게 아니다. 수단 방법 가리지 않고 사람들을 끌어모은다고 전도가 아니며 사람이 많이 몰려든다고 진정한 부흥이 아니다.

진정 예수 그리스도의 도를 전해서 한 명이라도 변화된 사람이 생기고 그 수가 하나둘 늘어나는 것, 우리 다음세대의 심장에 예수님이 전해져서 그들이 예수 믿는 내 아들딸 되는 것이 참된 전도다. 그 구원받은 사람들이 모여 하나님께 감사와 기쁨을 진정으로 올려드리는 진짜 예배를 드리는 것이 교회의 진정한 부흥이다.

말씀으로 돌이키는 진정한 부흥

> 누구든지 주의 이름을 부르는 자는 구원을 받으리라 그런즉 그들이 믿지 아니하는 이를 어찌 부르리요 듣지도 못한 이를 어찌 믿으리요 전파하는 자가 없이 어찌 들으리요 보내심을 받지 아니하였으면 어찌 전파하리요 … 그러므로 믿음은 들음에서 나며 들음은 그리스도의 말씀으로 말미암았느니라 롬 10:13-15,17

누구든지 주 예수 그리스도의 이름을 부르는 자는 다 구원을 얻을 것이다. 그런데 믿지 않으면 어떻게 부르며, 들어보지도 못한 이름을 어떻게 믿으며, 전하지 않으면 어떻게 들을 수 있겠는가. 그 이름을 누군가가 전해주어야 들을 수 있고, 들어야 믿을 수 있고, 믿어야 부를 수 있고, 불러야 구원받는다. 이것이 건강한 교회의 부흥 모델이다.

이렇게 말씀이 전파되어 사람들이 그 말씀을 듣고 그 말씀의 핵심인 예수 그리스도와 그분의 이름을 듣게 되기를, 그래서 그 들은 것이 믿어지고, 믿어진 것으로 인하여 구원받기를 꿈꾼다. 한국 교회가 진실로 말씀이 살아 있고, 말씀 가운데 예수님이 계시며 말씀에 예수님을 실어 전파하는 건강한 교회가 되기를 소망한다.

건강한 교회에는 말씀으로 인한 회개가 있다. 진정한 부흥에는 말씀으로 돌이키는 진정한 회개가 있다. 말씀이 살아 있으면 반드시 그 말씀에 돌이킴이 있기에 회개는 말씀이 살아 있는 것의 증거이며 필연적인 결과이기도 하다.

2장에서 삼천 명이나 더한 부흥(행 2:41)의 원천을 찾아 문맥을 따라 거슬러 올라가 읽어보면 베드로가 예수 그리스도의 부활과 생명의 복음을 전한 것이 나온다. 말씀에 원자로 같은 예수 그리스도가 살아 계시니 핵심이 있고 원자력 같은 힘이 있었다. 그리고 하나님이 예수님을 주와 그리스도가 되게 하셨는데 그런 그분을 너희가 십자가에 못 박았다고 목숨 걸고 설교했다. 말씀이 살아 있는 것이다.

> 그런즉 이스라엘 온 집은 확실히 알지니 너희가 십자가에 못 박은 이 예수를 하나님이 주와 그리스도가 되게 하셨느니라 하니라 **행 2:36**

그랬더니 그들이 가슴 치고 통곡하며 "형제들아 우리가 어찌 할꼬"(행 2:37) 하고 회개했다. 이에 베드로가 회개하여 세례받고 죄사함을 받으라고 선포하니 그 말을 받은 사람들이 돌이켜 회개하고 세례를 받아 이날 삼천이나 더하여진 것이다.

> 베드로가 이르되 너희가 회개하여 각각 예수 그리스도의 이름으로 세례를 받고 죄

사함을 받으라 그리하면 성령의 선물을 받으리니 ⋯ 그 말을 받은 사람들은 세례를 받으매 이날에 신도의 수가 삼천이나 더하더라 행 2:38,41

말씀에 깨어지는 인생 vs 말씀을 깨뜨리는 인생

말씀이 살아 있어도, 마음이 그 말씀을 받을 만한 좋은 밭이 되어 있지 않으면 그 강퍅함 때문에 말씀이 뿌리내리고 열매 맺기 어렵다. 사도행전에서는 똑같이 살아 있는 말씀, 같은 메시지에 다른 반응이 나타난 것을 볼 수 있다. 앞서 본 2장의 말씀을 전한 사람은 베드로 사도였다. 7장에는 스데반 집사의 설교가 나오는데 메신저는 다르지만 각기 그들이 전한 메시지는 똑같았다.

목이 곧고 마음과 귀에 할례를 받지 못한 사람들아 너희도 너희 조상과 같이 항상 성령을 거스르는도다 너희 조상들이 선지자들 중의 누구를 박해하지 아니하였느냐 의인이 오시리라 예고한 자들을 그들이 죽였고 이제 너희는 그 의인을 잡아 준 자요 살인한 자가 되나니 행 7:51,52

베드로가 "너희가 십자가에 못 박은 이 예수를 하나님이 주와 그리스도가 되게 하셨느니라", 즉 하나님께서 우리의 주와 그리스도가 되게 하신 예수 그리스도를 너희가 죽였다고 한 것과 같이 스데반도 "너희 조상들이 성령을 거슬러 선지자들을 죽인 것처럼 너희도 의인이신 예수님을 잡아 죽였다"라고 말했다. 같은 구조인데 들은 자들의 반응은 달랐다.

그들이 이 말을 듣고 마음에 찔려 베드로와 다른 사도들에게 물어 이르되 형제들
아 우리가 어찌할꼬 하거늘 행 2:37

그들이 이 말을 듣고 마음에 찔려 그를 향하여 이를 갈거늘 행 7:54

메신저는 달라도 메시지는 똑같았다. "그들이 이 말을 듣고 마음에 찔려"까지도 똑같았다. 그런데 베드로의 설교를 들은 사람들은 "어찌할꼬" 탄식하고 돌이켜 회개했지만 스데반의 설교를 들은 사람들은 스데반을 향해 이를 갈더니 귀를 막고 일제히 그에게 달려들어 성 밖으로 내치고 돌로 쳤다(행 7:57, 58).

같은 메시지를 듣고도 회개하여 돌이켜 믿는 자가 있고, 말씀에 이를 갈며 귀를 막고 오히려 그 말씀의 통로를 죽이는 자가 있다. 말씀에 깨어지는 인생이 있고 말씀을 깨뜨리는 인생이 있다. 나는 어떤 청자(聽者)이며 우리 교회는 어떤 교회인가. 말씀에 깨어지는 인생들로 가득 채워지는 교회가 건강한 교회다.

장사꾼 목사, 손님 성도 되지 않도록 몸부림쳐라

《행복을 꿈꾸는 수도원》(푸른숲, 2003)이라는 책에서는 개혁과 변화의 주체가 되고 앞장서고 가장 민감해야 할 신앙인들이 아이러니하게도 변화에 가장 완강하게 저항하는 세력이 될 수 있다며 이를 다음과 같이 지적한다.

"역설적이게도 '신앙적인' 사람들이 변화에 대해 가장 완강하게 저항한다. 왜냐하면 그들은 자신이 이미 변화됐다고 굳게 믿고 있기 때문이다. 그들의 모습은 마치 메마른 땅에 떨어진 씨와도 같다."

그러면서 가짜 제자, 즉 거짓 그리스도인의 모습은 마치 아주 낡아서 거덜나 버린 마른 스펀지와 같다고 한다. 온갖 더러운 먼지와 때에 절어서 이리저리 나뒹굴고, 그것을 욕조에 한 번 던져보면 물 한 방울 흡수하지 않고 그저 둥둥 떠 있을 뿐이라는 것이다. 예배라는 욕조에 들어가도 말씀 한마디 가슴에 새기지 못하고 변화되지 않는 강퍅한 모습에 대한 가슴 아픈 비유다.

그런 사람들은 자기는 이미 거룩하고 의롭다고 믿으며 자기와 다르면 틀렸다고 생각해서 자기 기분과 취향과 영적 코드를 맞춰주는 교회와 목사를 찾아다닌다. 그런 분들을 보면 가슴 아프다. 실은 내게 맞는 교회를 찾는 것이 아니라 내가 깨어지고 내가 교회의 질서와 말씀의 권위에 맞춰야 한다. 우리 하나님 아버지께서 당신의 영혼을 맡기려고 얼마나 고민하시며 어련히 잘 선택하셨을 교회와 목회자이겠는가. 당신이 말씀 앞에 깨어지고 돌이킬 때 이제껏 맛보지 못했던 최고의 축복과 은혜가 찾아올 줄 믿는다.

말씀을 깨뜨리는 사람은 이런 성도들만이 아니다. 죄악으로 무너져가고 멸망이 임박한 이스라엘과 유다에서 거짓 선지자들이 그 어두운 시대의 암흑 중에도 "평안하다, 괜찮다"라며 덮어주고 대충 넘어가 주었듯이 이 시대 목회자들도 시대적 트렌드를 간파하고 대중의 인기에만 영합하여 복음과 세상의 욕망을 적당히 혼합한 인본주의, 포퓰리즘의 말씀을 구매자에게 팔아먹는 장사꾼이 될 수 있다.

어느 막돼먹은 정치인이 "교회는 신자들이 헌금을 지불하고 이에 합당한 위로와 평안을 받아가는 서비스업"이라고 말한 적이 있다. 참 무례하기 짝이 없고 인정하기도 싫은 말이지만, 그 말이 사실이 되지 않으려면 우리가 목숨 걸고 몸부림쳐야 한다.

나 또한 사람들이 듣고 싶어 하는 달콤한 위로와 성공과 축복만을 선포하는 장사꾼 같은 목사, 서비스업자가 되지 않기를 간절히 바라고, 우리 한국 교회 성도들이 자기가 원하는 말만 듣고 싶어 하는 왕, 또는 대접받는 데 익숙해져 '내가 이 교회 다녀준다'라는 단골손님의 마인드로 살아가지 않기를 간절히 바란다.

핍박도 갈등도 말씀의 위기에서 온다

바르게 성장하는 건강한 교회는 핍박과 문제에도 말씀을 지켜낸다. 앞서 사도행전에서 살펴본 부흥 현장의 말씀을 읽어보면 초대 교회가 아무 문제와 고난 없이 평탄한 꽃길만 걸어온 것이 절대 아니었다. '우리는 이렇게 핍박당하고 힘들고 환난과 고난의 시기를 겪는데 초대 교회는 좋았겠다'가 아니다.

사도들이 백성에게 말할 때에 제사장들과 성전 맡은 자와 사두개인들이 이르러 예수 안에 죽은 자의 부활이 있다고 백성을 가르치고 전함을 싫어하여 그들을 잡으매 날이 이미 저물었으므로 이튿날까지 가두었으나 말씀을 들은 사람 중에 믿는

　사도들이 "예수에게 천국의 소망이 있다, 구원과 영생의 소망이 있다"라고 제대로 말씀을 선포하자 그 말씀 듣기를 싫어하는 자들이 사도들을 옥에 가두었다. 그러나 그 말씀을 지켜냈기에 말씀을 듣고 믿는 자가 남자만 오천 명이 되었다는 것이다.

　"하나님의 말씀이 점점 왕성하여 예루살렘에 있는 제자의 수가 심히 많아지고 허다한 제사장의 무리도 이 도에 복종하니라"(행 6:7)라는 말씀도 마찬가지다. 7절만 보면 부럽지만 이 말씀이 나온 배경을 알려면 1절부터 보아야 한다.

> 그 때에 제자가 더 많아졌는데 헬라파 유대인들이 자기의 과부들이 매일의 구제에 빠지므로 히브리파 사람을 원망하니 열두 사도가 모든 제자를 불러 이르되 우리가 하나님의 말씀을 제쳐 놓고 접대를 일삼는 것이 마땅하지 아니하니 형제들아 너희 가운데서 성령과 지혜가 충만하여 칭찬받는 사람 일곱을 택하라 우리가 이 일을 그들에게 맡기고 우리는 오로지 기도하는 일과 말씀 사역에 힘쓰리라 하니 온 무리가 이 말을 기뻐하여 믿음과 성령이 충만한 사람 스데반과 또 빌립과 브로고로와 니가노르와 디몬과 바메나와 유대교에 입교했던 안디옥 사람 니골라를 택하여 사도들 앞에 세우니 사도들이 기도하고 그들에게 안수하니라 행 6:1-6

　교회가 성장하면서 갈등과 문제도 생겨난다. 초대 교회에서도 유대 땅에서 나고 자란 히브리 사람들과 외국에서 살다 온 디아스포라인 헬라파 유대인들 사이에 지역감정, 서운함, 원망과 불만 등으로 다툼과 갈등이 있었다.

4장에서 일어난 핍박, 6장에서 생긴 갈등이 다른 문제인 것 같지만 둘 다 말씀과 관련된 위기였다. 고난과 핍박은 말씀이 억압된 것이 위기였고, 문제와 갈등은 말씀에 집중하지 못하게 관심이 흐트러진 것이 위기였다. 사도들은 순교하고 옥에 갇힐지언정 예수 그리스도가 복음의 시작이며 유일한 구원의 통로이심을 전했고, 그 살아 있는 말씀을 지켜냈더니 부흥이 일어났다. 또 문제와 갈등이 많아져 그것들을 처리하는 데 관심이 분산되자 사도들은 일곱 집사를 택하여 세운 후 말씀과 기도에 더욱 힘씀으로써 승리했다.

교회에는 항상 핍박과 고난이 오고 문제와 갈등이 생길 것이다. 이런 말씀의 위기는 이름만 바꿔가며 다시 나타날 것이다. 그런 가운데서도 우리는 살아 있는 말씀을 전하고 지켜야 하며, 특히 목사는 말씀에 집중하고, 성도와 직분자는 목회자가 어떤 문제와 갈등과 어려움 속에서도 말씀에 전념할 수 있도록 도와야 한다.

초대 교회에는 말씀이 살아 있었다. 그 살아 있는 말씀을 통해 진짜 회개가 일어났고 돌이키는 사람들이 생겨났다. 그리고 위기와 문제와 어려움 속에서도 그 말씀을 지켜냈다. 할렐루야! 이것이 바로 우리가 진정 부러워하고 지향할 아름답고 바른 성장이다.

문제없는 완벽한 교회는 없다

교회는 절대 완전하고 완벽한 공동체가 아니다. 문제가 있을 수밖에 없고 갈등이 공존하는 곳이다. 우리 교회도 문제투성이다. 하나 이겨내면 그다음 문제가 있고 또 그다음 문제가 있다. 나와 가까이 있는 사람들은 내가 얼마나 계속 그 갈등과 문제와 싸우고 있는지를 본다.

문제없는 완벽한 교회는 절대 없다. 만약 자기 교회나 자신의 신앙생활, 사역 현장에 아무 문제가 없다고 주장하는 분이 있다면 다음 중 하나일 것이다. 자신과 교회를 거짓으로 포장하고 있든지, 말씀을 세상의 기준과 적당히 타협했든지, 아직 성장과 변화, 위대한 부흥의 기회를 누리지도 못했든지.

교회가 하나님 뜻대로 세워졌고, 성도들이 말씀에 집중하며 그 은혜가 충만하고, 하나님께서 허락하신 사역과 사명에 매진하고 있다면 문제가 없어지고 하나님도 문제를 치워주실 것 같지만 절대 그렇지 않다. 하나님의 뜻대로 세워지고 초대 교회처럼 성령이 충만하고 말씀의 은혜 위에 부흥이 이루어진다 해도, 또한 말씀 붙들고 비전과 사명을 위해 정진하고 있다 해도 문제는 공존한다. 이것은 신앙생활의 전제가 되어야한다.

하나님의 통치 스타일을 이해해야 한다. 그러지 못하면 시험이 든다. 하나님은 사랑하는 자들과 공동체에 문제를 주지 않으시는 분이 아니다. 문제와 갈등을 허락하시되 그 문제를 해결할 힘과 지혜를 주시고 말씀의 은혜로 영적 분별력도 주신다. 어려움을 함께 극복할 협력자와 버팀목 같은 소중한 만남의 복을 주심으로 그들을 향한 사랑을 표현하시고 그 사명의 길을 응원하신다.

그러므로 어느 공동체든 문제는 있을 수 있고, 그 문제가 공동체가 건강하지 못하거나 사명의 길에서 어긋났음을 증명하는 것은 아니다. 오히려 성장하고 부흥할수록, 사명에 집중하여 진력할수록 성장통과 같은 아픔과 도전, 핍박과 문제가 더 많이 뒤따를 수 있다.

그러니 문제없고 갈등 없는 교회를 꿈꾸지 말자. 절대 그런 곳은 없다! 문제를 두려워하는 교회가 아니라 문제를 이길 힘과 능력이 있는 교회가 되자. 문제를 숨기고 덮는 대신 문제를 지혜롭게 해결하고 극복해 가며 그로 인하여 더욱 성장하고 강해지도록 하자. 이것이 하나님께서 이 시대에 우리 조국 교회에 어려운 과제와 시험을 주신 이유와 목적이라 믿는다.

인생은 당혹스러운 문제를 만나며 성장한다

인생의 3대 불행이 있다고 한다. 노년무전(老年無錢), 중년상처(中年喪妻), 청년급제(靑年及第)가 그것이다. 나이 들어서 돈이 없는 것과 중년에 아내를 잃어 삶의 한 축이 무너지는 것이 불행한 것은 이해가 되는데 왜 젊은 시절에 잘되는 것이 문제라는 것일까?

너무 젊은 나이에 출세하면 교만해져서 나중에 어떤 어려움이 닥쳤을 때 제대로 대응하지 못하고, 청년 때 실패와 문제를 경험하지 못해 단단하고 건강하게 성장하기 어렵다. 온실의 화초처럼 평온하게 잘되기만 하다가 한 번에 무너진다면 얼마나 비참한 인생이겠는가. 문제와 어려움을 만나 부족도 느껴보고 실패와 절망감을 이겨가며 강하고 아름답게 성장하는 것이 급제보다 더 중요하다.

그러므로 하나님께서 주신 문제들을 잘 풀어내고 해결할 영적 지혜와 분별력이 우리에게 필요하다. 하나님은 문제를 주시지만 감당할 수 있는 문제만 주시고, 문제를 피할 길과 해결할 열쇠도 반드시 주신다. 성경에 약속하셨으니 그것을 간절히 구하는 자는 찾을 것이다.

신학을 하기 전 잠시 청주대학교 유학센터에서 센터장으로 일했는데 유학이나 어학연수를 떠나는 학생들을 대상으로 오리엔테이션을 진행할 때마다 그들에게 꼭 해준 얘기가 있다.

"여러분은 이제 비행기를 타고 떠나는 순간부터 당혹스러운 순간들을 많이 만나게 될 겁니다. 그런데 잘 기억하세요. 그것 때문에 후회하며 돌아오지 마세요. 여러분의 부모님이 비싼 돈 내고 어학연수 보내는 이유가 실은 그 당혹스러움을 만나는 겁니다. 어학연수는 이 편안하고 안정된 상황 속에선 얻을 수 없는 어휘와 필요한 표현들을 내가 미처 부딪쳐보지 못한 당혹스러운 상황 속에서 얻어 오는 것인데, 그 당혹스러움을 위해서 가치를 지불하고는 오히려 당혹스러움 때문에 돌아와요. 제발 그러지 마세요. 당혹스럽고 아프고 부끄러운 일을 그렇게 한 3천 번 당하면 1년이 다 지나갈 테니까 잘 견디고 오세요."

우리 인생도 마찬가지일 것이다. 우리 앞에 심히 당혹스럽고 황당하고 서글픈 일들이 있겠지만, 문제와 당혹스러움은 바로 내가 성장하고 있다는 증거이며 그래서 일부러라도 얻어야 할 기회와 가치다. 그러니 그것 때문에 침체되고 되돌아가는 것이 아니라, 그것 때문에 더 멀리 전진하는 인생이 되면 좋겠다.

우리는 평평하고 탄탄한 인생을 좋아하지만, 실은 구겨진 종이가 멀리 날아가듯 구겨짐은 더 멀리 나아갈 촉진제와 원동력이 될 수도 있다. 코로나로 우리의 일상이 어그러지고 많이 깨어졌지만 여기서 절망해 멈추지 말고, 구겨진 종이 같은 내 인생이 하나님께서 원하시는 목적지로 전진할 수 있도록 더 집중하자.

지금 우리는 변화의 기회를 붙잡았다

얼마 전에 친한 목사님 한 분이 전화를 주셨다. 사역과 목회가 너무 힘들어졌다면서 교회를 향한 이 시대의 오해와 여러 가지 억울함을 호소하시는데 그 목소리에 서운함과 억울함, 힘듦과 사역의 노고가 가득 담겨 있었다. 목사님을 위로하고 이렇게 말씀드렸다.

"그래도 때로는 감사하기도 합니다. 이제 곧 드러나겠죠. 무엇이, 누가 진짜인지. 지금 제가 누구를 평가한다는 게 아니라 저까지 포함된 이야기입니다. 내가 가짜인지 진짜인지 두려워하며 주님 앞에 엎드려야 할 때가 아니겠습니까. 그래서 저는 지금 억울하고 분노하는 게 아니라 주님 앞에 바짝 엎드려 제 사역 현장을 돌이켜보고 회개하며 겸손히 무릎 꿇고 있는 중입니다."

그랬더니 그 목사님도 함께 그리하시겠다고 고백하셨다.

또 한번은 운동 중에 만난 한 불신자가 내가 목사인 것을 알게 되자 "목사님, 요즘 일부 잘못된 교회들과 선교 단체들 때문에 엄청 힘드시겠어요. 오해도 많이 받으시고…"라며 위로처럼 보이지만 은근히 교회를 비난하는 말을 하기 시작했다. 그래서 그에게 이렇게 대답하며 용서를 구했다.

"아닙니다. 교회가 지금까지 잘 해왔다면 이 시대가 오히려 교회를 위로하고 감쌌겠죠. 하지만 교회가 어긋나고 무질서하고 무책임하고 부정직하고 부도덕한 일을 자행해 왔기 때문에 이 기회를 빌어 오히려 책망의 회초리를 매섭게 때리는 것 아니겠습니까. 목사인 저부터 용서를 구합니다."

세상이 비난한다고 반드시 나쁜 교회인 것은 아니며 세상이 칭찬한다고 반드시 좋은 교회인 것도 아니다. 나는 조국의 교회가 매장당하듯 욕먹고 오해받고 마치 괴물처럼 여겨지는 이때가 교회의 본질로 돌아갈 때라고 믿는다. 교회의 본질을 지키며 해야 할 일을 하는, 즉 복음을 전하고 예수 그리스도를 주로 시인하는 교회가 진정한 교회다.

2021년 1월 대한예수교장로회 합동교단에서 목회자 600명을 대상으로 실시한 설문조사에서 "한국 교회에 혁신이 필요하다"라는 답변이 무려 98.9퍼센트가 나왔다. 변화와 개혁의 필요성을 거의 다 인정한 것이다. 낡고 마른 스펀지처럼 변화와 개혁의 필요성조차 느끼지 않았던 우리가 이제는 변해야 한다고 느끼고 혁신을 간절히 원하기 시작한 것이다. 이 기회를 붙잡은 것이다.

이럴 때일수록 세상의 비난과 적대적 조롱에 분노하고 억울해하지 말고 교회가 할 일들에 더욱 집중하자. 지금은 본질에 집중하고 진짜가 될 수 있는 절호의 기회인 줄 믿는다. 이 시간을 주님 앞에 겸허하게 무릎 꿇고 회개하여 돌이키는 자성의 기회, 회개와 회복과 혁신의 기회로 삼아야 한다.

한국 교회의 바른 성장과 부흥을 이루는 주체가 돼라

미국의 기독교 사회학자 토니 캠폴로(Tony Campolo)는 기독교 역사 속에서 교회가 교회의 본질을 상실했던 상황을 이렇게 지적했다.

기독교는 팔레스타인에서 태어났다. 그들은 기독교를 그리스로 전했으며 그리스는 기독교를 철학화했다. 그들은 다시 기독교를 로마로 전했으며 로마인들은 기독교를 제도화했다. 그 로마인들은 다시 기독교를 영국으로 전했으며 영국인들은 기독교를 관광명소로 만들어버렸다. 그들은 기독교를 미국으로 전했으며 미국인들은 기독교를 기업화했다.

그의 글은 여기서 마무리되지만, 하나님의 역사는 계속 진행 중이기에 그 뒤에도 계속 쓰이고 있다. "미국인들은 다시 기독교를 한국에 전했으며 한국인들은 기독교를…" 그다음은 우리가 답해야 한다.

혹 우리는 교회를 강도의 굴혈로 만들고 있지는 않은가. 장사꾼처럼 경제적 이익을 추구하는 영업장으로 만들어 놓지는 않았는가. 문화센터 같은 사교의 장이나 내 자아를 높이는 자아실현의 무대로 꾸며놓지는 않았는가. 축복을 구하는 기복의 굿판 또는 명예와 권위를 탐하는 정치판으로 만들어버리진 않았는가.

인생도 교회도 문제가 없는 것보다 수많은 문제와 아픔을 이겨내면서 찾아내고 깨닫게 된 본질을 붙들고 그것에 집중하는 것이 진정으로 건강하고 바른 성장의 모습이다. 우리가 그저 빠른 성장이 아니라 초대 교회가 이루어낸 바른 성장을 부러워하며 꿈꾸고 지향했으면 좋겠다. 완벽하고 좋은 교회는 아니어도 좋은 교회를 꿈꿀 수는 있다. 본질에 집중해서 좋은 교회로, 바른 성장을 함께 이끌어갔으면 좋겠다.

우리 함께 그 길을 걸어가며 더 이상 하나님 아버지께 욕을 끼치고 영광 가리는 교회와 성도들이 아니라 세상에서 착한 행실로 하나님께 영광 돌리는 하나님의 백성 되기를 바란다, 그래서 이 시대 한국 교회에 그 아름답고 건강한 성장과 참된 부흥을 이뤄내는 주체가 될 수 있기를 주의 이름으로 축복한다.

PART **3**

하나님께
집중하라

chapter 11

오직 주만 바라보나이다

눈을 열어 누가 나와 함께하는지를 보라

우리 하나님이여 그들을 징벌하지 아니하시나이까

우리를 치러 오는 이 큰 무리를 우리가 대적할 능력이 없고 어떻게 할 줄도 알지 못하옵고

오직 주만 바라보나이다 하고

대하 20:12

준비된 자와 준비되지 않은 자

어린 시절 상경하여 고생 끝에 큰돈을 번 재력가가 있었다. 열심히 돈만 벌다 보니 큰 부자는 되었으나 죽음이 다가왔을 때는 재산을 물려줄 가족조차 없었다. 그는 수소문한 끝에 시골에서 가난하게 사는 먼 일가 친척 한 사람을 찾아 그에게 자기 재산을 다 물려주기로 했다.

그런데 혹시 엄청난 유산을 얻게 됐다는 소식을 듣고 심장 마비라도 걸리면 어쩌나 걱정이 됐던 부자는 그 친척이 다니는 조그만 시골교회 목사님께 연락을 드려 자초지종을 설명하고는, 놀라지 않게 목사님이 잘 설명해주십사 부탁을 드렸다. 부탁을 받은 목사님은 기쁜 마음으로 김집사를 만나 이런저런 얘기를 나누다가 조심스럽게 운을 떼웠다.

"집사님, 혹시 하나님께서 집사님께 한 백억 원쯤 주신다면 어떻게 하시겠어요?"

그러자 김 집사는 대수롭지 않은 듯 "고민하고 자시고 할 게 뭐 있나요. 그렇게만 된다면야 싹 다 교회에 헌금으로 드리지요"라고 대답했는데 그 말을 들은 목사님이 그만 심장 마비로 돌아가셨다.

우리는 흔히 내가 처한 상황과 형편에 나의 성공과 성패가 달려 있고 행복과 기쁨이 좌우된다고 생각한다. 그런데 상황, 처지, 형편을 넘어서지 못하고 마음의 준비나 복 받을 자세가 되어 있지 않은 사람에게는 복도 복이 아니라 독이 될 수도 있다.

넷플릭스의 어떤 영화 시리즈물에서 본 장면인데, 악당들에게 폭행을 당하고 있던 한 소녀가 갑자기 씨익 웃는다. 저 멀리서 자신을 보호하는 삼촌이 오고 있는 것을 보았기 때문이다. 악당에게 구타를 당하는 상황은 변함이 없지만 곧 다가올 결과를 아니까 '니들 이제 다 죽었어' 하며 웃을 수 있었던 것이다.

인생에서 결국 중요한 것은 지금의 상황, 처지, 형편이 아니며, 그것이 내 인생의 기쁨과 슬픔, 성패를 좌우할 수도 없다. 그 문제와 상황을 맞닥뜨린 사람의 마음 자세와 시선에 따라 그는 복 중에서도 망할 수 있고, 위기와 어려움 속에서도 소망으로 아직 상황이 변하기도 전에 웃을 수 있다. 준비되지 않은 사람에게는 복도 독이 될 수 있지만, 어떤 위기와 고난에도 나를 도우시는 하나님을 바라보고 그분과 함께 있음을 신뢰하는 자에게는 고난도 고난이 아니게 된다.

오늘 고난과 문제 속에서 어려운 시간을 보내는 분들이, 아직 그 상황과 문제가 확실히 해결된 것은 아니라도, 내 곁에 늘 계시는 하나님을 바라봄으로써 나를 도우시는 하나님 때문에 씩 웃으며 세상을 향해 이 말을 던질 수 있다면 좋겠다.

"문제, 너희는 다 죽었어. 하나님이 나와 함께 계시거든!"

숫자 세지 말고 하나님께 집중하라

불이 나거나 사람이 쓰러지면 한시라도 빨리 구조요청을 해야 하는데 너무 당황한 나머지 손에 핸드폰을 들고도 전화기를 찾아 헤매고, "119가 몇 번이지…" 하며 전화를 못 거는 사람들이 상당히 많다고 한다. 우리 속담에 호랑이 굴에 잡혀가도 정신만 똑바로 차리면 산다는데, 상황이 급박하면 당황하여 눈이 어두워지고 문제에 매몰되어 해결책을 찾지 못하고 헤매기 쉽다.

우리도 문제의 어려움과 상황의 급박함 때문에 당황한 나머지 정신을 놓고 영의 눈이 어두워져서, 가장 하나님이 절실하고 하나님의 도우시는 손길이 가장 절박할 때 오히려 하나님을 찾지 못하고 하나님을 부르지 못하는 안타까운 일들이 있다.

사람들은 늘 문제의 크기, 상황의 심각성에 몰두한다. 그래서 맨날 홍해의 깊이나 여리고 성의 두께를 궁금해하고 골리앗의 키와 창 날 무게가 얼마인지를 잰다. 그러나 상황이 아니라 하나님께 집중해야 한다. 하나님은 우리가 문제에 파묻혀 대적의 숫자를 세고 "암이 1기냐 4기냐, 돈이 3천만 원이 필요하냐 5천만 원이 필요하냐" 따지는 것이 아니라 하나님만 바라보기를 원하고 바라신다.

> 그 후에 모압 자손과 암몬 자손들이 마온 사람들과 함께 와서 여호사밧을 치고자 한지라 대하 20:1

역대하 20장에서 여호사밧 왕이 다스리는 남유다에 모압과 암몬과 마온, 이 세 나라가 연합해 쳐들어온다. 남유다는 이들 연합군의 군사력을 도무지 감당할 수 없었다. 두려움에 빠진 여호사밧 왕은 백성들과 금식하며 하나님을 바라보았다.

여호사밧이 두려워하여 여호와께로 낯을 향하여 간구하고 온 유다 백성에게 금식하라 공포하매 유다 사람이 여호와께 도우심을 구하려 하여 유다 모든 성읍에서 모여와서 여호와께 간구하더라 대하 20:3,4

아무리 위기에 처하고 곤란한 문제에 직면했을지라도 눈 똑바로 뜨고 정신 똑바로 차리면 살길이 보인다. 그 시선과 마음을 하나님께 집중하여 여호사밧 왕처럼 "내 능력으로는 도저히 문제를 풀 수 없으며 어찌해야 할지 알지 못하오니 나는 오직 주만 바라보나이다" 하며 하나님께 도우심을 구하는 우리가 되길 바란다.

우리 하나님이여 그들을 징벌하지 아니하시나이까 우리를 치러 오는 이 큰 무리를 우리가 대적할 능력이 없고 어떻게 할 줄도 알지 못하옵고 오직 주만 바라보나이다 하고 대하 20:12

오늘 내 삶의 문제가 풀리고 해결되는 그 시작점이 바로 "주여, 제 능력으로는 할 수 없습니다"라고 인정하는 이 고백이다. 내 능력으로 할 수 없으니 이제 나는 오직 주만 바라보겠다고 고백하며, 하나님을 최후 수단이 아니라 최선의 길, 최고의 방법과 능력으로 의지하고 신뢰할 때 승리와 회복이 시작된다.

고난은 집중하라고 외치는 확성기

힘들고 어려울수록 하나님을 찾고 하나님부터 바라보기가 쉽지는 않
다. 경험상, 힘들고 어려워지면 머리로는 하나님의 도우심이 절실하고
하나님을 바라봐야 한다는 것을 알지만 상황이 위급하니 돈 나올 곳,
의지할 사람 찾아 헤매느라 마음이 분산되기 일쑤다.

조용기 목사님의 표현을 빌자면, 사람은 고작 지팡이 하나만 있어도
그것을 의지하려 들지 하나님을 의지하려 하지 않는다. 돈 몇 푼, 비빌
언덕(의지할 사람) 한두 명만 있어도 하나님을 찾지 않는 아주 못된 습성
이 있다. 그런 인간이 고난을 겪으면 그때서야 하나님을 찾는데, 그 과
정에서 하나님은 인간을 온전하고 굳세게 만들어주신다.

사사 시대, 하나님을 등지고 우상을 숭배하며 세상의 쾌락을 즐기던
이스라엘 백성들이 위기를 만난다. 하나님께서 징벌의 채찍으로 주변국
들을 사용하셔서 그들을 침공케 하시고 서럽고 아픈 고난을 겪게 하신
것이다. 그때마다 이스라엘 백성들은 하나님을 찾아 부르짖기 시작했으
며, 하나님은 그들에게 어려움과 환난을 이길 힘을 주시고 패역한 세대
가 다시 하나님과 관계를 회복하게 하셨다.

오늘도 똑같다. "고난은 우리를 향한 하나님의 확성기"라는 C.S. 루
이스의 말처럼, 하나님은 평탄함과 분주함 속에 하나님을 떠나 변질되
어가던 우리에게 고난이라는 확성기를 통해 "정신 차려! 나를 바라봐.

다시 나에게 집중해!"라고 큰소리로 말씀하신다.

　고난과 어려움은 분명 아프지만, 세상에 빼앗기고 있던 우리 마음을 주님께 집중할 복된 기회이기도 하다. 너무 분주할 때도, 너무 평탄하고 편안할 때도 주님을 향하는 시선을 잃기 쉽다. 그러면 점차 하나님과의 관계는 깨어지고 변질되기 시작한다. 이때 일상을 흔드는 고난과 어려움은 오히려 하나님을 다시 바라보고 그분과의 관계를 본질적으로 회복할 변화의 기회가 된다.

　어떤 상황에도 시선과 마음을 하나님께 집중할 수 있도록 반복해서 훈련해야 한다. 전쟁에 나가는 병사들이 의식적으로 매뉴얼을 생각해서 따라 하면 늦다. 몸에서 무의식적으로 본능적으로 매뉴얼을 따른 행동이 나올 만큼 반복해서 훈련해야 한다. 하나님께서 비상벨을 울리실 때 당황해 생각이 멈추고 문제의 크기에 마음이 무너지지 않도록, 이런 때일수록 정신 똑바로 차리고 하나님 바라보기 훈련, 흩어진 내 시선을 하나님께 집중시키기 훈련을 해야 한다.

지금은 '하나님 바라보기' 훈련 시간

　지금의 혼란하고 어려운 코로나 시대가 하나님 바라보기 훈련을 하기에 딱 좋은 시간인 것 같다. 몸도 힘들고 경제적으로도 어렵고 마음도 얼마나 우울하고 힘든 시기인가.

　거기에 세상은 정확한 근거와 통계로 상황을 올바르게 분석함으로써 문제의 본질을 보는 대신 상징 조작이나 인민재판식 여론몰이로 교회를 공공의 적으로 만들고, 방역 실패와 코로나 확산의 원인도 교회와 예배 때문이라 주장하며 대중의 분노와 좌절과 원망을 다 교회로 돌리려 든다. 거룩한 예배를 이상한 광신도적 행태로 몰아세우고, '교회포비아'(-phobia, 공포증)라는 막말까지 만들어 "이제 교회라면 지긋지긋하다"라며 조롱하고 있다.

그런 이 시대에 교회와 성도들은 깊은 안타까움과 섭섭함을 느낀다. 이럴 때 우리가 책임을 피하거나 비겁하게 도망치려 해서는 안 되지만, 이 시대를 향해 분노하며 혈기로 대해서도 안 될 것이다. 사람을 보고 세상을 보면 언제나 만족함이 없고 섭섭함과 불평뿐이다. 사랑해서 결혼한 부부도 마음이 안 맞고 서운한 것이 쌓여가지 않는가.

하나님은 고난의 시기를 통해 잃어버린 당신의 백성들을 절대 포기하지 않고 끊임없이 찾고 계신다. 오늘 이 고난의 시기에 우리의 조국 교회가, 그리고 나를 포함한 모든 목회자와 모든 성도가 시대의 풍조와 탁류에 휩쓸려 흩어졌던 마음과 시선을 다시금 하나님께 모으는 기회로 삼아야 할 줄 믿는다.

고난의 때, 그리스도인의 반응과 행동은 분명해야 한다. 진정한 해결의 열쇠이신 하나님을 바라보고 더욱 집중하는 것이다. 내 인생의 참 소망이신 하나님, 세상이 줄 수 없고 사람에게서 얻을 수 없는 참 평안 되시는 하나님을 바라보고 시선을 그분께만 두어야 한다.

6만여 우리 조국 교회가 이럴 때일수록 하나님 바라보며, 여호사밧처럼 덜덜 떨면서도 "주여, 제가 할 수 있는 건 아무것도 없고 어떻게 해야 할지 모르겠네요. 오직 주만 바라보겠습니다" 이 고백으로 주님 앞에 나아간다면 어떤 문제도 해결되고 어떤 위기도 돌파하게 될 줄 믿는다.

주님이 목자 되신 광야는 부족함이 없다

우리 인생은 의지할 것 하나 없고 곳곳에 문제와 어려움이 도사린 광야와도 같다. 하나님의 백성은 "하나님이 사랑하시는 고로 사막과 광야를 한 번도 지나지 않는다"가 아니라 늘 광야를 걷듯 살아간다. 하나님의 사랑은 늘 그렇다. 그분의 사랑하는 백성이 광야를 피해 가는 것이 아니라 광야 같은 인생을 살아가게 하시고, 하나님만 의지하고 바라볼 때 광야의 모든 상황을 이길 힘과 능력을 공급해주신다.

애굽을 떠난 이스라엘 백성들도 그랬다. 광야는 아무것도 없고 곳곳에 불뱀과 전갈 같은 위험이 도사린 곳이다. 그곳에서 백성들이 매번 스스로 양식을 구하고 옷을 구하고 불뱀을 스스로 쫓아내며 해결책을 찾은 것이 아니었다. 지나가고 보니까 하나님께서 불뱀과 전갈을 잘 피해 지나가게 하셨고, 목마를 때 반석을 쪼개어 물을 내셨고, 그 광야 한복판에서 하늘의 양식 '만나'를 내려 먹여주셨다.

네 마음이 교만하여 네 하나님 여호와를 잊어버릴까 염려하노라 여호와는 너를 애굽 땅 종 되었던 집에서 이끌어 내시고 너를 인도하여 그 광대하고 위험한 광야 곧 불뱀과 전갈이 있고 물이 없는 간조한 땅을 지나게 하셨으며 또 너를 위하여 단단한 반석에서 물을 내셨으며 네 조상들도 알지 못하던 만나를 광야에서 네게 먹이셨나니 … 신 8:14-16

문제와 어려움이 처처에 도사리고 있었지만, 하나님만 붙들고 하나님만 바라볼 때 모든 것이 해결되고 극복되며 공급되었다. 오직 하나님만 바라보며 그분을 따라가면, 그래서 하나님만 동행해주시면 그 모든 것이 공급되는 땅이 광야이기도 한 것이다.

항상 두려움과 염려로 떨 수밖에 없는 인생길 그 광야에서 우리는 사망의 음침한 골짜기를 지나는 양 같은 존재다. 양은 자신을 스스로 지키고 보호할 수단이 하나도 없는 가장 연약한 동물이다. 사자처럼 날카로운 이빨도, 코뿔소처럼 강한 뿔도, 고슴도치처럼 뾰족한 가시도, 거북이처럼 단단한 등껍질도 없다. 사슴처럼 날쌔지도 않고 원숭이처럼 적을 피해 나무 높이 올라갈 수도 없다.

하지만 양은 걱정과 두려움이 없다. 사나운 천적과 위험한 상황이 있어도, 목자만 따라가면 목자가 나를 보호하며 결국 푸른 풀밭과 쉴만한 물가로 데려다주실 것을 확신하기 때문이다. 그 목자가 바로 나의 여호와 하나님이시기에, 우리는 양과 같이 스스로는 아무것도 할 수 없는 연약한 존재일지라도 "여호와는 나의 목자시니 내게 부족함이 없습니다"라고 고백한다.

부족함이나 어려움이 정말 하나도 없는 것이 아닌데 어떻게 그럴 수 있을까? 사망의 음침한 골짜기 같은 문제투성이 삶 가운데서도 확신하는 것이 두 가지 있다. 첫째는 안전에 대한 확신이다. 하나님이 나의 목자이시니 나를 노리며 으르렁거리는 천적과 수많은 위험 요소로부터 나를 지켜주시리라는 믿음이다. 둘째는 최종 승리에 대한 확신이다. 지금은 사망의 음침한 골짜기같이 힘든 시간을 지나고 있지만 여기는 내 영원한 목적지가 아니고, 목자이신 주님이 결국 나를 푸른 풀밭과 쉴만한 물가로 인도하시리라는 믿음이다.

사망의 음침한 골짜기가 없어서 안전한 것이 아니라 사망의 음침한 골짜기 같은 인생이지만 하나님의 보호하심과 안전, 그리고 결국 최후 승리를 주실 것에 대한 확신을 품고 오늘도 두려움 없이 사망의 골짜기를 잘 이겨내시길 바란다.

> 여호와는 나의 목자시니 내게 부족함이 없으리로다 그가 나를 푸른 풀밭에 누이시며 쉴 만한 물가로 인도하시는도다 내 영혼을 소생시키시고 자기 이름을 위하여 의의 길로 인도하시는도다 내가 사망의 음침한 골짜기로 다닐지라도 해를 두려워하지 않을 것은 주께서 나와 함께하심이라 주의 지팡이와 막대기가 나를 안위하시나이다 시 23:1-4

같은 늑대를 만나도

사람들은 두려움은 절대적이며 문제가 커지는 만큼 두려움도 커진다고 생각하는데 염려와 두려움은 문제의 크기에 비례하는 것이 아니다. 앞서 8장에서도 언급한 바와 같이, 사실 그것들은 내 안에서 하나님이 떠나가신 공간이다. 내 안에 하나님이 계시지 않은 만큼이 두려움이고 염려다.

그러므로 하나님이 내 안에 다시 오셔서 내 중심과 내 인생의 왕좌를 차지하시면 그동안 나를 짓누르던 두려움과 불안은 떠나간다. 작은 빛한 줄기만 들어오면 아무리 캄캄하고 짙은 어둠도 물러가듯, 내 마음에 하나님이 들어오시면 삶의 어떤 두려움도 없어진다.

또한 문제는 지극히 상대적이며, 두려움도 상황의 위중함에 비례하여 커지는 것이 아니라 나의 마음과 태도에 따라 달라진다. 다시 말해 두려움은 위급함과 곤란함의 정도에 상관없이 상쇄되고 작아질 수도 있다는 것이다.

독일의 동기부여 전문가인 위르겐 횔러(Jürgen Höller)는 그의 저서 《성공의 조건》에서 '두려움의 상대성'을 늑대를 만났을 때의 비유로 설명했다.

혼자 숲속을 걸어가고 있는데 갑자기 100미터 앞에 굶주린 늑대가 나타나 무섭게 달려든다면 어떨까? 가슴이 덜컥 내려앉고 이제 죽었구나 싶을 것이다. 두려움의 정도를 1부터 10까지로 나눈다면 그때의 두려움은 최고 수준인 10에 달할 것이다.

그런데 만약 손에 칼이나 창을 들고 있다면 두려움은 9 정도로 조금 낮아지며, 다른 손에는 횃불까지 있다면 두려움은 7-8 정도로 줄어들 것이다. 게다가 옆에 똑같이 창과 횃불을 가진 동행자까지 있다면 5-6 정도로 더 내려갈 것이다.

총을 가지고 있다면 두려움은 4로 줄어들 것이고, 위험할 때 타고 도망갈 오토바이나 자동차가 옆에 있다면 3 정도가 될 것이다. 아예 차 안에 있었다면 두려움은 거의 없이 가슴만 덜컥 내려앉고 끝났을 것이다. 그런데 당신 곁에 무장한 군인이 수십 명 있다면 당신은 오히려 늑대를 잡으려고 들 것이다.

맞닥뜨린 문제는 똑같아도 그것을 대하는 사람의 마음 자세와 가진 것에 따라 두려움은 이렇게 상대적으로 커질 수도 작아질 수도 있다. 문제가 너무 커서 내가 이럴 수밖에 없다고 생각하지 말라. 내가 무엇을 들고 있는지, 누구와 함께 있는지를 볼 수 있다면 문제는 아무것도 아니다. 아니, 오히려 조금 전까지 나를 두려움에 떨게 한 그 늑대가 내 사냥감이 될 수도 있다.

같은 처지 다른 반응

같은 상황에서도 두려움은 상대적으로 천지 차이일 수 있다는 예를 성경에서도 찾아볼 수 있다. 아람 군대가 엘리사 선지자를 잡으려고 도단 성에 와서 성읍을 에워쌌다. 그때 함께 있던 엘리사와 그의 사환은 같은 상황에 처했지만 두 사람이 느끼는 공포와 두려움은 100 대 0으로 완전히 천지 차이였다.

> 하나님의 사람의 사환이 일찍이 일어나서 나가보니 군사와 말과 병거가 성읍을 에워쌌는지라 그의 사환이 엘리사에게 말하되 아아, 내 주여 우리가 어찌하리이까 하니 **왕하 6:15**

"아, 내 주여. 우리가 어찌하겠습니까"라는 사환의 말에서 "우린 죽게 되었습니다. 끝났습니다"라는 공포와 절망이 느껴진다. 그는 지금 성읍을 둘러싼 군사와 말과 병거, 즉 문제와 상황에 집중하고 있다. 나를 둘

러싼 문제는 크고 상황은 위급한데 내가 승리하거나 탈출할 가능성이 희박하다는 사실을 보자 두려워 떨었다. 반면 엘리사는 너무도 담대하고 태연했다. 상황과 처지가 사환보다 나아서인가? 탈출할 길을 알고 있기 때문인가? 아니다. 딱 하나, 보고 있는 게 달랐다.

> 두려워하지 말라 우리와 함께한 자가 그들과 함께한 자보다 많으니라 기도하여 이르되 여호와여 원하건대 그의 눈을 열어서 보게 하옵소서 하니 여호와께서 그 청년의 눈을 여시매 그가 보니 불말과 불병거가 산에 가득하여 엘리사를 둘렀더라
> 왕하 6:16,17

시선의 문제였다. 사환은 나를 죽이려는 문제의 숫자와 크기를 보았지만 엘리사는 하나님께서 그들을 도우려 파병하신 군대를 보았다. 시선과 마음이 어떤 대상에 집중하느냐에 따라 두려워할 수도 있고 담대할 수도 있다. 문제가 너무 힘들어서가 아니라 문제를 보고 있어서 힘든 것이고, 견딜 만해서 괜찮은 게 아니라 하나님을 보고 있기에 단잠을 잘 수 있는 것이다.

영의 눈을 열어달라는 기도부터

엘리사가 그 상황에서 연약하고 절망에 움츠러든 사환을 위해 해주는 기도를 보라. 그는 상황이 나아지기를 구하지 않았다. "그의 눈을 열어서 보게 하옵소서"(17절) 그 하나만을 기도했다. 이것이 바로 최고의 기

도이자 가장 강력한 기도다. 나는 우리 교인들과 독자 여러분이 처한 상황을 다 알 수도, 다 상담해드릴 수도 없고 다만 기도할 뿐인데 나 또한 엘리사 선지자처럼 기도하기를 원한다. 당신의 상황이 나아지기보다 눈이 열리도록!

여호와께서 엘리사의 기도를 듣고 사환의 눈을 열어주셔서 그는 산에 가득히 그들을 두른 불말과 불병거를 보게 되었다. 할렐루야! 당신이 지금껏 육의 눈으로만 돌아봤던 아픔과 문제와 형편의 비루함에 대해 눈을 감고, 이제 영의 눈이 활짝 열려 당신과 함께하시는 여호와 하나님을 바라보기를 바란다. 나를 지키고 도우시는 하나님의 불말과 불병거가 인생과 가정을 두르고 진 친 것을 보게 될 때 담대해진다. 바로 그것이 당신의 당당함과 용기의 근원이요 자신감의 근거여야 한다.

그러므로 오늘 내 곁에 함께하시는 분을 바라볼 영의 눈을 열어달라는 기도가 가장 먼저다. 영의 눈이 열려 나와 함께하시는 하나님을 보면 이제 더는 두려워할 필요가 없다. 저 늑대를 새끼 늑대로 바꿔 달라는 식으로 상황 변화와 개선만 구하지 말고 눈 열어 보게 해달라고, 이럴수록 하나님께 집중하게 해달라고 기도하자.

늑대와 맞닥뜨렸는가? 늑대는 분명 두려운 위협이다. 하지만 내가 지닌 것에 따라 두려움은 줄어들고 무장한 군대가 있으면 거꾸로 늑대를 잡으러 간다. 하나님의 군대가 함께하는 것을 보았다면 이제 당신도 당신의 늑대를 잡으러 가라. 가서 문제의 늑대, 염려의 늑대를 잡아라. 하나님이 당신과 함께하신다.

지금 당신의 눈에 문제가 보이는가, 하나님이 보이는가? 이에 따라 완전히 다른 결론이 기다리고 있다. 하나님께서 당신을 위해 파병하신 하늘의 불말과 불병거가 교회와 삶의 현장과 가정과 사랑하는 자들의 삶에 가득함을 바라보라.

"내 눈을 열어주소서. 오직 주만 바라보나이다!"

이 기도가 당신의 마음에 가득 차길 주님의 이름으로 축복한다.

chapter 12

말씀에 집중하라

'하나님을 바라보라'의 다른 표현

너를 낮추시며 너를 주리게 하시며 또 너도 알지 못하며

네 조상들도 알지 못하던 만나를 네게 먹이신 것은 사람이 떡으로만 사는 것이 아니요

여호와의 입에서 나오는 모든 말씀으로 사는 줄을 네가 알게 하려 하심이니라

신 8:3

말씀에 집중함이 하나님께 집중함이다

하나님께 집중하고 그분만 바라본다는 것은 어떻게 하는 것일까? 집에 하나님 그림이나 십자가를 걸어놓고 그것을 바라보는 것일까? 나는 하나님의 '말씀'에 집중하는 것이 하나님께 집중하는 것이라고 말하고 싶다. 늑대가 우글대는 사망의 음침한 골짜기에서 양을 지켜 보호하고 인도하는 목자의 지팡이와 막대기는 바로 하나님의 말씀이다.

마치 링 위에서 격렬하게 싸우는 파이터가 날아오는 상대의 주먹과 공격에 정신을 집중하면서도 링 밖에서 자신을 향해 외치는 코치의 지시에 온 귀를 열고 있는 것처럼, 우리는 내 삶의 수많은 두려운 문제와 싸우면서도 그 문제에 매몰되지 말고 내 인생의 승리에 기가 막힌 승부수를 가지고 계신 그분, 나의 감독 되시고 주권자 되시는 하나님의 작전 지시에 온 마음과 귀를 기울여야 한다. 그것이 승리의 강력한 비결이다.

세상의 권세 잡은 마귀의 작전은 언제나 고전적이고 동일하다. 어떻게든 여러 가지 상황과 처지와 문제들로 우리의 혼을 빼서 하나님의 말씀에 집중하지 못하도록 만드는 것이다.

때로는 뱀의 모습으로, 때로는 경수의 끊어짐같이 불가능해 보이는 상황으로, 때로는 블레셋과 앗수르로, 때로는 홍해로, 때로는 아낙 자손과 견고한 성들로, 때로는 산발랏과 도비야로, 때로는 거짓 교사와 선지자들로, 때로는 시대의 조롱으로, 때로는 코로나 같은 전염병으로…. 다양한 모습으로 나타나 우리가 하나님 말씀에 집중하지 못하게 하여 우리로 선악과를 범하게 하고, 가능성이 큰 '하갈'이라는 인간적 선택을 하게 하고, 하나님께서 세우신 권위에 손대게 하고, 때로는 절망하게 하고, 때로는 포기하고 싶게 때로는 중단하게 하며, 때로는 예배와 신앙의 정신을 타협하게 만든다.

그럴 때일수록 정신 차려야 한다! 하나님의 소리에만, 하나님의 말씀에만 집중해야 한다. 하나님은 성경을 통해 우리에게 지금 뭐라고 말씀하시는가? 하나님은 여러분의 교회 강단을 통해 어떻게 하라고 선포하시는가? 들은 그대로 하라! 더하지도 말고 감하지도 말고, 멋대로 자르고 쪼개어 훼손하지 말고, 내 기호와 취향, 상황과 처지에 맞추어 오염시키지 말고 말씀하신 그대로 행하라.

소중하게 아끼는 것이 내 귀에 들린다

2011년 동일본 대지진 때 쓰나미로 완전히 초토화된 후쿠오카현에서 있었던 일이다. 어디서부터 복구와 인명구조 작업을 해야 할지 막막한 상태에서 혹시라도 생존자가 있을 만한 곳부터 무너진 잔해를 들어 올리며 수색하고 있을 때 한 여인이 저쪽에서 자기 아이의 소리가 들린다며 구조를 요청했다.

구조대원들도 그런 소리를 듣지 못했고, 어떠한 장비로도 탐색이 안 되었고, 구조견마저 그곳에 생존자가 있는 정황을 발견하지 못했는데도 그녀는 아이의 울음소리가 들린다며 계속해서 구조대에 간청했다. 그래서 할 수 없이 그 엄마가 가리키는 지점을 파기 시작했는데 놀랍게도 정말 그곳에 아이가 있어서 간신히 살릴 수 있었다는 것이다.

인간의 눈과 귀에는 자기에게 소중한 것, 자기가 애착하는 것이 보이고 들리게 돼 있다. 돈에 관심 있는 사람은 돈 얘기만 들리고 땅에 관심 있는 사람은 땅만 보인다. 이것을 선택적 청각, 선택적 시각이라 하며, 심리학에서는 칵테일 파티 효과(cocktail party effect)라고 한다.

시끄러운 칵테일 파티장에서도 내가 관심 가진 이성과의 대화 소리는 잘 들리고, 둘이 얘기하는 동안 다른 소리는 잘 안 들리다가도 주변에서 누가 내 얘기를 하면 딱 들린다. 어수선하고 혼란스러운 중에서도 내가 관심 있고 집착하는 대상에는 선택적으로 청력이 열리는 것이다.

넓디넓은 놀이동산이 엄청난 인파와 음악 소리로 얼마나 혼잡하고 소란스러운가. 그런데 희한하게도 아이를 잃어버린 엄마의 귀에는 그 소음 가운데 울고 있는 내 아이의 목소리가 들린다. 이런 경험 가진 분들이 많다. 사랑하고 간절하면 세상은 듣지 못하는 소리를 들을 수 있는 초월적인 능력이 생긴다. 이것이 집중력이다.

고난의 때 말씀을 듣는 믿음이 진짜다

아무리 혼잡한 곳에서도 소중하게 아끼고 사랑하면 들리듯, 어려움 중에서도 하나님의 말씀을 전적으로 신뢰하고 그 가치를 인정하는 자에게는 하나님 말씀이 들리게 돼 있다. 그러므로 당신이 정말 말씀을 소중하게 아끼는지 아닌지는 고난 중에 말씀을 어떻게 대하는지를 보면 알 수 있다. 하나님께서 나의 믿음을 테스트하실 때 내가 고난 중에 말씀을 대하는 태도를 보신다.

하나님은 그분의 백성들이 광야를 걷고 문제들을 만나도록 허락하신 이유를 성경을 통해 밝혀주셨다. 그들이 말씀을 통해서만 살아갈 수 있다는 것을 알려주시고, 그들의 시선과 마음을 말씀에 집중시키기 위해서였다.

> … 이는 너를 낮추시며 너를 시험하사 네 마음이 어떠한지 그 명령을 지키는지 지키지 않는지 알려 하심이라 너를 낮추시며 너를 주리게 하시며 또 너도 알지 못하며 네 조상들도 알지 못하던 만나를 네게 먹이신 것은 사람이 떡으로만 사는 것이 아니요 여호와의 입에서 나오는 모든 말씀으로 사는 줄을 네가 알게 하려 하심이니라 신 8:2,3

고난과 결핍의 시간은 그때도 하나님의 명령(말씀)을 지키는지를 드러내는 믿음의 시험 기간이다. 한국 교회가 맞이한 오늘 이 시대도 그러하다. 하나님께서 허락하지 않으시면 마귀와 공중 권세 잡은 어떤 세력도 우리를 머리카락 한 올도 건드릴 수 없다. 이 시대의 핍박과 조롱과

제한과 손해와 억울함은 주님이 허락하신 것이다. 그러니 이런 때일수록 말씀을 지키고 순종함으로써 나의 믿음이 참이었음을 증명하는 귀한 기회로 삼아야 할 줄 믿는다.

말씀이 나를 살리고 인도하고 보호하므로 어려울수록 말씀에 집중해야 하는데, 힘들고 어려운 일을 만나면 시험에 들고 "말씀이 안 들린다", "말씀이 은혜가 안 된다"라며 말씀을 덮고 교회를 떠나는 사람들이 있어 가슴이 아프다. 그런 사람들은 하나님 말씀을 가치 있게 여기지 않는 것이다.

실제로 많은 사람이 말씀에 대해 평안할 때나 자기 스스로 이겨낼 만한 시련의 때에 그저 도닥거려주고 위로하는 수단 정도로 여기고, 말씀이 내 삶을 좌우하고 성패를 가를 수 있는 절대적인 힘과 권력인 것을 믿지 않는다. 그러니 실패와 절망과 어려움 속에서는 하나님 말씀이 들리지 않는 것이다.

말씀은 돌이키고 회복할 기회를 주신다

고난에는 하나님께서 허락하신 믿음의 시험도 있고 왜 이런 일이 찾아왔는지 애매한 고난도 있지만, 내가 촉발한 실수와 잘못의 결과물일 때도 많다. 그럴 때 하나님은 내가 다시는 이런 잘못을 반복하거나 답습하지 않도록 나를 돌이키시고 회복의 기회를 주신다. 그래서 고난의 시간은 이 실패를 야기한 내 삶의 모습, 행동, 언어, 잘못된 선택과 결정들, 그릇된 관계들을 끊고 고칠 기회가 된다.

그런데 자기의 잘못된 신앙적 반응과 감정적인 선택으로 고난을 자초하고도 오히려 자기가 더 성내면서 하나님 말씀을 안 듣고, 이 세대를 본받아 인본주의적 관계와 방법, 자기 뜻과 감정대로 살아가는 사람도 많다. 이러면 소망이 없다. 말씀을 통해 하나님께서 나에게 원하시는 뜻을 듣고, 고난 중에 말씀하시는 소망을 얻어야 한다.

아버지의 뜻을 잘 알아듣는 영적 지혜가 필요하다. 하나님께서 제발 그러지 말라고 아무리 말씀하셔도 하나님의 뜻을 알아차리지 못하고 자꾸 딴 길로 가고 딴짓만 하면 결국 또 실패한다. 그러니 그저 문제만 해결되면 끝이 아니라 문제 속에서 하나님께서 원하시는 방향으로 삶에 변화와 변신과 개혁이 일어나야 한다.

고난은 내가 하나님의 뜻대로 변화하고, 신앙이 성장하고 하나님과 회복하는 기회가 되어야 한다. 그러니 내가 어떤 것을 고쳐야 할지, 나를 향한 하나님의 선하시고 기뻐하시고 온전하신 뜻과 내가 행할 바는 무엇인지를 제대로 알도록 말씀에 집중하여 들어야 한다.

너희는 이 세대를 본받지 말고 오직 마음을 새롭게 함으로 변화를 받아 하나님의 선하시고 기뻐하시고 온전하신 뜻이 무엇인지 분별하도록 하라 **롬 12:2**

한국 교회와 우리 그리스도인들이 이 세대를 좇으며 살아서 하나님께서 이런 고난과 아픔을 허락하셨다고 믿는다. 이제는 한국 교회가 이 세대를 본받지 말고 마음을 새롭게 하여 하나님의 뜻을 분별하고 하나님의 말씀을 따름으로써 변화되고 회복되는 놀라운 갱신과 개혁의 시간이 되기를 소망한다.

성실히 최선을 다했고 노력이 부족하지 않았는데도 사업이나 투자, 진로 선택 등에서 실패한 경험들이 있을 것이다. 낙심되겠지만 그래도 그럴수록 하나님 말씀을 붙들어야 한다.

베드로도 그랬다. 그는 밤새도록 열심히 노력하고 최선을 다했지만 손에 쥔 것은 빈 그물뿐이었다. 아무것도 거두지 못한 실패 인생, 헛헛하고 늘 같은 시련과 아픔이 반복되는 억울함의 현장이었다. 그러나 "선생님, 우리들이 밤이 새도록 수고하였으되 잡은 것이 없지마는 말씀에 의지하여 내가 그물을 내리리이다"(눅 5:5) 하고 주의 말씀에 의지하여 깊은 곳에 그물을 던짐으로써 그의 인생은 바뀌었다.

이 코로나19 시국에 사업자들이 불성실해서 문을 닫는 것인가? 정말 억울한 것이다. 그러나 이 실패 현장에서도 "주님, 제가 평생 수고했어도 얻은 것이 없지만 처지, 형편, 상황, 감정, 확률 따위가 아니라 오직 주의 말씀에만 집중하여 주님의 말씀을 따르겠습니다"라고 고백하고 주님이 명령하신 '깊은 곳'에 그물을 던져 베드로처럼 물질적 축복과 사명의 영적 축복을 허락받으시기를 소망한다.

기근과 가난으로 절박한 상황에서도 하나님의 말씀에 순종한 사르밧 과부를 생각해보자. 홀로 자식 키우는 가난한 과부에게 기근이란 인생에 맞닥뜨린 가장 처절한, 혼자 힘으로는 감당할 수 없는 위기였다. 그

녀의 절박한 처지를 상징적으로 보여주는 말이 '나뭇가지 둘'(왕상 17:12)
이다. 얼마나 가진 것이 없는지 장작더미가 아니라 나뭇가지로 불을 피
워 한 줌 밀가루로 마지막 떡 하나 구워 먹고 죽을 날 기다려야 하는 끝
자락의 처지였다.

　그때 엘리야 목사님이 그 집에 심방을 오셨는데, 그 떡을 먼저 자기에
게 구워오라는 냉정한 명령을 내렸다. 상황으로도 말이 안 되고 감정적
으로도 이해되지 않는다. 나 같아도 봉투를 주었으면 주었지 그런 말은
못할 것 같다. 그런데 이것은 자신의 탐욕으로 자기 멋대로 내린 명령이
아니었다. 그렇게 말한 데는 말씀의 근거가 있었다.

> 이스라엘의 하나님 여호와의 말씀이 나 여호와가 비를 지면에 내리는 날까지 그
> 통의 가루가 떨어지지 아니하고 그 병의 기름이 없어지지 아니하리라 하셨느니라
>
> 왕상 17:14

　엘리야에게 먼저 가져오면 그것으로 끝나지 않고 그 이후에도 가루가
계속 생겨나 이 가뭄이 끝날 때까지 멈추지 않을 것이라는 말씀이 있었
고, 엘리야도 과부도 그 말씀에 집중하고 순종했기 때문에 살았고 승리
한 것이다. 자식 살린 것이다.

　자식을 살리고 상황을 역전시키고 형편을 뒤집기 원하는가? 그렇다면
이제 상황, 처지, 형편 그만 바라보고, 문제에 쏟았던 내 마음을 하나님
과 그분의 말씀에 쏟고 집중하자.

외롭고 고독할 때 말씀을 붙들라

어디도 기댈 곳 없는 철저한 고독의 자리, 외로움의 시간에 있다면 그럴수록 하나님을 붙들어야 한다.

야곱이 형 에서를 피해 삼촌의 집으로 도망갈 때 그는 의지할 곳 하나 없는 처지였다. 언제 고향 땅으로 돌아올 수 있을지, 거기서 자기를 환영하고 맞아줄지 정말 두려웠다. 부모님의 응원과 도움을 받으면서 유학을 가도 가슴 떨리고 두려울 텐데 아무것도 보장되지 않은 도망자 신세로 혼자 길을 가는 그의 처지가 얼마나 참담한가. 그런데 돌을 베개 삼아 누운 그때, 하나님께서 말씀을 주셨다. 야곱이 이 말씀에 집중하였기 때문에 외로움을 이기고 이후 외삼촌 집에서 많은 어려움을 겪으면서도 그 시간을 견뎌낸 줄 믿는다.

> … 나는 여호와니 너의 조부 아브라함의 하나님이요 이삭의 하나님이라 네가 누워 있는 땅을 내가 너와 네 자손에게 주리니 네 자손이 땅의 티끌같이 되어 네가 서쪽과 동쪽과 북쪽과 남쪽으로 퍼져나갈지며 땅의 모든 족속이 너와 네 자손으로 말미암아 복을 받으리라 내가 너와 함께 있어 네가 어디로 가든지 너를 지키며 너를 이끌어 이 땅으로 돌아오게 할지라 내가 네게 허락한 것을 다 이루기까지 너를 떠나지 아니하리라 창 28:13-15

로뎀나무 아래에서 하나님께 죽기를 청했던 엘리야도 하나님의 음성으로 살아나고 회복되었다. "일어나 먹으라 네가 갈 길을 다 가지 못할까 하노라"(왕상 19:7)라며 그가 달려갈 길을 다 마치지 못할 것을 염려

하는 천사의 음성을 듣고 일어나 천사가 놓아둔 떡과 물을 먹고 마신 후 힘을 얻어 호렙산까지 사십 주야를 걸어갔다.

호렙산 굴에서 "오직 나만 남았습니다"라고 호소하는 엘리야에게 하나님은 세미한 소리로 임하셨다. 그리고 바알에게 무릎 꿇지 않은 칠천 명을 남기신 것과 엘리야를 수행할 엘리사를 주실 것 등을 말씀하셨고, 그 말씀에 집중한 엘리야는 처절한 고독과 두려움에서 탈출할 힘을 얻을 수 있었다.

칠천 명이 내 눈에 보이지 않고 내 생각에 그럴 가능성이 없어 보여도 하나님께서 있다고 말씀하시면 있는 것이고, 보내주신다면 보내주시는 것이다. 하나님께서 이렇게 말씀하시는데 당신은 왜 자꾸 상황과 처지와 형편에 매몰되어 그 말씀을 저버리는가. 고독하고 외로울수록 하나님의 말씀을 붙들어라. 가능성이 희박하고 아무 소망이 없을 때도 하나님의 약속을 붙들어야 한다.

가능성과 소망이 없어 보일 때 말씀을 붙들라

사도 바울이 탄 배가 유라굴로라는 광풍을 만났을 때 배에 탄 사람들 모두, 평생 배를 탄 선원들마저 살 소망을 잃었다. 그런데 딱 한 사람, 사도 바울만 담대했다. 심지어 그는 사람들에게 안심하라고 말한다 (행 27:22). 바다 상황은 뱃사람들이 더 잘 알 텐데 말씀 전하는 사역자 사도 바울은 무슨 근거로 이토록 자신감이 있었을까?

> 내가 속한 바 곧 내가 섬기는 하나님의 사자가 어제 밤에 내 곁에 서서 말하되 바울아 두려워하지 말라 네가 가이사 앞에 서야 하겠고 또 하나님께서 너와 함께 항해하는 자를 다 네게 주셨다 하였으니 그러므로 여러분이여 안심하라 나는 내게 말씀하신 그대로 되리라고 하나님을 믿노라 **행 27:23-25**

그 근거는 바로 하나님의 말씀이다. 하나님께서 아무도 죽지 않는다고 말씀하시니 안심하는 것이다. 이것이 믿음이다. 하나님을 믿고 하나님 말씀을 믿으면 구조될 가능성이 희박하고 구원의 여망이 끊어진 절망 가운데서도 소망을 발견할 수 있다.

가능성이 희박하고 소망이 없기는 아브라함도 매한가지였다. 그의 나이는 너무 많았고, 아내는 경수가 끊어져 생산의 능력이 없었다. 그래서 "나는 자식이 없으니 내 유산을 받을 사람은 내 집에서 길린 엘리에셀일 것"이라고 말씀드렸는데 하나님의 대답은 달랐다.

> 여호와의 말씀이 그에게 임하여 이르시되 그 사람이 네 상속자가 아니라 네 몸에서 날 자가 네 상속자가 되리라 하시고 그를 이끌고 밖으로 나가 이르시되 하늘을 우러러 뭇별을 셀 수 있나 보라 또 그에게 이르시되 네 자손이 이와 같으리라
>
> **창 15:4,5**

내 상황은 절박한데 하나님의 약속은 뭇별처럼 너무 창대해서 너무 지칠 때가 있고, 서운할 때도 있고, 혼란스럽기까지 하다. 믿음이란 내 상황과 하나님의 약속 사이에 있는 이 엄청난 갭을 메꾸는 능력이다. 믿

음은 현실을 분석하는 능력이 아니라 초라하기 그지없는 내 현실과 하나님의 웅장한 약속 사이의 이 엄청난 골을 메꾸고 기다리는 인내의 작업이다.

어렵고 힘든 시간에 하나님 말씀에 집중하여 성경 말씀을 깊이 묵상하고 주의 종을 통해 주시는 하나님 말씀을 계속해서 들어라. 아무리 어렵고 힘든 상황이라도 그 속에서 하나님의 약속이 보이고 나를 향하신 하나님의 사랑과 긍휼이 보인다면 그는 이미 소망 있는 사람이다. 나를 향하신 하나님의 위로와 소망의 말씀이 주의 종을 통해 들린다면 하나님이 개입하시고 역사가 시작됐다는 증거인 줄 믿는다.

당신이 지금 어려움 속에 보고 있는 것은 하나님의 말씀인가, 상황과 처지와 형편인가. 이 시선, 이 집중의 작은 차이가 나중에 엄청난 결과의 차이가 된다. 그러니 오늘 실패, 가난, 고독, 절망의 자리에서 하나님 말씀에 집중하여 말씀 때문에 힘을 얻고 말씀에서 길을 찾고 말씀으로 역전하는 위대한 인생이 되어라!

내 감각 대신 나침반과 계기판을 믿어라

사막에서 유일한 생존법은 나침반만 보고 가는 것이다. 나도 사막을 가봤는데 사막은 모래 언덕이 있다가도 없어지고 없다가도 생기는 등 지형이 시시각각 변하기 때문에 지도와 지형지물을 보고 가면 안 된다. 내 느낌대로 내 방향감각을 의지해서 가면 바르게 가는 것 같지만 완전히 잘못된 길로 가게 된다.

인생의 광야에서도 내 지식과 감정을 따라가면 안 되고 내 감각을 의지해서 가도 안 된다. 시시각각 변하는 상황만 보며 따라가도 안 된다. 시대의 광야도 마찬가지다. 시대마다 지역마다 변하는 인간적 감정이나 세상의 통념, 유행과 대세를 따르지 말라. 관계와 확률, 가능성 따위가 당신이 뭔가를 선택하고 결정하는 근거가 되지 않게 하라. 하나님 말씀을 나침반 삼아 똑바로 하나님을 따라가야 산다.

전투기 조종사들이 초속 340미터의 엄청난 음속으로 날아가며 급선회나 회전을 하다 보면 가끔 방향감각을 잃기도 한다. 그래서 특히 수평선이 맞닿은 곳에서 어디가 하늘이고 어디가 바다인지 혼동하는 비행 착각(spatial disorientation, 항공기 조종사의 착시현상)에 빠져서 자기는 하늘로 솟구친다고 생각했는데 그게 바다여서 바다에 추락하는 사고가 종종 일어난다고 한다.

이러한 사고를 막기 위해 전투기 조종사들이 훈련받는 가장 철저한 수칙은 "첫째, 계기판만 믿어라. 둘째, 계기판만 믿어라. 셋째, 계기판만 믿어라"다. 그들은 어떤 상황에도 계기판에만 온 신경과 시선을 집중하는 훈련을 반복한다.

우리도 비행 착각처럼 인생 착각이 올 때가 있다. 급변하는 시대의 탁류에 휩쓸려 도대체 뭐가 맞는지, 어디로 가야 할지, 어떻게 풀어야 할지 오락가락하며 가치관의 혼란을 겪게 될 때 인생이 안전하고 승리할 유일한 방법은 "첫째, 말씀만 믿어라. 둘째, 말씀만 믿어라. 셋째, 우리 인생의 계기판과 나침반인 말씀만 붙들어라"다.

어떤 상황에서도 내 시선과 신경을 온통 계기판에만 집중할 수 있는 능력을 함양한 전투기 조종사들처럼 우리 그리스도인들도 어떤 상황과 처지, 시대적 혼란함 속에서도 착각하지 않고 하나님 말씀만 기준 삼아 승리하는 믿음의 주인공이 되어야 할 것이다.

할 수 있는 대로 성경을 많이 읽어라

"성경은 영원한 영적 진리를 보관하고 있는 유일한 보고(寶庫)이다."

2차대전 당시 연합군의 노르망디 상륙작전을 승리로 이끌기도 했던 아이젠하워(Dwight D. Eisenhower) 미 대통령의 말처럼 성경은 삶의 모든 지혜와 영적 진리를 보관한, 세상 어디에도 없는 영적 보물 창고다. 그래서 나는 성경을 많이 읽으려는 시도를 가장 가치 있게 여긴다.

누군가 "몇 살 때로 다시 돌아가고 싶습니까?" 묻는다면 나는 굳이 어떤 시기로 돌아가고 싶은 마음은 없지만 어린 시절로 돌아갈 수 있다면 꼭 하고 싶은 일은 있다. 그때 성경을 더 많이 읽는 것이다. 나는 유학 시절에 결단하고 그때부터 성경 통독을 시작했는데 그 이전으로 돌아가서 어릴 때부터 더 많이 성경을 읽고 싶다.

나는 우리 교인들과 특히 자녀들에게 강요에 가까울 만큼 성경 읽기(통독)를 강조한다. 성경 읽는 것이 가장 가치 있고, 내게도 가장 하고 싶은 일이라서 우리 교인들에게 그 기회를 제공하고 독려하는 것이다. 당신도 성경이 얼마나 소중한 보물창고인지 알고 그것을 누리는 자가 되었으면 좋겠다.

매일 매일 전 세계에서 잘사는 법, 인간의 본질, 인생을 행복과 승리로 이끄는 비결 등 삶의 조언이 담긴 성공학·철학·인문학 책과 자기개발서가 수없이 출간되며, 저마다 인생과 삶에 대해 자신의 분석과 정의, 조언을 정답인 양 외친다. 하지만 그렇게 많은 철학적 고찰과 지침서들이 계속 출판된다는 것이 실은 정답을 모른다는 가장 확실한 반증이 아닐까. 결론은 아무도 정답을 모른다는 것이다.

그러나 우리 그리스도인들은 안다. 모든 사람, 모든 천하 만물의 주권자는 바로 여호와 하나님이시다! 하나님이 지으신 우주와 인간의 본질을 밝히고 인간을 가장 선하고 좋은 길로 인도하시는 그분의 매뉴얼이 성경이다. 성경은 하나님이 사랑하시는 사람들에게 그분 자신을 가장 적극적으로 계시하고 드러내시는 방법이며, 그 안에는 하나님이 주신 진리와 지혜가 담겨 있다.

말씀이 들리면 살 소망이 있다

성경은 무려 1600여 년간, 신분도 직업도 다양한 사람들 40명 이상을 동원해서 성령의 감동으로 하나님께서 쓰신 책이다.

내가 불과 2,3년 전에 썼던 원고도 오늘 바로 출판할 수는 없다. 그동안 내 관점이 변했을 수도 있고 시대적 흐름과 통념과 대세도 계속 바뀌기 때문에 반드시 수정 과정이 필요하다. 그런데 성경은 그 오랜 시간 동안 수많은 사람이 썼는데도 마치 한 사람이 한 번에 일필휘지(一筆揮之)로 써 내린 듯 그 논지가 흐트러짐이나 오류 없이 분명하고 단호하게 한 가지 주제와 결론만을 향해 흐르고 있다.

성경이 일관되게 향하고 있는 그 단 하나의 메시지는 하나님께서 잃어 버린 세상을 되찾으시는 구원과 회복이다. 하나님은 성경을 통해 우리에게 "나는 너를 절대로 잊은 적이 없으며 절대로 너를 포기하지 않겠다"라는 말씀을 들려주고 싶어 하신다.

말씀은 우리를 위로하고 소망을 주며 실패를 성공으로 바꾸고 역전할 디딤돌이 된다. 그러니 어떤 어려움과 고난 중에도 하나님의 비전과 소망을 바라보는 아름다운 축복의 매뉴얼로 성경을 항상 가까이하고 하나님의 말씀에 집중하라. 그 위기와 고난에서 자유로워지며 문제가 풀리는 은혜를 경험할 것이다.

하나님께서 내 삶에 개입하시고 그분의 역사가 시작됐다는 가장 확실한 증거가 말씀이 들리는 것이다. 하나님은 회복시키고 역전시키실 사람들에게 어떤 수단과 방법을 통해서든 말씀을 듣게 하시고 말씀이 들리게 하신다. 그 말씀을 통해 살리실 계획의 통로를 여신다.

그러므로 어떤 상황에서든 성경에서 나를 포기하지 않으시는 하나님의 사랑이 보이고 주님이 공급하시는 지혜가 읽힌다면 그것은 축복이다. 삶의 위기에서도 하나님의 말씀을 들을 수 있고 말씀이 들린다면 어떤 상황에도 당당할 수 있는 자신감의 근원이 된다.

어른들이 "아무리 병이 나도 밥맛이 좋으면 산다"라는 말씀을 하시곤 한다. 밥 잘 먹으면 산다는 것이다. 우리 영혼도 그렇다. 아무리 절망적이어도 말씀이 달고, 그래서 말씀을 잘 먹으면 그 사람은 산다. "요즘은 말씀이 꿀보다 달아요"라고 고백하는 사람들을 많이 만난다. 그러면 그는 회복된다. 자녀들이 살고, 엉켰던 문제들이 풀린다.

오늘 말씀이 들리는가. 말씀의 은혜에 심장이 뛰고, 주일을 설레는 마음으로 기다리고, 오늘 주시는 말씀으로 내가 살아가고 있음을 느끼고 있는가? 그런 사람은 소망이 있다. 그는 반드시 살고 회복되고 역전될 것이다.

말씀이 만든 자들, 말씀으로 사는 자들

미국 최고의 재력가로서 백화점 왕으로 불린 존 워너메이커가 사업가로서 60년을 맞은 기념행사 때 한 기자가 "지금까지 투자한 것 중에서 가장 성공적인 투자는 무엇이었습니까?"라고 물었다. 존은 마치 그 대답을 항상 준비하고 있었다는 듯 "내가 열두 살 때 2달러 75센트를 주고 가죽성경 한 권을 샀습니다. 이것이 내 인생에서 가장 위대한 투자였어요"라고 즉시 대답했다.

그 2달러 75센트는 그가 아홉 살 때부터 벽돌 공장에서 손에 피가 나도록 일하면서 조금씩 모은 돈이었다. 당시 어린 소년이던 그는 큰돈을 주고 성경을 샀고, 그 성경이 지금의 자신을 만들었다는 것이다.

기자가 다시 "그렇다면 성경만 구입하면 성공할 수 있나요?"라고 묻자 존은 "아닙니다. 먼저 하나님을 믿고, 말씀을 실천해야지요. 하나님을 신뢰하며 즐겁고 기쁘게 일하다 보면 성공은 어느새 옆에 다가와 있게 됩니다"라고 대답했다. 많은 사람이 성경을 아는 것에 만족하며 사는 동안 그는 인생의 매 순간을 성경 말씀을 실천하며 꿈을 성취하는 것으로 채워 나간 것이다.

존 워너메이커는 미국에서 가장 존경받는 16대 대통령 에이브러햄 링컨, 그리고 최고의 전도자요 영적 대부흥을 이끌었던 정열의 복음 전도자 D.L. 무디와 동시대를 살았다. 이들은 모두 가난했던 어린 시절, 오직 하나님을 의지하며 자랐고, 하나님의 말씀인 성경을 읽으며 꿈을 품고 성경의 가르침을 실천한 사람들이었다.

어렵고 힘든 삶 속에서도 하나님을 신뢰하고 하나님의 말씀을 붙들고 그 말씀대로 실천하며 살았더니 에이브러햄 링컨은 정치에서, D.L. 무디는 영적 자리에서, 존 워너메이커는 경제 쪽에서 최고의 자리에 올라 하나님께 영광을 돌리는 위대한 증표가 되었다. 그들은 실로 자신에게 주어진 삶을 최선을 다해 살면서 그들의 모든 영광과 찬사를 하나님께 돌린 위대한 거인이었다.

그다음 이야기를 이제 우리와 우리 다음세대가 써 내려가야 할 줄 믿는다. 육신의 떡과 세상적 가치가 아니라 하나님의 입에서 나오는 말씀으로 사는 자들, 먹을 것 없는 흉년보다 하나님의 말씀을 들을 수 없는 기갈을 가장 큰 고난으로 여기는 하나님의 백성들이 시대가 감당할 수 없는 믿음의 주인공 되어 멋진 승리와 축복의 예화를 계속 이어가기를 간절히 소망한다.

chapter 13

하나님의 생각에 집중하라

그분의 큰 그림을 깨달을 때까지

여호와께서 이와 같이 말씀하시니라 바벨론에서 칠십 년이 차면 내가 너희를 돌보고
나의 선한 말을 너희에게 성취하여 너희를 이곳으로 돌아오게 하리라
여호와의 말씀이니라 너희를 향한 나의 생각을 내가 아나니 평안이요 재앙이 아니니라
너희에게 미래와 희망을 주는 것이니라

렘 29:10,11

누구도 맞서선 안 될 존재

강한 철갑판과 함포로 무장한 전함이 거침없이 바다를 항해하고 있었다. 지휘하는 함장과 탑승한 해군 모두 자부심이 대단했다. 어느 날 그들은 항로 안에서 낯선 배의 불빛을 발견하고 그쪽에 무선으로 교신을 시도했다.

"당신은 우리 전함의 항로에 있소. 당장 비키시오!"

"당신이 비켜야 합니다."

어이없는 대답이 돌아오자 전함에서는 다시 비키라는 통신을 보냈다. 그러나 같은 답이 돌아왔고, 몇 차례 신경전이 이어진 끝에 전함에서 최후통첩을 했다.

"당신이 비키시오! 우리는 전함이오."

이에 상대편은 이렇게 대답했다.

"우리는 등대요."

그 어떤 강한 전함도 맞서서 부딪치면 안 되고 그 불빛의 안내에 순복해야 하는 등대. 우리 삶에서 등대는 바로 하나님이시다. 하나님의 말씀, 하나님의 계획, 하나님의 생각은 등대와 같아서 내가 맞설 수 없으며, 항상 그것을 신뢰하고 순복해야 내 인생과 영혼이 안전하고 축복의 삶을 경험할 수 있다.

> 이는 내 생각이 너희의 생각과 다르며 내 길은 너희의 길과 다름이니라 여호와의 말씀이니라 이는 하늘이 땅보다 높음같이 내 길은 너희의 길보다 높으며 내 생각은 너희의 생각보다 높음이니라 사 55:8,9

하나님의 생각은 내 생각과는 하늘과 땅처럼 아예 차원이 달라서 내 수준으로는 이해할 수 없을 만큼 높다. 설명하고 납득하는 것도 수준 차이가 어느 정도일 때의 얘기다. 하나님의 길, 하나님의 생각과 계획은 이해하는 것이 아니라 "하나님께서 인도하시는 길이 맞다"라고 인정하고 신뢰하는 것이다.

신앙의 가장 큰 지혜이자 승리와 성공의 요인은 하나님의 생각과 맞서지 않고, 하나님의 기준에 내 생각을 맞추는 것이다. 그것이 바로 집중력이다. 믿음이란 어떤 상황에도 의심하지 않고 신뢰를 이어가는 것, 그래서 어떤 형편에도 최후 승리를 믿고 담대한 것이다. 그 믿음은 결국 내 생각과 뜻을 버리고 내 계획을 포기하고 하나님의 뜻으로 돌이킴으로써 드러나게 된다. 이것은 믿음의 증거이면서 승리와 축복의 유일한 지름길이다.

나보다 나를 아시고 소망을 주시는 하나님

　남유다에 하나님의 심판과 진노의 칼이 임박하여 백성들은 이방인들에게 굴욕을 당하고 포로로 끌려가게 되었다. 그런 백성들에게 이사야 선지자는 절망적인 시대 상황만 보며 마음을 빼앗기지 말고 아직도 포기하지 않고 기다리고 계시는 하나님께 돌아와 그분께 집중하여 마음과 시선을 다시 쏟으라고 간곡히 말한다.

> 악인은 그의 길을, 불의한 자는 그의 생각을 버리고 여호와께로 돌아오라 그리하면
> 그가 긍휼히 여기시리라 우리 하나님께로 돌아오라 그가 너그럽게 용서하시리라
> 사 55:7

예레미야 선지자도 동일한 말씀을 전한다.

> 이것은 여호와의 말씀이니라 나는 너희들을 만날 것이며 너희를 포로된 중에서 다
> 시 돌아오게 하되 내가 쫓아 보내었던 나라들과 모든 곳에서 모아 사로잡혀 떠났
> 던 그곳으로 돌아오게 하리라 이것은 여호와의 말씀이니라 렘 29:14

　14절에 "여호와의 말씀이니라"가 반복되는데 이것은 "하나님의 말씀이라니까. 하나님이 이렇게 말씀하셨다니까"라는 극강의 강조법이다. 실패하고 넘어지고 지칠수록, 패배한 것 같고 주눅 들수록 보이는 상황에 마음을 빼앗기지 말고 하나님께 집중해야 한다. 내 감정과 뜻을 버리고 하나님의 뜻을 수용해야 한다.

하나님의 생각을 하나님보다 잘 아는 분은 없다. 하나님이 "너희를 향한 나의 생각을 내가 안다" 하시며 그 생각은 재앙이 아니라 평안이요 미래와 희망을 주는 것이라 하신다(렘 29:11). 우리가 끝났다고 여길 때 우리에게 시작이라 하신다. 우리가 절망이라 말할 때 소망이라 하신다. 우리는 실패라고 하지만 하나님은 승리라 하시고, 하나님의 뜻이 이루어졌다고 말씀하신다.

하나님의 진노와 심판으로 패망을 목전에 둔 유다 백성들은 절망했다. 민족의 자긍심이자 신앙의 심장이었던 성전이 불타고 예루살렘 성벽이 훼파될 때, 바벨론의 포로로 끌려갈 때 그들은 다 끝났다고 생각했다. 그러나 그때 하나님은 아니라고 하셨다. 회복할 것이라 말씀하셨다. 반드시 돌아오게 할 것이라 하셨다.

> 너희가 내게 부르짖으며 내게 와서 기도하면 내가 너희들의 기도를 들을 것이요
> 너희가 온 마음으로 나를 구하면 나를 찾을 것이요 나를 만나리라 렘 29:12,13

그때 우리가 해야 할 반응은 딱 한 가지다. 하나님께 집중하는 것이다. 하나님께 기도하고 하나님을 구하는 것이다. 그러면 하나님께서 반드시 우리를 만나주실 것이고, 그 만남부터 하나님의 회복 역사가 시작될 것이다.

믿음의 성장을 위한 훈련

우리 안에는 참 많은 생각과 계획이 있어서 사람의 숫자만큼 생각이 다 다르고, 한 사람 안에서도 그 생각과 계획들은 아침저녁으로 달라져 왔다 갔다 한다. 하지만 결국 이루어지는 것은 하나님의 계획이다. 하나님의 뜻이 세워지고 그분의 말씀이 성취된다.

사람의 마음에는 많은 계획이 있어도 오직 여호와의 뜻만이 완전히 서리라 **잠 19:21**

어떤 상황과 형편 중에도 하나님의 기준으로 생각하고 하나님을 신뢰하여 끝까지 버티고 견디는 게 믿음이라면, 믿음은 그 신뢰로 인하여 내 뜻과 생각과 계획을 버리는 것으로 증명된다. 내 기준과 내 계획을 버리고 하나님의 생각으로 돌이키는 것이 믿음의 증거이고, 그것을 훈련할 때 믿음이 성장한다.

끝까지 자기 뜻을 굽히지 않는 사람들이 있다. 하나님의 뜻과 기준에 나를 깨뜨려야 하는데 그러지 못하면 자꾸 실패를 거듭하고 어려워진다. 내 생각과 기준을 버리지 않으면 10년, 20년이 지나도 늘 인본주의적 계산으로 자기 인생을 경영하며 계속 실패하고 같은 수준의 삶을 벗어나지 못할 것이다. 아무리 똑똑하고 지성이 있어도 그 때문에 자기 기준을 내려놓지 않는다면 그 똑똑함과 지성이 실패와 실수를 답습하는 어리석은 삶의 이유일 수 있다. 지혜로움이란 빨리 하나님의 계획으로 올라타는 것이다.

결국 신앙의 성숙은 내 뜻 내려놓기 훈련인 셈이다. 내 기준을 깨뜨리고 내 생각을 내려놓는 것을 자꾸 훈련해야 한다. 이것이 믿음이 성숙해가는 과정이다. 이해할 수 없어도 하나님의 뜻과 계획에 내 뜻을 내려놓고 포기하는 믿음으로 나아간다면 그때 하나님은 내가 상상하지도 못하고 꿈꿀 수도 없었던 놀라운 역사를 일으키실 것이다.

또한 믿음이란 실패를 하나님의 기준으로 해석할 수 있는 영적 해석 능력이다. 믿음이 좋다는 것은 이 영적 해석 능력이 좋은 것이다. 믿음이 없는 세상 사람들은 실패하고 절망적인 상황에 놓이면 낙담하고 주저앉는다.

물론 믿음이 있어도 울 수 있고 슬픈 감정은 생길 수 있다. 울었다고 믿음이 없는 것이 아니다. 사업이 실패하고, 건강을 잃고, 자녀의 문제가 터졌을 때 어떻게 낙심하고 절망하지 않을 수 있겠는가. 하지만 그 가운데서도 하나님의 기준으로 해석하며 '하나님이 이 일을 통해 나에게 이루실 뜻이 있고 내게 가르쳐주실 교훈이 있다', '이것을 통해 나를 단련하고 성장시키실 것이다'라고 믿기에 일어설 수 있는 것이다.

때로는 이 고난을 허락하신 의미, 이 고난을 통해 이루실 하나님의 역사가 이해되지 않을 때도 있지만 하나님은 분명히 선한 길로 나를 인도하실 것을 신뢰하는 믿음으로 내 판단을 내려놓고 평강의 옷을 입는 것이다. 으르렁대는 늑대 소리가 들려와도 목자를 의지하여 그 발 아래서 평안히 잠이 드는 양 떼처럼 여호와 하나님을 의지하며 평안히 잠을 자는 우리가 바로 그런 존재들인 줄 믿는다.

하나님의 손에서는 어떤 실패도 축복의 도구가 된다

물맷돌 기독학교 초등 1학년 아이들과 그림 퍼즐을 맞추며 놀아준 적이 있다. 처음에는 30피스짜리 작은 퍼즐을 같이 맞췄는데 그게 재미있으니까 아이들이 점점 피스가 많은 퍼즐을 들고 와 나중에는 맞추면서 진땀을 뺐다.

퍼즐 조각들은 참 이상하게 생겼다. 정사각형도 아니고 매끄러운 동그라미도 아니고 기괴한 생명체 같다. 아무리 들여다봐도 이 조각들이 도대체 어떤 부분이고 어떤 의미인지 알 수가 없다. 그래도 하나하나 맞춰가니 어김없이 멋진 그림들이 완성되는 것을 보며 즐거워하다가 문득 우리 신앙과 인생도 이렇구나 싶었다.

하루하루가 모여 인생의 큰 그림을 이루는 우리의 삶은 하나님의 퍼즐과 같다. 그 안에는 좋은 날도 있지만 누가 봐도 내 잘못이고 누가 봐도 실패인 일들이 있다. 가슴을 치며 후회하는 부끄러운 일들, 별 의미도 없는 하루하루는 마치 기이하게 생긴 퍼즐 조각 같아서 도대체 왜 이런 못난 조각들을 주시는지 이해할 수 없고 기대도 할 수 없다. 그러나 하나님은 그런 조각들마저 다 사용하셔서 정말 멋진 작품으로 만들어 가신다. 우리 신앙 선배들의 인생도 다 아픔이 모인 작품이다.

아브라함

아브라함은 사랑하는 가족들과 이별하고 고향 땅을 떠났지만 그렇게 어렵게 도착한 땅에서 기근을 만났다. 이방 땅에서 나그네로 살면서 아내를 누이라 속이며 남자로서 가장 비굴한 모습을 두 번이나 보였다.

조카와 불화로 헤어졌고 목숨 건 전투를 치르기도 했다. 노년까지 자식이 없어 속을 태웠고, 그로 인한 아내의 괴로움, 여종 하갈과의 갈등도 보아야 했다. 잘못된 선택으로 얻은 아들 이스마엘을 떠나보냈고, 금지옥엽 같은 아들 이삭에게는 칼을 들어야 했다. 이런 상처 많고 굴곡진 인생이었으나 그 실패와 상처의 조각들을 모으니 아브라함의 인생은 믿음의 조상, 복의 근원이라는 멋진 작품으로 탄생해 있었다.

야곱

야곱은 유산 때문에 형과 갈등하다 생명의 위협을 받고 고향을 떠나야 했다. 한 여인을 사랑한 죄로 사기 결혼의 피해자가 되어 20년을 머슴으로 살았으며 본의 아니게 생긴 네 명의 아내들 간의 시기와 질투로 속을 썩였다. 식지 않은 형의 분노로 귀향길 발걸음은 무거웠고, 하나뿐인 딸이 강간을 당하고, 아들들의 복수로 피비린내 가득한 살육이 일어난 정말 골치 아픈 인생이었다.

그러나 그런 야곱도 인생 조각들을 모아보니 이스라엘 민족의 시작점이라는 축복의 위에 이르렀고, 성경 곳곳에서 하나님을 "야곱의 하나님"으로도 일컫는 믿음의 조상이 되었다.

요셉

요셉은 형제들에게 배신당해 하루아침에 짐승과 다름없는 노예로 끌려갔으며, 이방 땅에서 성실히 일했건만 억울한 누명을 쓰고 기약 없이 옥에 갇혔고, 자신을 구해줄 유일한 희망인 술 맡은 관원장마저 자신을

까마득히 잊어버렸다.

　정말 기억하기도 싫은 아픔의 연속이었으나 그 하루하루의 조각들을 이어가니 애굽의 총리에 올라 하나님의 백성을 기근에서 지켜내고 아버지의 집안을 살리는 생명의 통로가 되었으며, 위대한 민족과 나라로 일으키는 축복의 인큐베이터 역할을 감당했을 뿐 아니라, 더 나아가 오실 메시아이신 예수님의 모형이 되었다.

한 조각의 의미를 알려고 너무 애쓰지 말라

　진정 복된 인생은 시험과 실패가 없고, 실수와 부끄러움, 문제와 아픔이 한 번도 없는 인생이 아니다. 오히려 분명 부끄럽고, 곤란하며, 눈물나고, 가슴 아픈 일들 뿐인 것 같은데 그 모든 삶의 조각들, 사건 하나하나가 모여 아름답게 빚어져 있는 것을 발견하는 사람이다.

　만일 1,000피스짜리 퍼즐을 맞추고 있는 사람이 각 조각에 집착해 일일이 그 의미를 알려고 하거나 그 조각의 울퉁불퉁한 모양과 아름답지 못한 색에 실망한다면 아름다운 그림의 완성은 볼 수 없을 것이다. 작은 한 조각에 불과한 나의 작은 실패에만 집중하며 큰 의미를 부여해서는 안 된다. 그 한 조각만으로는 알 수 없지만 하나님께서 결국에 이루실 큰 그림이 분명히 있기 때문이다.

　조각들이 쏟아져 내리듯 아픔과 고난은 나에게 끝없이 몰려오는 것 같지만 당황하지 말자. 각자의 1인칭 주인공 시점에서는 처절한 실패의 하루하루, 억울함의 조각조각들이지만 하나님의 전지적 시점으로 볼 때는 멋진 그림으로 완성되어가는 과정일 뿐이니까.

연이어 집어 드는 문제의 조각, 실패의 조각, 실수의 조각, 외로움의 조각, 가난의 조각, 질병의 조각, 자녀 문제의 조각, 막힘의 조각… 별로 아름답지 못한 이런 삶의 조각들을 소중히 다루라. 그 한 조각 때문에 포기하거나 원망, 불평하지 말라. 내가 이해하지 못할 뿐이지 그것은 하나님께서 디자인하신 '축복'이라는 그림의 소중한 재료임을 잊지 말고, 하나님께서 그리실 큰 그림에만 집중하자.

매일의 조각들이 형편없는 모양이라도 불평하고 원망하며 내동댕이치는 것이 아니라 하루하루 조각들을 포기하지 않고 끝까지 버텨내고 끼워 맞추는 것이 믿음이다. '하나님이 내 삶에 개입하시면 분명히 실패로 보이는 조각들도 모두 모아서 합력하여 멋진 작품이 되게 하실 것'이라 믿는다면 하루하루를 포기하지 않고, 절망적인 현실에도 주눅 들지 않는다.

힘들고 아프고 서럽고 답답해 집어던지고 싶을 때도 많지만, 주어진 하루하루를 선하고 가치 있게 여기며 끝까지 모은다면 훗날 마침내 멋진 작품이 되어 있는 것을 보고야 말 것이다. 앞으로도 우리 인생과 교회에 아픔과 갈등과 문제와 시험의 조각들이 많이 있겠지만, 그럴지라도 합력하여 선을 이루시는 하나님의 은혜와 능력을 신뢰하여 끝까지 포기하지 않고 그 축복의 그림이 완성되는 것을 보는 아름다운 인생과 신앙의 공동체가 되자.

〈폭풍 속으로〉(Point Break, 1991)라는 영화에서 결말 즈음 은행 강도인 보디(패트릭 스웨이지)가 자신을 검거하려는 형사 조니(키아누 리브스)에게 간절히 부탁한다. 서퍼(surfer)들에게는 전설적인, 50년마다 한 번 찾아온다는 파도가 오고 있으니 체포 전에 그 파도를 한 번만 타게 해 달라는 것이다. 드디어 수십 미터의 높이와 거대한 위용을 자랑하는 집채 같은 파도가 다가오고 사람들이 다 두려워하는데 보디는 씩 웃으며 그 파도를 향해 달려간다. 내가 참 좋아하는 가장 멋진 장면이다.

수많은 사람이 파도 때문에 침몰하고 넘어지기에 우리는 파도를 두려워하지만, 파도가 있어야만 일어설 수 있는 사람들이 있으니 바로 서퍼들이다. 서퍼는 잔잔한 물결이 아니라 거센 파도 위에서 일어나 그 파도를 탄다.

고난과 환난이라는 파도 속에서 믿음이 강해지고 하나님을 신뢰하며 일어서는 교회와 성도들은 서퍼와도 같다. 이들은 고난이라는 인생의 파도를 피하지 않고 시대의 풍랑에 절망하지 않는다. 기독교 역사 가운데 교회를 향한 핍박과 시련의 풍랑은 한 번도 멈춘 적이 없으나 교회와 성도는 그 파도에 삼켜지지 않고 오히려 굳건히 서고 성장했다.

우리는 두려운 풍랑과 파도에 등 돌리고 도망치는 자가 아니라 오히려 그 파도 때문에 굳건히 서는 자다. 하나님의 생각을 신뢰하며 하나님의 계획 속에 준비된 미래의 희망을 향해, 파도를 향해 달려나가 그 파도를 당당하게 즐기는 사람들이다.

어떻게 그럴 수 있을까? 하나님을 만나면 그럴 수 있다. 우리는 어떤 실패도 축복의 재료로 사용하시는 하나님, 그리고 아무 가치 없어 보이고 기대할 수 없는 곳에서도 위대한 가치를 찾아내시는 하나님을 만나야 한다. 그러면 어떤 인생의 파도가 밀려오고 고난과 역경이 와도 등 돌려 도망치지 않고 오히려 당당하게 그 파도 속으로 달려가 파도를 즐기는 자가 될 것이다.

기대할 수 없는 곳에서 위대한 가치를 찾아내시는 하나님

나는 결혼 후 지금까지 아내와 거의 싸울 일이 없는데 딱 하나 부딪치는 것이 청소할 때 저장과 버림의 갈등이다. 나는 어릴 때부터 잘 버리지를 못하고 모아두는 편으로, 나에게 청소란 '정리'의 개념이다. 반면, 아내에게 청소는 '버림'이라 무조건 버린다. 그래서 어느 날 뭔가를 찾아보면 없어서 난감할 때도 많았다.

물론 내가 다 옳은 것은 아니고 버려야 할 것도 있다. 그런데 신앙의 관점에서 사람을 볼 때는 내 입장이 더 맞다고 생각한다. 모두가 "쓸모없다. 버려야 한다"라며 거들떠보지 않는 것에서 가치를 찾아내는 것이 그리스도인의 자세가 아닐까? 나는 그런 일이 교회와 참 닮았다고 생각된다.

세상 사람들은 잔인할 정도로 냉정하다. 인생에는 흥할 때도 있고 쇠할 때도 있는데, 흥하고 높아질 때면 연락 안 해도 여기저기서 다 그를 찾아 몰려들고 찬사와 환호를 보내지만, 그가 내리막을 타고 밑바닥에 가까워지면 언제 그랬냐는 듯 등 돌리고 거들떠보지도 않는다.

그러나 하나님은 세상에서 쓸모없다 평가받고 버린 바 된 사람들을 불러 모아 사용하시기를 기뻐하신다. 인생의 최저점에 있는 사람, 밑바닥에 거하는 인생을 부르시어 아무도 기대하지 못하는 삶에서 보석과 같은 가치를 찾아내시고, 그 인생을 통해 하나님의 위대한 목적을 이루는 영적 리사이클링을 즐겨 하신다.

D. L. 무디는 "하나님께서 우리를 떠나고 버리실 때는 우리가 너무 작고 초라할 때가 아니라 우리가 너무 커져 버렸을 때"라고 말했다. 하나님은 우리가 너무 커져서 하나님께 엎드리지 않고, 돈 믿고 관계 믿고 내 수완과 능력을 믿고 경험을 믿고 시스템과 프로그램을 의존할 때 우리를 떠나신다.

세상 사람들은 우리의 가치를 잘 몰라서 싸구려 취급을 하고 우리가 작고 초라해지면 헌신짝처럼 버리기도 하지만 하나님은 그런 우리를 떠나지 않으실 뿐만 아니라 오히려 그럴 때 더욱 찾아오신다. 우리를 거두어 "너는 소중하다. 가치 있다. 내가 너를 여기에 쓸 것이다" 말씀하시고, 우리의 가치를 재발견하여 위대한 일에 멋지게 사용해주신다.

교회는 고물을 보물로 바꾸는 축복의 장소

요즘 일상적인 삶과 가정에서 노다지를 찾는 '도시 광업'(Urban Mining)이 신(新)산업으로 각광 받고 있다. 보통 광산은 산골짜기나 아프리카 오지 같은 데 있는데 도시에서 광업을 한다니 무슨 뜻일까?

광산의 원자재 매장량이 점차 한계에 이르고 가격도 많이 오르자 이제 사람들은 버려진 가전제품에서 원하는 자원을 찾아 추출해내기 시작했다. 보통 금광에서 원석 1톤을 채굴하면 거기서 금 5그램을 추출할 수 있는데 버려진 폐휴대폰 1톤을 분해하면 무려 150그램의 금을 얻을 수 있다. 30배나 되는 엄청난 금광인 셈이다. 게다가 부수적으로 구리 100킬로그램과 은 3킬로그램까지 얻을 수 있다.

2021년 도쿄 올림픽과 패럴림픽에 사용된 약 5,000개의 메달이 바로 이렇게 만들어졌다. 시민들이 기부한 폐휴대폰 621만대와 소형 폐가전 약 7만 9천 톤에서 금 32킬로그램, 은 3,500킬로그램, 동 2,200킬로그램을 추출해 메달을 제작했다는 것이다.

일본 내 폐가전제품에서 추출할 수 있는 금의 양이 무려 6,800톤(킬로그램이 아니다)이라고 한다. 이는 전 세계 금 매장량의 무려 16퍼센트에 달한다. 세계 최대 금 매장국이 전 세계 금 매장량의 14퍼센트를 차지하는 남아프리카공화국인데 그보다도 많은 금이 우리 일상 속에 버려져 있는 것이다. 어쩌면 정말 세계 최대의 광산은 우리의 쓰레기장일 수도 있다.

〈인간극장〉이라는 프로그램에서 고물 사업에 뛰어든 한 여성이 트럭을 몰고 다니며 고물을 모아다 파는 것을 본 적이 있다. 그녀는 옛날에는 눈에 보이지도 않았던 금속, 박스, 비닐 등의 고물들이 이제는 보물로 보인다고 했다. 우리는 그런 것들을 어떻게 활용할지 모르지만 그녀처럼 고물 사업을 하는 사람들은 각각 어디서 어떻게 쓰일지, 어디로 가야 할지를 다 알아서 분류하여 재활용할 곳으로 보낸다.

그런 의미에서 교회는 마치 고물상 같다. 나는 우리 교회가 고물상 같은 교회가 되었으면 좋겠다고 개척 때부터 말해왔다. 고물상은 버려진 물건들이 그것을 보물처럼 여기는 사람에게 발견되어 모인 곳이고, 그 가치가 재발견되고 새로운 쓸모로 재활용되기 위해 각기 필요한 곳으로 나아가기를 기다리는 새 출발의 장소다.

무궁무진한 가치가 있는 곳, 역전의 축복이 시작되는 곳, 버려진 고물 같은 인생들의 회복이 시작되는 곳, 그래서 미래와 희망이 있는 곳. 우리 의 교회들이 그런 곳이었으면 좋겠다. 교회가 그렇게 '버림' 아닌 '재활용' 의 축복이 넘치는 곳이 되기를 소망한다.

합력하여 선을 이루게 하시는 하나님

아무도 기대하지 않는 쓰레기통에서 위대한 가치들을 찾아내는 모습 이 놀라움을 넘어 아름답기까지 하다. 우리 아버지 하나님이 그런 멋진 분이신 것이 너무도 감사하다.

우리 하나님은 가족마저 거들떠보지 않는 작은 소년 다윗을 택하여 시대의 대적 골리앗을 물리치고 이스라엘 민족을 다스리는 왕으로 세우 셨다. 우리 예수님은 실수투성이며 결정적인 순간에 예수님을 배신하고 부인했던 베드로를 찾아와 다시 불러주셔서 초대 교회의 위대한 지도자 로 삼으시고, 한 번에 수천 명씩 회개하는 놀라운 부흥의 도구로 사용 하셨다.

자신을 정신병자 취급했던 육신의 형제 야고보를 초대 교회의 영적 지 도자로 세우시고, 기도로 무장한 강력한 리더가 되게 하셨다. 예수님을 대적하고 성도들을 핍박한 사울을 사도로 부르셔서 선교의 문을 여시고, 열방 모든 교회의 뿌리가 되는 초대 교회들을 세워가셨다.

또한 버러지 같고 쓰레기 같은 자, 이 안호성 같은 자도 부르셔서 영적 재활용을 하여 세상에 시퍼렇게 살아계신 하나님을 외칠 통로로 사용하고 계신다. 이제 당신과 당신의 교회가 이 위대한 기독교 역사의 한 페이지를 장식하고 그 주인공이 될 차례다.

하나님을 사랑하고 그분의 뜻을 신뢰하는 사람이라면 내가 오늘 이 자리에 있음이 우연 아닌 섭리요, 내가 겪는 일들이 하나님의 놀라운 계획 가운데 있음을 믿고 이 말씀으로 증명해야 한다.

우리가 알거니와 하나님을 사랑하는 자, 곧 그의 뜻대로 부르심을 입은 자들에게는 모든 것이 합력하여 선을 이루느니라 **롬 8:28**

하나님께서 합력하여 이루시는 그 '선'은 내 기준에서 잘되고 내 감정적으로 좋고 내 뜻대로 되는 것이 아니다. 하나님의 기준으로 잘되는 것, 하나님께서 나를 통해 이루려 하시는 그분의 뜻과 목적이 이루어지는 것이다.

하나님께서 나를 그분의 섭리로 이끌어가시면서 내 생각과 뜻과 예정을 꺾으셔야 할 때도 있다. 그 '꺾임'이 내 눈에는 실패로 보이지만, 내 삶의 굴곡짐과 어긋남이 하나님의 뜻과 계획을 이루는 통로와 도구가 된다면 그것들은 진정 축복된 성공과 승리의 재료다.

요셉이 당한 배신과 모함이 그의 기준과 감정으로는 실패였지만 그를 이스라엘 민족을 세우는 인큐베이터로 사용하시려는 하나님의 계획 안에서 볼 때는 잘되고 있는 것이었다. 애굽에 노예로 팔리고 감옥에 갇힐 때도 하나님의 섭리에서는 그가 점점 바로의 왕궁에 가까워지고 하나님의 계획대로 되고 있기에 "잘하고 있어. 내 뜻대로 되고 있어"라며 승리로 여기셨다. 그러므로 '하나님은 생각이 다 있으셨구나'라고 그 뜻을 이해할 때까지 포기하지 말고 계속 전진해야 한다.

'아, 그래서 그랬구나' 깨달을 때까지

2005년, 19세의 대학생 제프리 발로건은 정류장에 도착했을 때 자기가 타야 할 버스가 출발하는 것을 발견했다. 이 버스를 놓치면 지각이라 전속력으로 뒤쫓았으나 결국 버스를 따라잡지 못했다. 그런데 반전이 일어났다. 버스를 잡으려고 전속력으로 달리는 그를 어느 육상 코치가 보고는 육상클럽에 스카우트한 것이다. 덕분에 제프리 발로건은 단거리 육상선수로 데뷔하고 영국의 국가대표 선수까지 되었다.

떠나는 버스를 보고도 포기하지 않고 힘껏 달렸지만 결국은 놓쳐버렸으니 아침부터 그는 낙심했을 것이다. 땀은 나고 헛걸음에 실망하고 맥이 풀렸을 것이다. 지각하게 됐으니 투덜대며 무거운 발걸음으로 돌아섰을 것이다. 그날은 아침부터 운이 없고 실패한 날로 보였을 것이다. 육상 코치의 제안을 듣기 전까지는.

요셉이 "아, 형들을 통해 아버지의 집을 구원하시려고 나를 먼저 애굽에 보내신 거였구나" 깨달을 때까지, 사도 바울이 "아, 하나님께서 나를 통해 이 귀한 그리스도의 복음을 로마에 전하게 하시려고 유라굴로 광풍을 만나 배가 파선되게 하셨구나!" 알게 되기까지는 그들의 인생도 사건도 실패로 보였다.

그러나 하나님의 아름다운 해답지, 축복의 큰 그림을 볼 때가 반드시 온다. 그때는 우리도 "아, 그래서 하나님께서 그때 나에게 실패를 주셨구나", "아, 그때 그래서 우리 아이에게 그런 문제가 있었구나" 이해하게 될 것이다.

제프리가 포기하지 않고 버스를 뒤쫓아 달린 것은 그의 의지요 선택이었지만 그에게 기회를 준 것은 실패와 좌절이라는 시간이었다. 버스를 놓쳤다고 자책하고 전전긍긍하지 말라. 하나님을 원망하며 시간을 낭비하지도 말라. 오히려 오늘 이 버스를 놓친 실패를 통해 이루실 하나님의 뜻과 역사를 신뢰하라. 하나님은 충분히 그렇게 하실 분이다.

> 여호와의 말씀이니라 너희를 향한 나의 생각을 내가 아나니 평안이요 재앙이 아니니라 너희에게 미래와 희망을 주는 것이니라 렘 29:11

이것이 하나님의 생각이다. 이 말씀을 오늘 당신에게 선포한다. 당신의 삶과 아픈 처지와 곤란한 문제는 절대로 재앙이 아니다. 당신의 생각대로 되지 않는 건 참 멋진 일이다! 그러니 지금 실패 같고 무가치해 보이는 그 이상한 모양의 퍼즐 조각들을 버리지 말라. 이 하루하루의 조각들이 모이면 어떤 멋진 그림이 될까, 훗날 하나님이 그리실 놀라운 역사를 소망하며 기대하자.

또한 이 말씀이 코로나19의 장기화 속에 교회와 예배가 손가락질당하고 세상이 우리를 괴물 보듯 하는 참담한 현실과 시대적 아픔 속에서 하나님께서 우리에게 주시는 소망의 약속으로 들렸으면 좋겠다. 우리를 향한 하나님의 생각은 하나님이 잘 아신다. 그러니 내 생각, 내 상황, 주변 사람들의 쑥덕거림이 아니라 나와 조국 교회를 향하신 하나님의 생각에 집중하고, 하나님의 뜻과 계획이 이루어질 때까지 전진해야 한다.

chapter 14

쳐다본즉 모두 살더라

백문일답 되시는 예수님에게 집중하라

여호와께서 모세에게 이르시되 불뱀을 만들어

장대 위에 매달아라 물린 자마다 그것을 보면 살리라

모세가 놋뱀을 만들어 장대 위에 다니 뱀에게 물린 자가 놋뱀을 쳐다본즉 모두 살더라

민 21:8,9

승리 뒤에 찾아오는 위기를 조심하라

무탈하게 안정과 편안함을 누릴 때 찾아오는 위기가 있다. 의식적으로 생각하거나 소리 내어 말하지는 않더라도 하나님 없이도 잘살 수 있다는 교만, 하나님 아니어도 내가 뭔가를 했다는 은근한 자만심이 생길 수 있는데, 이 안정과 자만심 가운데 내가 바라는 일들이 막힐 때 낙심이 불신앙으로 번져 범죄하기 쉽다.

어쩌면 지금 우리 조국 교회가 처한 현실이 그렇지 않은가 싶다. 130여 년밖에 되지 않는 짧은 기간에 한국의 기독교는 폭발적 부흥과 성장으로 우리나라 최대 종교로 올라서고 주도권을 가진 시대의 주류가 되었다. 그렇게 힘도 있고 뭔가 다 할 수 있을 것 같을 때 찾아온 이 코로나19의 위기로 밖으로는 처절하게 비난과 공격을 받고, 안으로는 코로나19의 장기화로 피로감과 영적 곤고함에 덮여 낙심하게 된 지금이 바로 민수기 21장의 현장이다.

민수기 21장 1-3절에서 이스라엘 백성은 네겝에 거주하는 아랏의 왕에게 공격받자 하나님께 간청하고 하나님의 도움으로 승리를 거두었다.

이럴 때가 중요한데 승리의 자만심과 더불어 그들에게 영적인 위기가 찾아왔다. 그들은 에돔을 통과하는 가까운 지름길을 두고 홍해로 돌아 멀리 우회하게 되자 하나님을 원망하고 하나님께 범죄하게 된다.

백성이 호르산에서 출발하여 홍해 길을 따라 에돔 땅을 우회하려 하였다가 길로 말미암아 백성의 마음이 상하니라 민 21:4

승리해 자만심이 차오를 때 조심하고, 어려움을 만나 마음이 상할 때 반응을 잘해야 한다. 이럴 때 죄짓지 않도록 정신 차려 집중해야 하는데 이스라엘 백성들은 하나님께 범죄함으로 불뱀에 물려 죽는 위기를 당하게 되었다. 우리는 교회를 파괴하고 성도의 영혼을 파멸로 이끄는 불뱀의 독을 경계해야 한다.

여기서 죄의 속성이 드러나는데, 죄란 하나님과의 관계를 단절시키고 불뱀, 즉 사탄이 내뿜는 사망의 독으로 우리의 영혼을 죽이는 통로다. 우리가 죄로 하나님과 관계가 단절되면, 불뱀이 이스라엘 백성을 물어 그 독으로 백성들을 죽게 하듯, 사탄이 우리의 영혼에 독을 퍼뜨려 우리를 하나씩 하나씩 쓰러뜨린다.

그 통로로 사용되는 죄는 구원을 거절하고 주신 은혜를 하찮게 여기는 것이다. 하나님께서 주신 것은 하찮게 여기면서 내게 허락하지 않으신 것, 주지 않으신 것에만 집중하면 하나님을 의심하고 원망하는 마음이 커지고, 이 죄가 점점 독처럼 퍼져 영적 죽음에 이르게 된다.

은혜를 잊고 구원을 거절하는 절명의 위기

백성이 하나님과 모세를 향하여 원망하되 어찌하여 우리를 애굽에서 인도해 내어 이 광야에서 죽게 하는가 이곳에는 먹을 것도 없고 물도 없도다 우리 마음이 이 하찮은 음식을 싫어하노라 하매 **민 21:5**

얼마나 기가 막힌 이야기인가. 짐승을 키우는 사람도 새끼들 느는 것이 유익이 안 된다고 태어나는 새끼들을 다 죽이는 짓은 하지 않는다. 그런데 이스라엘은 그런 짐승만도 못한 대우를 받으며 노예로 살다가 전적인 하나님의 은혜로 구원받았는데도 그 구원을 거절하고 "왜 애굽에서 잘살고 있던 우리를 끌고 나와 이 고생을 시키냐"라고 원망하는 것이다.

그들은 이곳에는 먹을 것도 없고 물도 없다고 한다. 그 말이 사실인가? 하나님께서 매일 만나를 내려주시고, 그들이 목마를 때마다 반석에서 생수를 내주시고, 시시때때로 양식을 주셨다. 그런 공급이 없었다면 광야에서 그 40년 인생을 어떻게 살아왔겠는가. 하지만 그들이 생각할 때는 아무것도 없는 것 같았다.

가끔 선을 넘는 자들이 있다. 신앙의 시험이나 위기가 찾아올 때, 신앙생활로 인해 약간 손해를 입거나 내 삶에 뭔가 침해를 받을 때 구원의 하나님을 원망하며 구원을 거절하는 사람이 있는데 정말 그래서는 안 된다. 주신 그 모든 은혜와 보호하심이 하찮게 여겨질 때가 영적 위기이며 마귀에게는 우리 영혼을 삼킬 절호의 기회가 된다.

항상 구원의 은혜를 기억하라. 건강한 신앙인이 되려면 내가 어떤 인간인지 주제 파악을 잘해야 한다. 나 역시 오늘 나의 나 된 것은 모두 하나님의 은혜다. 포기하지 않으시는 하나님의 은혜와 긍휼이 아니었으면 나는 여기 있을 수 없다. 나만 이 은혜의 수혜자인가? 우리 모두 기적이다. 각자에게 소망하는 기도 제목들이 많이 있는데 나는 그것들이 응답되어야 기적이 아니라 나와 당신이 오늘 이 시대에도 예배의 자리에서 이탈하지 않고 하나님 앞에, 이 구원의 자리에 있음이 기적이라 믿는다.

죄의 전략 : 은혜에서 시선 돌려놓기

영의 눈이 열리면 지금까지 내가 살아온 이 모든 과정에 내가 한 것이 아무것도 없고, 주의 은혜가 미치지 않은 것이 하나도 없음을 보게 된다. 그런데 사탄마귀는 우리가 하나님의 은혜의 손길을 바라보지 않고, 하나님께서 우리에게 허락지 않으신 것, 하나님께서 우리에게 주지 않으셔서 불만족스러운 것에 집중하게 한다. 그래서 우리가 하나님과 그분의 은혜를 의심하면서 생긴 틈을 비집고 들어와 관계를 단절시키고 영적인 죽음으로 이어지게 한다. 그것이 사탄의 전략이다.

아담과 하와에게 죄를 전염시킨 뱀의 전략도 똑같다. 사탄 뱀은 그들에게 접근했을 때 먼저 그들의 관심과 시선부터 돌려놓았다. 아담과 하와는 에덴동산에서 모든 것을 누리고 있었다. 하나님은 그들에게 다 주셨다. 그런데 뱀은 모든 것을 다 주신 하나님의 은혜 대신 딱 하나 안 주신 것, 선악과를 보게 했다.

그 유혹에 넘어간 아담과 하와는 하나님께서 허락하신 은혜와 사랑 대신 허락하지 않은 보암직하고 탐스러운 선악과에 시선을 빼앗겨 '저건 왜 안 주시지' 하며 하나님의 사랑을 의심하기 시작했다. 마침내 하나님의 은혜를 거절하고 선악과를 선택한 그들의 영혼은 독이 퍼지듯 죽게 되고 하나님과 관계가 단절되었다. 하나님께서 허락하신 것을 넘어 그 이상을 탐하는 것은 욕심이다. 성경은 이 욕심이 죄를 낳고 죄가 장성하여 사망에 이르게 된다고 말씀한다.

> 욕심이 잉태한즉 죄를 낳고 죄가 장성한즉 사망을 낳느니라 **약 1:15**

마귀가 항상 우리에게 하는 짓이 그것이다. "너, 너에게 없는 네 머리숱을 봐라. 너에게 부족한 키를 좀 봐라"라며 나에게 없는 것들을 보게 한다. 다 주신 하나님이 아니라 딱 하나 안 주신 그것에 내 마음을 쏟을 때부터 하나님과의 관계는 단절되고, 독과 같은 죄의 속성이 내 안에 번지고 내 가족과 자손들에게까지 번져간다.

내 가정의 부족한 점이 보이면 지옥이다. 충분히 자랑스러운 자녀들인데도 그들에게서 딱 하나 아쉬운 것만 보면서 지옥을 사는 부모들이 많다. 아무리 공부 못하고 아무리 살이 쪄도 우리 집만 할까. 그래도 우리 집은 행복하게 잘 사는데 말이다. 또한 완벽한 교회가 어디 있겠는가. 하나님께서 우리의 교회에 주지 않으신 것이 있지만 좋은 것은 더 많이 주셨다. 은혜가 충만하면 그 은혜들이 보이지만 시험에 들면 그때부터 이상하게 '딱 하나' 주지 않으신 것이 보이기 시작한다.

하나님께서 주신 것들과 그 아름다운 은혜를 기억하지 못하고, 하나님께서 주지 않으신 것만 보는 것은 당신이 사탄의 먹잇감이 될 수 있다는 아주 위험한 사인이니 빨리 시선을 돌려야 한다. "이것 봐라. 하나님 주신 이 꽃을 봐라. 하나님 주신 이 과일을 봐라. 하나님 주신 이 아름다움과 풍요함을 봐라" 이렇게 하나님의 은혜와 하나님께서 주신 것들을 향하여 시선을 집중시키자.

우리가 지금 이 자리에 있기까지 주님은 이 광야 같은 삶에서 우리에게 필요한 것들을 그때그때 공급해주셨다. 메마른 심령일 때 위로의 샘물을 터뜨려주셨고, 물질과 건강, 만남의 축복을 허락해주셨다. 때로는 또 위협과 위기를 헤쳐나갈 통로들도 열어주셨다. 설령 아무것도 없고 초라하게 광야를 떠돌지라도 내 마음과 온 시선이 천국의 영원한 삶에 맞춰져 있다면 구원의 은혜만으로도 감사하지 않은가?

하나님은 우리의 부족함 때문에 우리를 버리는 분이 아니라 하나님께서 주신 그것으로 역사하는 분이시다. 정말이다. 그러니 제발 자녀들과 자기 자신을 지옥으로 몰아넣지 말고, 가정과 교회에 대해 불평하지 말고 행복하게 사시길 바란다.

십자가에 달리신 예수님에게 집중하라

아담과 하와부터 출애굽의 이스라엘 백성들, 그리고 우리에 이르기까지 죄는 같은 유형, 같은 방식으로 찾아온다. 하나님께서 주신 수많은 은혜와 달콤한 사랑 대신 하나 안 주신 것, 늘 부족한 것만 보도록 우리의 시선을 틀어 애굽, 즉 이 세상을 동경하게 만듦으로써 우리를 넘어뜨리고 하나님과의 관계에서 단절시킨다.

주신 은혜들을 하찮게 여기며 하나님을 원망한 이스라엘 백성들이 불뱀에 물려 죽어가던 그 위기에 하나님께서 그들에게 주신 유일한 솔루션은 장대에 달린 놋뱀을 바라보는 것이었다. 문제의 유형이 같다면, 즉 사탄이 죄와 독으로 우리를 무너뜨리는 방법이 동일하다면 그 해결 방법도 동일하다. 장대에 달린 놋뱀을 바라보듯 우리도 십자가의 예수님을 바라보는 것이다.

장대에 달린 놋뱀은 십자가에 달리신 예수님의 모형이다. 다른 것은 해석의 차이가 있을 수 있지만 이것만큼은 절대로 이견이 없는 확실한 사실이다. 예수님이 직접 말씀해주셨기 때문이다.

모세가 광야에서 뱀을 든 것같이 인자도 들려야 하리니 이는 그를 믿는 자마다 영생을 얻게 하려 하심이니라 요 3:14,15

"모세가 놋뱀을 들었던 것처럼 나도 들려야 해. 장대 높이 달린 그 놋뱀을 바라본 사람은 모두 살았던 것처럼 죄악의 독으로 하나님과의 관계가 끊어지고 회복을 이룰 수 없는 이때, 십자가에 달린 나 예수 그리스도를 바라보는 자는 모두 살게 될 거야"라는 말씀이다.

하나님께 등 돌린 백성들이 장대 높이 달린 놋뱀을 바라보자 살게 되었듯이 오늘 우리도 십자가에 달린 예수 그리스도를 바라보면 산다. 이 어둡고 힘들고 혼돈스럽고 억울하고 답답한 이 시대, 우울감과 패배감에 짓눌리는 이 시대에 우리가 할 일은 딱 하나다. 상황과 처지, 형편의 개선이 아니라 십자가에 달리신 예수님에게 마음을 집중하는 것이다.

백 가지 문제의 유일한 답은 예수 그리스도

믿음은 시선과 집중의 싸움이다. "쳐다본즉 모두가 살더라!" 하셨듯이, 누구든지 예수를 믿고 예수의 이름을 부르고 바라보는 자는 모두가 구원을 받을 것이다. 어떤 위중한 상황과 핍박과 환난에도 바라보면 살 것이다!

> 누구든지 주의 이름을 부르는 자는 구원을 받으리라 **롬 10:13**

우리 삶의 문제들, 각각의 상황과 처지와 형편은 사람 숫자만큼이나 정말 다양하지만, 그것들의 답은 오직 하나이니 만능열쇠, 바로 예수 그리스도이시다. 백문의 일답, 생명으로 가는 유일한 길이자 영생의 문을 여는 유일한 열쇠는 바로 하나님이 우리를 사랑하셔서 이 땅에 흠 없는 대속제물로 보내신 예수님이시다. 그분은 믿음의 주요 우리의 삶을 온전케 하시는 유일한 해답이시다. 어떤 문제든 어떤 상황이든 주님에게 나아와 주님만 바라보면 살게 될 것이다.

> 믿음의 주요 또 온전하게 하시는 이인 예수를 바라보자 그는 그 앞에 있는 기쁨을 위하여 십자가를 참으사 부끄러움을 개의치 아니하시더니 하나님 보좌 우편에 앉

으셨느니라 **히 12:2**

능력은 노력이나 성실, 수행이나 고행 같은 데서 나오는 것이 아니다. 우리를 구원하시는 능력과 우리가 살아가는 삶의 모든 능력은 바로 흠 없는 어린 양처럼 희생제물 되어주신 십자가의 예수 그리스도께서 그 근 원 되심으로써 나오는 것이다.

> 또 범죄와 육체의 무할례로 죽었던 너희를 하나님이 그와 함께 살리시고 우리의
> 모든 죄를 사하시고 우리를 거스르고 불리하게 하는 법조문으로 쓴 증서를 지우시
> 고 제하여 버리사 십자가에 못 박으시고 통치자들과 권세들을 무력화하여 드러내
> 어 구경거리로 삼으시고 십자가로 그들을 이기셨느니라 **골 2:13-15**

십자가는 능력이다. 십자가는 승리다. 우리의 신앙생활은 우리를 온 전케 하고 믿음의 능력을 공급하시는 예수 그리스도의 십자가를 바라보 고 거기에만 집중하는 삶이 되어야 한다.

폭락장에서 예수님을 잃어버리지 말라

요즘 암호화폐의 광풍이 불고 있는데, 이 코인 시장에서 가장 대표적 인 비트코인의 가치가 폭등하면서 떼돈을 번 사람들도 있지만, 비트코 인 지갑의 비밀번호를 잊어버려 꼼짝없이 다 날리게 된 사람들의 안타까 운 사연들도 해외토픽 뉴스로 들려오고 있다.

288 포커스 온 : 집중하라

비트코인을 담아 놓는 코인 지갑은 그 암호를 잊어버리면 찾을 방법이 전혀 없다. 아무리 통사정해도 안 되고, 회원가입을 다시 하거나 이메일로 재발급받을 수도 없으며, 10번 실패하면 그 지갑은 영구삭제 된다. 전체 1,850만 비트코인 중 무려 20퍼센트 정도가 이렇게 비밀번호를 잊어버려 못 찾고 있다고 한다.

한 미국인은 약 10년 전 암호화폐 영상을 제작해준 대가로 몇천만 원 정도의 비트코인을 받아 전자지갑에 넣어두었는데 폭락장에 흥미를 잃고 그대로 잊고 있었다. 그러다 최근 비트코인의 가치가 치솟자 생각나서 확인해보니 2,600억 원이 되어 있었지만, 그동안 비밀번호를 잊어버려 찾을 수가 없었다. 자기가 늘 쓰던 비밀번호를 조합해 여러 번 시도했으나 계속 실패하고, 이제 열 번의 기회 중 두 번만 남게 되니 겁이 나서 더 시도하지 못하고 있다.

안 쓰니까 잊어버린 것이다. 귀하게 여겼으면 계속 들여다보고 확인했을 텐데 가치 없게 여기다가 비밀번호를 잊어 그 거금을 눈앞에 두고도 찾을 수가 없게 되었다. 그 귀한 비밀번호도 사용하지 않고 관심을 두지 않으면 잊어버릴 수 있다. 보잘것없이 여기고 내버려두면 우리의 기억은 이렇게 그 소중한 것들을 잃게 된다. 예수님이 바로 그런 분이시다. 천국의 문을 여는 '예수 그리스도'라는 비밀번호, 이 열쇠를 잃어버리면 우리는 우리가 지닌 천국, 그 영생의 엄청난 가치를 소유할 수 없게 된다.

코로나19로 인해 신앙과 예배의 가치가 폄하되고, 교회가 조롱과 비난의 대상이 되고, 그래서 예수님을 믿는 것이 삶에서 손해로 느껴지는 지금이 바로 그 폭락장이다. 예수 십자가의 가치는 불변하는데 세상이 이를 깎아내리고, 예배와 신앙생활을 비난하고 비판한다. 예전에 집회 갔던 한 교회는 그 동네가 유명한 대기업의 본산지라 교인들의 상당수가 그 회사에 다니는데, 회사에서 대놓고 교회 가지 말라며 아예 체크를 한다고 한다.

이렇게 신앙생활과 예배가 가치 없게 여겨지는 폭락장에서 나도 십자가를 소중하게 여기지 않고 구원의 은혜를 매일 반복하여 확인하지 않으면 마침내 심판의 날이나 나의 마지막 날이 이르렀을 때 정작 그 생명의 문을 열지 못할 수도 있다. '아, 이것이 정말로 소중한 거구나' 하고 그 가치를 깨달아 아무리 그것을 기억하고 다시 회복하려 해도 결국 그러지 못할 수 있다.

우리는 어떤가. 예배가 하찮은가. 찬양이 하찮고 말씀이 하찮은가. 절대로 그래선 안 된다. 더 감격하고 더 감사해야 한다. 소중한 비밀번호를 잊어버리지 않도록 날마다 기억하며 묵상해야 한다. 매일 우리 삶과 예배와 사역 가운데 오늘도 예수 보혈의 피비린내가 진동하고, 십자가 은혜에 감격의 눈물이 쏟아져야 한다.

사랑을 잃으면 고기 먹고 싶어서 주님을 버린다

상황이 좋아서 순종하고 승리하는 게 아니다. 위대한 인물들이 어떤 상황에서도 하나님의 말씀과 사명에 목숨 걸 수 있었던 것은 그들의 처지와 형편이 좋아서가 아니라 그들이 계속 십자가를 바라보고 그 사랑을 계속 기억했기 때문이다.

누가 우리를 그리스도의 사랑에서 끊으리요 환난이나 곤고나 박해나 기근이나 적신이나 위험이나 칼이랴 기록된 바 우리가 종일 주를 위하여 죽임을 당하게 되며 도살당할 양같이 여김을 받았나이다 함과 같으니라 그러나 이 모든 일에 우리를 사랑하시는 이로 말미암아 우리가 넉넉히 이기느니라 **롬 8:35-37**

환난과 박해가 없고 곤고나 적신이 견딜 만하고 칼이 무뎌서가 아니라, 그리스도의 사랑을 기억하니 '내가 이런 사랑을 받았는데 어떻게 이런 환난과 기근 따위, 내 물질적 손해 때문에 이 사랑을 포기할 수 있겠는가. 이런 은혜를 받고서 어떻게 이까짓 인간적 유익이나 정욕과 쾌락 때문에 주님을 배신하겠는가' 하고 넉넉히 이길 수 있는 것이다.

… 어떠한 형편에든지 나는 자족하기를 배웠노니 나는 비천에 처할 줄도 알고 풍부에 처할 줄도 알아 모든 일 곧 배부름과 배고픔과 풍부와 궁핍에도 처할 줄 아는 일체의 비결을 배웠노라 내게 능력 주시는 자 안에서 내가 모든 것을 할 수 있느니라 **빌 4:11-13**

하나님께서 주신 사명과 말씀을 어떤 상황과 처지에서도 순종하고 받아들이는 것, 자족하고 감사하는 것은 우리를 사랑하신 그리스도의 사랑과 십자가 은혜를 바라볼 때 가능하다. 내게 능력 주시는 분의 사랑 때문에 살고 그 은혜와 감격으로 사는 사람들은 궁핍과 풍족, 비천과 평안, 배고픔과 배부름 때문에 그 믿음과 신앙이 흔들리지 않고 모든 것을 할 수 있다.

이 말은 내가 원하고 바라는 것들을 예수님의 힘을 빌어 해낸다는 뜻이 아니다. 나는 이만한 사랑과 은혜를 입었으니 어떤 처지가 되어도, 어떤 환난이 와도, 어떤 손해를 감수하더라도 주님이 원하고 기뻐하시는 삶을 얼마든지 살아낼 수 있다는 것이다.

집중이 이렇게 무섭고 때론 이렇게 대단하다. 어디에 집중하느냐에 따라 큰 환난과 시험도 당당하고 넉넉히 이길 수 있고 혹은 아주 작은 것에도 넘어질 수 있다. 예수 그리스도의 사랑과 은혜를 바라볼 때는 굶어 죽어도 견딜 힘이 생기지만, 그 사랑과 은혜에 등 돌리고 그것에 집중하지 못하면 배고파 죽는 것도 아니고 고기와 부추 먹고 싶어서 하나님을 버리게 된다.

이스라엘 백성의 진짜 문제는 배고프고 목마른 것이 아니라 하나님의 사랑을 바라보지 않은 것이다. 하나님의 은혜를 잊고 구원의 감격을 잃어버린 그들은 굶주려서가 아니라 고기 먹고 싶고 부추와 마늘 먹고 싶어서 하나님을 원망했다.

결혼, 직장, 교육, 삶의 여러 선택과 결정 등 모든 영역에서 주님의 뜻이 이루어지는 멋진 삶이 내 것 되기 위해서는 더 좋은 처지와 만만한 환경이 주어지는 것보다 내가 주님을 사랑하는 것이 더 중요하다. 주님이 베풀어주시고 공급하신 그 능력의 원천이 어디인지를 기억하는 것이 중요하다.

그러니 예배드리기 좋은 환경, 순종하기 좋은 형편 달라고 기도하지 말라. 나를 포기하지 않고 끝없이 부어주시는 그 사랑에 집중하게 해달라고, 은혜를 항상 기억하며 살게 해달라고 기도하자.

예수님을 놓치고 잘못 바라보는 실수와 실패

믿음의 사람이지만 참 실수투성이였던 베드로. 그는 믿음으로 물 위를 잘 걸어가는 듯하다가 이내 물에 빠져 허우적거리고, 예수님에게 칭찬받기 무섭게 사탄이라는 큰 책망을 듣기도 하고, 또 주님의 면전에서 주님을 부정하고 배반하기도 했다.

그런 베드로의 모습 모두 실은 우리의 자화상이다. 문제에 빠져 허우적거리고, 열심히 충성을 다했으나 그 결과는 오히려 주님의 영광을 가릴 때가 많고, 약삭빠르게 일신상의 유익을 위해서 주님을 부정하고 배반하면서 살아갔던 우리의 이야기 아닌가?

베드로의 그 다채로운 실수와 실패 속에서 단 한 가지의 이유를 발견하게 되는데 그것은 그가 예수님을 못 보고 그분께 집중하지 못했기 때문이다. 그것 또한 우리의 모습과 같다. 신앙의 실수와 실패의 모습은 매우 다양하고, 교회와 목회자가 사회적 물의를 일으키고 지탄받는 이유도 여러 가지지만, 궁극적으로 그 또한 하나로 귀결된다. 바로 예수님을 바라보지 못한 실수인 것이다.

예수님 대신 상황과 문제를 보다

예수님을 향해 물 위를 잘 걸어가던 베드로가 왜 갑자기 물에 빠져 허우적거렸을까. 갑자기 바람이 더 강해지고 파도가 더 높아진 것인가? 성경은 그 이유를 "바람을 보고 무서워 빠져 가는지라"(마 14:30)라고 기록한다.

상황이 더 나빠지고 처지가 더 급박해진 것이 아니다. 무엇에 집중하느냐의 문제이다. 예수님만 바라볼 때는 물 위를 걸을 능력이 생겼지만 예수님에게 고정됐던 시선이 바람과 풍랑이라는 상황과 처지로 옮겨지니 무서워하다 물에 빠져들었다는 것이다.

우리도 정신 차려야 한다. 예수 그리스도 대신 교회 건물과 조직을 보고, 오해와 부당한 대우로 우리를 핍박하며 몰아치는 이 시대적 상황을 바라보면 우리도 갈 길을 알지 못한 채 시대의 탁류에 빠져 표류할 것이다.

예수님을 내 관계와 유익의 관점으로 보다

베드로는 "주는 그리스도시요 살아계신 하나님의 아들이십니다!"라는 귀한 고백으로 예수님에게 반석이라 일컬어지고, "교회를 네 위에 세우리니 음부의 권세가 이기지 못할 것"이라고 칭찬받고 천국열쇠를 받았다(마 16:16-19). 그런데 바로 이어지는 23절에서는 "사단아 내 뒤로 물러가라 너는 사람의 일만 생각하고 도무지 하나님의 일을 생각지 않는도다!"라는 책망을 들었다.

같은 사람이고 주님을 충성스럽게 따르는 것도 열정과 사랑도 그대로였지만, 베드로가 예수님을 대속의 제물로 오신 하나님의 독생자, 메시아, 그리스도로 바라볼 때는 칭찬을 들었고, 예수님을 인간적으로 자기 관계와 감정적으로 바라볼 때는 꾸중과 엄중한 책망을 받았다.

예수 그리스도를 제대로 바라보지 못하면 우리도 언제든지 '충성을 다하고 열심 있는 사탄'이 될 수 있다. 구원의 십자가에 집중하지 못하는 신앙과 사역과 예배가 얼마나 볼썽사납게 변할 수 있는지! 10년 20

년 교회 다니며 열심을 다해도 하나님의 뜻이라는 큰 숲을 보지 못하면, 지엽적이고 비본질적인 개교회주의에 빠지고 신앙이 자신의 인간적 필요와 관계에 집중되면 목사도 성도도 예외 없이 '교회 열심히 다니는 사탄' 이 될 수 있는 것이다.

예수님 대신 사람들을 의식하다

예수님 대신 사람들을 의식하고 바라볼 때 베드로는 한순간에 예수님을 모른다고 세 번이나 부정하는 배신자가 되었다. 우리도 마찬가지로, 구원의 주님 예수 그리스도에 시선을 집중하지 못하고 사람을 바라본다면 급기야 주님을 부정하고 등을 돌려 하나님과의 단절, 영적 사망에 이를 수 있다.

예수 그리스도를 내 필요를 채우는 분이 아니라 정말 그리스도로 바라보아야 한다. 내 신앙과 모든 사역과 모든 열정의 중심에 구원의 십자가가 견고한 기준으로서 자리 잡고 있어야 한다. 보혈의 피비린내 나는 예수 그리스도의 십자가가 우리 예배의 정체성 되고, 사역의 정체성 되고, 신앙의 정체성 되기를 바란다.

본다고 보는 게 아니며 안다고 아는 게 아니다

보고 있다고 정말 봤다고 할 수 있을까? 안다고 정말 아는 것일까? 나는 방탄소년단의 뷔와 일면식도 없지만 그의 얼굴, 생일, 그리고 신상 정보 몇 가지를 알고 있다. 그렇다고 내가 "나 뷔 알아" 하고 다닌다면 그건 사기꾼이다.

내가 누군가를 안다는 것은 나 혼자 일방적으로 아는 게 아니라 서로, 상호 간에 아는 것이다. 그 사람의 신상정보를 아는 정도가 아니라 진짜 관계성에서 알 때 비로소 안다고 얘기할 수 있다.

그런 의미에서 내가 정말 관계성으로 알고 친한 홍경민과는 "나 홍경민 알아"라고 할 수 있지만, 뷔에 대해 "아~ BTS 뷔? 태형이?" 하면 아마 어린아이들도 피식거릴 것이다. 그런데 혹시 우리가 "아~ 우리 하나님? 나의 예수님?" 할 때 세상 사람들도 그렇게 비웃지는 않을까? 예수님을 지식으로 알고 역사적 실존 인물로 믿고 있다고 해서 그분을 정말 아는 건 아니다.

알기로 따지면 오히려 귀신들이 예수님을 귀신같이 알았다. 가까이 있는 제자들도 예수님을 못 알아보는데 귀신들은 예수님이 그리스도이신 줄을 알고 "당신은 하나님의 아들이니이다"라고 소리 질렀다(눅 4:41). 놀랍지 않은가? 그러나 귀신들은 예수님을 구원자로 받아 영접하지 않았다.

수많은 무리가 인산인해를 이루며 늘 예수님을 따라다녔으나 그들 또한 예수님을 그리스도로, 구원자로 영접하지 않았다. 그저 자신들의 필요와 소망을 채워주고 이뤄줄 대상으로만 생각했기 때문에 나중에는 결국 실망하여 예수님을 십자가에 못 박아 죽이라고 소리 지르는 자들로 변해버렸다.

가까이 있다고 다 그분과 함께 있는 것이 아니다. 예수님의 제자들은 가장 가까이에서 그분의 능력과 기적을 보고 체험했지만 예수님이 그리스도이심을 알지 못했을 때는 그분이 이 땅에 오신 최종 목적지인 십자가 현장에서 예수님을 버리고 도망쳐 뿔뿔이 흩어졌다. 예수님의 가족은 친분과 관계와 인간적 정으로 눈이 어두워져 그분이 그리스도인 것을 보지 못하고, 심지어 예수님을 정신병자 취급하고, 그분을 잡으러 다니기도 했다(마가복음 3장).

가까이 있는 것이 내 소유일 가능성이 크지만 그렇다고 꼭 내 소유인 것은 아니듯 내가 교회 안에 있고 십자가 가까이 있다고 해서 내가 진실로 십자가를 소유했다 할 수 없고 내가 예수님의 소유라고 말할 수도 없다. 늘 예수님 이야기를 듣고, 좋든 싫든 교회에 오면 하다못해 육의 눈으로 강대상의 십자가도 바라보게 되지만 그걸 본다고 정말 십자가를 바라보는 것은 아니다.

예배 중에 눈앞에서 예수님이 사라지는 이상한 기적(?)

1999년, 미국의 심리학자 크리스토퍼 차브리스와 대니얼 사이먼스는 하버드대 학생들에게 인간의 주의력과 관련해 그 유명한 '보이지 않는 고릴라 실험'을 했다. 실험 참가자들은 흰 티셔츠를 입은 세 사람과 검은 티셔츠를 입은 세 사람이 뒤섞여 2개의 농구공을 가지고 패스하는 동영상을 보며 흰옷 팀의 패스 횟수를 세어야 한다. 동영상 중간에 고릴라 분장을 한 사람이 등장해 보란 듯이 가슴을 두드리고는 양 팀 선수들 사이를 천천히 지나서 퇴장한다.

동영상이 끝난 후 실험 참가자들에게 그 영상 속에서 고릴라를 보았는지 질문했는데 놀랍게도 참가자의 50퍼센트 이상이 고릴라를 보지 못했다. 그들은 화면에서 한 번도 눈을 떼지 않고 집중하며 보았지만 패스 횟수를 세는 데 집중하느라 예외 상황을 인지하지 못했다.

사람의 인지력은 의도한 대로 보려고 하는 성향이 있어서 어떤 것에 선택적 집중을 하면 다른 것은 분명히 내 눈앞에 있는데도 전혀 보지 못할 수 있다. 사람은 자기가 보고 싶은 것만 본다는 것이다. 이것을 '선택적 주의'(selective attention), '무주의 맹시' 또는 '부주의맹'(inattention blindness)'이라 한다.

이러한 주의력 착각은 일상에서 심각한 사고로 이어질 수도 있다. 미국에서는 내비게이션 소리만 듣고 운전하던 사람이 철길 차단막을 뚫고 들어가 달려오던 기차와 충돌하는 사고가 있었다. 독일에서는 불어난 강물로 길이 물에 잠겨 그 부근에 길이 끊겼다는 표지물을 계속 붙여 놓았는데 운전자들이 그 물을 눈으로 보면서도 내비게이션의 "직진" 소리에만 반응하여 차가 그 물로 들어간 사고가 하루에 2건씩 발생하기도 했다. 내비게이션 기기에 대한 신뢰와 잘못된 집중이 가져온 결과다.

내가 믿고 의지하는 인간관계나 세속적 대상에 마음을 빼앗기면 내 눈앞에 계신 주님을 바라볼 수 없다. 삶의 문제에 매몰되거나 간절히 원하는 기도의 응답에 내가 너무 집중하면 신앙생활은 물론 주님을 경배하고 찬양하는 예배 중에도 예수님과 십자가가 내 눈앞에서 사라지고 보이지 않게 된다. 시선이 농구공에만 가 있으면 내 눈앞에 고릴라가 멈춰 서 있어도 보지 못하는 것처럼.

그러므로 가까이 있다고 안심하지 말라. 매주 예배드리며 반복되는 종교의식을 하고 있다고 만족하지 말라. 차라리 주님을 떠났다가 회심하여 가슴을 치며 애곡하고 자신이 돌아갈 곳을 알고 있는 사람이 안전할 수도 있다. 귀신이나 무리처럼 그저 지식적으로 알고 가까이에서 보는 것으로는 구원의 백성이 될 수 없다.

풍랑이 아니라 예수님을 보라

··· 선생님이여 우리가 죽게 된 것을 돌보지 아니하시나이까 하니 예수께서 깨어 바람을 꾸짖으시며 바다더러 이르시되 잠잠하라 고요하라 하시니 바람이 그치고 아주 잔잔하여지더라 이에 제자들에게 이르시되 어찌하여 이렇게 무서워하느냐 너희가 어찌 믿음이 없느냐 하시니 막 4:38-40

풍랑이 이는 거친 바다에서 배를 타고 가는 도중 예수님이 주무시자 제자들은 "우리가 죽게 된 것을 돌보지 아니하시나이까"라고 예수님에게 항의하듯 따진다. 삶의 어려움과 처지의 급박함이 몰아칠 때 그 문제 상황과 근심의 대상에 시선과 마음을 빼앗기면 우리도 예수님에게 대들고 항변하는 자가 될 수 있다.

예수님은 그런 그들에게 "너희가 어찌 믿음이 없느냐"라며 꾸짖으신다. 믿음은 주님을 바라보는 것인데 어떤 상황과 처지와 형편 중에도 그분께만 내 마음과 시선을 집중하는 것이다. 이 시대의 풍랑이 너무 거칠지만 그렇다 해도 풍랑이 아니라 나와 함께 계신 예수님, 내 삶에 개입하

고 동행하시는 예수님을 바라보자. 모든 문제와 세상을 이길 힘과 능력
이 그 믿음에서 공급된다.

　오늘 우리가 세상의 배경이나 수단들, 혹은 어떤 인간관계들을 너무
믿고 의지하고 있을지도 모른다. 그것은 부부 관계일 수도 있고, 부모
자식 관계일 수도 있고, 또 교회 안의 교우관계나 학교, 회사, 이웃의 어
떤 친밀한 인간관계일 수도 있다. 만일 내가 그것을 너무 신뢰하고 너무
집중하면 이 잘못된 선택적 집중 때문에 예수님을 놓칠 수 있다.

　우리 삶 가운데서는 물론이고 신앙생활 중에도, 심지어는 하나님을
예배하기 위해서 모인 예배 현장에서조차 예수님과 그 십자가를 바라보
지 못하는 실수를 하고 신앙의 실패를 겪을 수도 있다.

　이에 예수께서 제자들에게 이르시되 누구든지 나를 따라오려거든 자기를 부인하

　고 자기 십자가를 지고 나를 따를 것이니라 마 16:24

　나에게 없는 한 가지가 아니라 내가 받은 더 많은 것들을 보자. 고기
와 부추 먹고 싶어 주님을 원망하고, 풍랑이 몰아쳐서 주님께 항변하는
사람이 되지 않도록 예수님의 참된 제자로서 내 인간적 필요와 원함을
부인하고 그분을 따르자. 오직 내 삶 속에 계신 예수님을 잠잠히 바라
보고 집중하는 믿음의 주인공이 되기를 주님의 이름으로 축복하며 기대
한다.

chapter 15

자녀에게 신앙을 각인시켜라

집중의 완성은 집중의 계승이다

이스라엘아 들으라 우리 하나님 여호와는 오직 유일한 여호와이시니

너는 마음을 다하고 뜻을 다하고 힘을 다하여 네 하나님 여호와를 사랑하라

오늘 내가 네게 명하신 이 말씀을 너는 마음에 새기고 네 자녀에게 부지런히 가르치며

집에 앉았을 때에든지 길을 갈 때에든지 누워 있을 때에든지 일어날 때에든지 말씀을 강론할 것이며

너는 또 그것을 네 손목에 매어 기호를 삼으며 네 미간에 붙여 표로 삼고

또 네 집 문설주와 바깥 문에 기록할지니라

신 6:4–9

한 번 새겨진 것이 평생을 간다

요즘 우리 집 강아지 순둥이에게 이상한 증상(?)이 생겼다. 내가 마당을 쓸려고 빗자루만 들면 혼비백산하여 후다닥 도망을 치는 것이다. 알고 보니 얼마 전 마당에서 성주가 엄마에게 빗자루로 맞는 것을 본 순둥이가 빗자루를 무서운 징벌의 도구로 인식해서 시간이 꽤 지났는데도 빗자루만 보면 기겁을 하고 피하게 된 것이었다.

한 번 '각인'(imprinting)된 것은 좀처럼 바뀌지 않는다. 새끼 거위는 알에서 깨어나 처음 본 사물 중 움직이는 것을 자기 어미로 인식해서 그 대상이 개나 사람 등 자기와 다른 개체일지라도 평생 따라다닌다. 이를 '새끼거위의 법칙'이라 한다.

처음 내린 결정이 이후의 의사결정에 오랫동안 영향을 주는 이 원리는 인간에게서도 나타난다. 행동경제학에서는 제품에 대한 첫인상이 그 가격과 선택을 좌우한다는 소비 심리를 발견하고, 소비자가 가장 처음 접한 정보에 집착하여 합리적인 판단을 내리지 못하는 현상을 일컬어 '앵커링 효과'(Anchoring Effect, 정박 효과 또는 기준점 효과)라 부른다.

이러한 심리는 닻(anchor)을 내려 배를 정박시키듯 소비자의 마음을 그 제품에 묶어두는 판매 전략으로 사용되기도 한다. 예를 들면, 제품을 처음 내놓을 때 높은 가격으로 기준점을 고정시켜 놓고 이후에 그것을 할인해주면 소비자들이 '내가 아주 싸게 구입했으니 횡재했다'라고 생각하게 되는 식이다.

2007년에 처음 출시된 아이폰의 가격은 599달러였는데 애플이 몇 달 만에 399달러로 인하하자 판매량이 폭발적으로 늘었다. 600달러라는 기준점을 지닌 소비자들에게 '200달러나 할인하다니!'라는 심리적 자극을 가한 것이다. 게다가 그 이후에 나오는 아이폰 시리즈에 높은 가격을 책정해도 이미 기준 가격이 높게 앵커링 되어 있어서 소비자들의 거부감도 크지 않았다.

나는 이러한 앵커링이 소비 패턴에 관여할 뿐만 아니라 우리 생각의 기초를 지배하고 있으며 인생 전반의 선택과 결정에도 중요한 영향을 끼친다는 것을 깨닫고 귀한 영적 인사이트를 얻게 되었다. 그것은 신앙적으로도 우리 자녀들에게 하나님은 가장 존귀한 분, 최고의 가치로 영적 앵커링을 해야 한다는 것이다.

네게 명하신 말씀을 마음에 새겨라

"이스라엘아 들으라"로 시작하며 유대교 신앙의 핵심을 이루는 신명기 6장 4-9절, '쉐마 이스라엘'은 바로 이 신앙의 '각인'을 가르치는 말씀이다. 출애굽하여 대망의 가나안 입성을 앞둔 이스라엘 민족은 이 '쉐마 이스라엘'을 통해 하나님의 말씀과 계명들을 자녀들에게 가르치며 신앙의 가치관을 계승할 것을 모세 앞에서 거듭거듭 다짐했다.

'쉐마 이스라엘'은 여호와 하나님만이 오직 유일한 신이시니 너는 마음을 다하고 뜻을 다하고 힘을 다하여 네 하나님 여호와를 사랑하고(4,5절), 명하신 이 말씀을 마음에 새기며(6절) 자녀에게 부지런히 가르치라고(7절) 교훈한다. 이것이 각인이고 앵커링이다.

우리부터 말씀의 권위를 존중하고 신앙의 가치를 높이 책정하며, 자녀들이 하나님을 세상의 어떤 가치와도 절대로 바꿀 수 없도록 어릴 때부터 이 신앙을 깊이 새겨주어야 한다. 새끼 거위가 처음 보고 엄마로 각인된 대상을 평생 따라다니듯, 우리 자녀들도 어떤 시대, 어떤 환경과 상황 가운데서도 오직 여호와 하나님만을 따르는 주의 제자들이 되게 해야 한다.

세계 역사상 역사에서 지도에서 완전히 사라진 민족이 무려 1900년이나 지난 후 다시금 나라를 재건한 것은 이스라엘이 유일무이하다. 우리나라 사람이 외국 나가 살면 2대, 3대만 되어도 한국인의 민족성은 사라져 완전히 그 나라 사람 되지 한국인이라 할 수 없다. 그런데 놀랍게도 그들은 지도상에서 나라가 완전히 사라진 채 전 세계에 흩어져서도 민족성을 지켜냈다.

더 놀라운 것은 전 세계에 흩어진 디아스포라가 모여 나라를 다시 세웠는데 건국한 지 1년여 만에 국어를 히브리어로 제정하고 정치, 제도, 행정, 교육 등 모든 부분에서도 언어를 히브리어로 통합하는 데 성공했다는 점이다.

이 모든 것이 계속 성경을 읽고, 끊임없이 자녀들에게 말씀을 가르치고 들려주며 하나님을 각인시킨 결과다. 하나님이 유일한 하나님이시고 우리는 목숨 다하여 그분을 사랑해야 하며, 시간이 아무리 장고하게 흐르고 어떤 처지에 놓이더라도 절대로 이 가치를 잃어버리면 안 된다고 어릴 때부터 각인을 시키니 그들 평생에 그것을 떠나지 않았다는 것이다.

말씀의 자녀로 만드는 유대인의 성인식

세계 최고의 부자 400명 중 무려 10퍼센트 이상, 그리고 포춘(Fortune)지가 발표한 세계 최대 기업 500곳의 CEO 중 무려 10퍼센트 이상이 다 유대인이며 또한 노벨상 전체 수상자의 무려 25퍼센트 이상이 유대인이다. 세계 인구의 0.2퍼센트에 불과한 유대인들이 이 시대를 지배하고 정치와 경제를 장악하고 있다.

유대인의 경쟁력과 위대한 민족성은 누구나 인정할 수밖에 없을 만큼 역사적으로도 입증되어 많은 사람이 그들을 배우려고 노력한다. 그리고 이런 결과들이 바로 유대인들의 신앙 교육과 관련 있다는 데 이견이 없을 정도로 그들의 신앙교육은 가히 엄청나다. 유대인은 자녀를 내 자녀로 만들지 않고 하나님의 자녀로 만든다.

유대인의 유명한 성인식을 들어보았는가? 남자 성인식은 '바 미츠바' 또는 '바르 미츠바'라 하고 여자 성인식은 '바트 미츠바'라 한다. '바', '바르'는 '누구누구의 아들', '바트'는 '누구누구의 딸', '미츠바'는 율법, 말씀을 뜻한다. 그러므로 '바르 미츠바', '바트 미츠바'는 '말씀의 아들', '말씀의 딸'이라는 뜻이며, 진정한 성인식은 그 자녀가 말씀의 아들, 말씀의 딸이 되었다는 의미다.

이 성인식을 통과하는 자격 조건은 토라(모세오경), 즉 창세기, 출애굽기, 레위기, 민수기, 신명기 이 다섯 권의 성경을 외우는 것이다. 무려 187장에 총 5,845절, 히브리어로 무려 34,805자를 완벽하게 외워야 하는데 12-13세 아이들에게 이것이 가능할까? 가능하더라는 것이다.

그들은 네 살부터 토라를 읽고 외우기 시작한다. 그런데 여러 가지 임상 결과 네 살부터 시작한 아이들은 더 늦게 시작한 아이들보다 훨씬 빨리 외우고, 그래서 13세 이전에 모세오경을 다 외우는 게 가능할 뿐 아니라 그렇게 한 아이들의 지능지수(IQ)는 140-150이 기본으로 형성된다고 한다. 머리가 안 돼서 못 외우는 게 아니라 하나님 말씀을 읽고 외우면 하나님께서 지혜를 주시는 것이다.

깊이 새겨줄 내용에 많이 노출시켜라

자녀들에게 신앙의 귀한 가치를 새겨주려면 어떻게 해야 할까? 좋은 가치를 전하고 싶을 때 가장 좋은 교육 방법은 아주 단순하게도 많이 노출시켜 많이 보여주고 많이 들려주는 것이다.

초등학교 6학년 때, 중국집 아들인 내 친구 현석이는 누가 가르친 것도 아닌데 미술 시간에 지점토를 가지고 수타면을 뽑았다. 가수 윤민수는 어머니가 노래방을 하셔서 하루에 200곡씩 듣고 부르다 보니 노래를 잘하게 되었다고 한다. 가수 김희철은 아버지가 주류 백화점을 하셔서 자기가 술을 좋아하고 잘 마신다고 말한 적이 있다. 노출된 것에 삶이 이끌려 가는 것은 당연하다.

자신에게 고통과 상처를 주는 부모님의 잘못된 모습을 보며 '난 절대로 저렇게 살지 말아야지' 하지만 어느새 똑같은 모습으로 살아가는 경우가 많은 것은 내가 많이 듣고 많이 보는 것이 결국 내 삶이 되기 때문이다. 그러니 이 두려움을 가지고, 자녀들이 살기를 바라는 삶, 그들이 되기 원하는 모습을 많이 보여줘야 한다.

요즘 임신한 자매님들을 보면 어쩌면 그렇게 태교를 잘하는지! 좋은 것만 보고 좋은 음식만 먹고, 또 좋은 음악 듣느라 평소에는 듣지도 않던 클래식 음악을 듣는다. 정말 잘하는 것이다. 그런데 태교 때만 하지 말고 아기가 태어난 후에도 그래야 한다. 부디 태교에 쏟은 에너지와 열정의 반만이라도 들여서 삶 가운데 교육을 해야 한다. 내가 만든 말인데, 태교(태중 교육)가 아닌 '생교'(출생 후 교육)를 하라.

자녀들이 어릴 때부터 그들이 눈뜨면 가장 많이 접하는 것이 하나님과 신앙이었으면 좋겠다. 가장 많이 보는 것이 예배드리고 성경 읽는 당신의 모습이면 좋겠다. 가장 많이 듣는 것이 당신의 기도 소리였으면 좋겠다. 많이 보고 듣게 하라. 잘 보이는 곳에 자꾸 말씀을 기록하고 붙여서 그것을 볼 수밖에 없도록 만들어라.

중학생들이 3박 4일 동안 잠언을 외우는 어느 성경암송 캠프에 젊은 집사 부부가 자원봉사를 왔다. 아이를 맡길 데가 없어서 캠프에 네 살짜리 꼬맹이를 함께 데리고 왔는데 부모님이 캠프 일에 바쁘니까 아이는 여기저기 기웃거리며 혼자 놀고 있었다.

마지막 날, 학생들이 퇴소하기 위해 그동안 외운 잠언 열 장을 암송하는 시험을 보는데 옆에서 그 꼬마가 블록을 맞추면서 혼자서 잠언 1장부터 5장까지를 외우더란다. 누가 외우라고 하지도 않았고 특별히 노력한 것도 아닌데 여기서 조금 저기서 조금 듣고 다닌 것만으로도 네 살짜리가 잠언 다섯 장을 외워버린 것이다.

노출과 각인이 이렇게 놀랍고 대단하다. 그래서 이것을 알았던 맹자의 어머니는 시장과 묘지 근처에서 서당 옆으로 이사를 세 번이나 한 것이다. 당신과 당신의 자녀는 지금 무엇을 가장 많이 볼 수밖에 없는 환경에 노출되어 있는가. 그것이 당신과 자녀들의 삶이 되고 내일이 된다.

가치 있는 것에 기꺼이 대가를 지불하라

너는 또 그것을 네 손목에 매어 기호를 삼으며 네 미간에 붙여 표로 삼고 신 6:8

'쉐마 이스라엘'에서는 이 말씀들을 절대로 잊어버리지 않도록 손목에 매어 기호를 삼고 미간에 붙여 표로 삼으라고 한다. 우리는 '에이, 말이 그렇지' 하지만 유대인들은 정말 이 말씀대로 테필린이라는 작은 상자에 말씀을 담아 이마에 붙이고, 손목에 하나님과 약속의 개념으로 일곱 번을 줄을 매어 항상 지니고 다닌다.

그들은 자녀들이 하나님 말씀을 배우고, 많이 듣고 읽고 묵상하도록 테필린 상자를 머리에 붙이고 손에 매기까지 하는 이런 교육을 기원전

1,500년경 출애굽 이후부터 지금까지 무려 3,500년 동안 시켜왔다. 중요한 것을 잊지 않도록 급히 적어야 할 때 손바닥에라도 쓰듯이, 그들은 절대 하나님 말씀을 잊지 않도록 어릴 적부터 노력하고 있다. 어릴 때부터 계속 그렇게 말씀에 노출되니 각인될 수밖에 없고, 각인되니 그대로 살 수 있는 것이다.

부모들이 비싼 돈을 들여 자녀들을 영어유치원에 보내고 해외로 어학연수를 보내는 이유가 뭘까? 노출시키기 위해서다. 영어를 사용하는 환경에 노출되면 자연스럽게 영어를 익히고 따라 할 수 있다고 믿으니까, 그리고 그만큼 영어의 가치를 인정하니까 기꺼이 그 돈을 지불할 수 있는 것이다.

마찬가지다. 자녀에게 하나님과 그분의 말씀을 각인시키기 원한다면 어떠한 대가와 희생을 치러서라도 예배 가까이, 말씀 가까이 자녀를 두고 반복적으로 그 삶을 가르쳐야 한다. 당신은 자녀들이 하나님을, 그리고 예배와 교회를 가까이하도록 얼마나 애쓰고 있으며, 얼마나 희생하고 비용을 지불할 용의가 있는가?

자신은 신앙의 삶을 소홀히 여기면서 '나는 이렇게 대충 살지만 내 자녀들은 분명 신앙적으로 잘 살아갈 거야'라고 은근히 기대하는 참 용감무쌍한 부모들이 있다. 정말 자녀들의 신앙과 믿음을 전수하기 원한다면 자녀들에게 하나님의 말씀, 그리고 예배와 교회를 많이 노출시키고, 주의 종 가까이에 두어라.

늦었다고 하지 말고 지금부터 하나님과 그분의 말씀을 더욱 각인하는 삶을 살기 위하여 많은 희생과 대가를 지불할 수 있는 자가 되어라.

그것이 진짜 믿음이다. 부모가 믿는다고 하면서도 신앙생활을 아이들의 취업이나 대학 입시보다도 가치 없게 여긴다면 절대로 그 자녀들은 신앙적으로 살아가지 않을 것이다.

주의 종을 존중하고 귀히 여기도록 가르쳐라

유대인들은 어린 자녀가 말귀를 알아듣는 나이가 되면 "만일 아버지와 랍비가 물에 빠진다면 너는 랍비를 먼저 구해야 한다"라는 가르침을 준다고 한다. 처음 들었을 때 좀 과하다는 생각도 들었는데 이유를 알고 나니 이해가 되었다.

아버지가 그 자녀를 돕고 지원해줄 수 있는 것은 고작 그들이 어른이 될 때까지다. 그러나 하나님의 말씀을 잘 듣고 배우면 그의 인생 전체가 축복받을 뿐 아니라 영생으로 인도받게 되니 그만큼 말씀을 소중하게 생각하고, 말씀을 전하고 가르치는 주의 종을 귀히 여겨야 한다는 뜻이다.

요아스는 제사장 여호야다가 그를 교훈하는 모든 날 동안에는 여호와 보시기에 정직히 행하였으되 왕하 12:2

웃시야가 그의 아버지 아마샤의 모든 행위대로 여호와 보시기에 정직하게 행하며 하나님의 묵시를 밝히 아는 스가랴가 사는 날에 하나님을 찾았고 그가 여호와를 찾을 동안에는 하나님이 형통하게 하셨더라 대하 26:4,5

요아스 왕은 자신을 아달랴의 손에서 지켜 왕으로 세운 제사장 여호야다가 살아 있는 동안에는 여호와 앞에서 정직하게 행했다. 웃시야 왕은 하나님의 묵시를 밝히 아는 제사장 스가랴가 사는 날 동안에는 하나님을 찾았고, 그동안에는 하나님께서 그에게 복을 주셔서 그의 모든 일이 형통하게 하셨다.

그러나 여호야다가 죽은 후 요아스는 유다 방백들의 말을 듣고 하나님 여호와의 전을 버리고 아세라 목상과 우상을 섬겼다(대하 24:17,18). 웃시야는 스가랴가 죽고 그 관계가 멈추자 교만해져서 영적인 가치를 훼손하고 불행하게 인생을 마치게 되었다. 주의 종과 늘 가까이하는 것이 얼마나 중요한가를 알려주는 말씀이다.

자녀들을 주의 종 가까이에 두라. 나는 아버지의 목회 40년을 지켜보고 나도 20년 가까이 목회해오면서, 또한 전국과 전 세계를 다니며 수천 가정의 자녀들을 보았는데 아무리 어렵고 힘든 처지, 불가능한 조건에 있을지라도 성전과 주의 종 가까이 있던 아이들이 잘못된 경우는 없었다. 지금까지 단 한 번도 예외가 없다.

말씀이 가까이 있고 성전이 가까이 있고 주의 종이 가까이 있는 것은 정말로 복되다. 그 수많은 가정을 보면서 이것을 확실히 믿게 되었다. 아니, 믿을 수밖에 없었다. 당신은 그것이 소중한 가치인 줄 정말로 믿는가? 이 가치를 인정하고 믿는다면 내가 먼저 하나님을 경외하고 교회를 존중하는 모습을 자녀들에게 보여주어야 한다.

또한, 큰돈을 들여 영어유치원이며 어학연수를 보내듯, 내가 어떠한 대가와 희생을 지불해서라도 신앙을 가치 있게 여기는 모습을 자녀들에게 보여주어야 한다. 그 모습을 통해 자녀들이 그 길이 복인 줄 깨닫고 따라 살 것이다. 당연한 사실이지만 그 가치를 위해 대가를 치를 수 있어야 진짜 믿는 것이다. 그 가치를 모르고 인정하지 않는 사람은 그 대가를 지불할 수 없다.

자녀를 말씀과 주의 종 가까이에 두어라

전도사 시절, 울산에 처음 내려와 교회를 개척하고 나서 전도하다가 나는 제법 큰 교회 집사라는 분에게 정말 가슴 아픈 말을 들었다. 가슴 아팠지만 정말 촌철살인이었고 나는 그 어떤 신학교 교수님보다 그 분에게서 큰 영향을 받았다.

"전도사님 같으면 이런 교회 다니시겠어요?"

초라한 예배당 건물에 교통도 불편한 외진 시골교회…. 솔직히 내가 평신도라면 나 같아도 안 다닐 것 같았다. 하지만 그래서 절망하는 것이 아니라 '그러면 나라도 다니고 싶은 교회를 만들자'라고 생각했다. 그렇다면 어디에 경쟁력이 있을까? 지리적 조건도 열악해, 협력해줄 교역자들도 없어, 시스템도 안 돼, 건물도 초라해…. 아무것도 안 되지만 내가 자신할 수 있는 것이 하나 있었다. 큰 대형교회는 담임 목사님이 일일이 아이들 다 챙겨줄 수 없지만, 우리 교회는 담임 목회자가 자녀들에게 관심 쏟아주고 직접 안수하고 축복할 수 있다!

그때부터 일주일에 한 번씩 우리 교회의 자녀들을 위해 금식하며 기도했다. 나는 새벽기도 나와서부터 온종일 교회에 있으니 아이들은 학교

갔다 오는 길에 언제든지 교회 들러서 내게 상담도 하고 안수기도를 받을 수 있었다. 다른 교회에는 담임 목사가 한 아이를 위해 금식하고 안수기도를 해주는 일이 드물겠지만, 우리 교회 아이들은 수도 없이 받아보았다.

언젠가 내 아내가 나에게 "목사님, 나는 목사님이 내 남편 아니어도 이 교회 다닐 거예요"라고 했을 때 나는 정말 펑펑 울었다. 내 삶을 가장 가까이서 보는 내 가족이 내 남편, 우리 아빠가 목사 아니어도 나는 이 교회 다니겠다고 하는 그 말이 나는 그 어떤 스펙이나 훈장보다도 자랑스럽고 감격스럽다.

나는 우리 교회 젊은 부부 집사들, 자녀를 둔 젊은 부모들에게 항상 "내가 여러분에게 줄 수 있는 최고의 축복과 선물은 주의 종과 가까이할 기회를 주는 것"이라고 말한다. 확신이 없으면 그렇게 당당하게 말하지 못한다. 나는 이 가치를 정말 믿는다.

목회자가 자기 자녀를 챙겨주고 관심과 사랑을 보여주는 것을 싫어하는 사람은 없지만 별로 가치 있게 여기지 않는 모습을 볼 때도 많다. 목회자가 자녀들에게 애정과 관심을 쏟아주는 것은 참 복된 것인데 그것을 싸구려 취급하면 하나님은 그 관심과 사랑을 거두시고, 자녀들은 신앙과 관계없이 살아가게 된다.

세상의 권위를 가진 사람, 내 자녀에게 좋은 배경을 제공할 만한 사람에게는 정성을 쏟고 집중하면서 주의 종과의 관계는 무가치하게 여기고 소홀히 하는 사람들을 볼 때 나는 그 자녀들 때문에 정말 안타깝고 가슴 아프다. 세상의 권위와 배경, 세상적 도움으로도 잘살 수는 있지만 단지 그뿐, 그보다 훨씬 더 위대한 삶을 살 수는 없기 때문이다.

깊이 새겨줄 가치를 좋아하게 하라

자녀들에게 하나님을 각인시키고 신앙의 가치를 각인시키려면 많이 노출시키고, 또 좋아하게 해야 한다. 자녀들이 좋아하는 것을 생각해보라. 그것들을 따라 하지 않는가. 누가 시키지 않아도 좋으면 따라 하고, 따라 하다 보면 복제된다. 최고의 교육은 좋아하는 것이며 이것이 교육의 가장 큰 법칙이다.

손흥민이 호날두를 동경해서 그를 롤모델 삼고 매일 그의 경기를 보다 보니 어느새 자신도 그의 폼을 닮아가고 그의 플레이 패턴으로 뛰고 있더라고 한다. 가레스 베일이 폼을 다 잃고 침체에 빠졌을 때 선택한 방법은 '호날두 따라 하기'였다. 호날두의 연습 패턴, 경기 스타일은 물론이고 프리킥을 찰 때의 루틴(routine, 운동선수가 최상의 컨디션을 발휘하기 위해 습관적으로 반복하는 동작이나 일련의 절차)까지도 똑같이 따라 하다 보니 자기도 모르게 몸에 배어 점점 폼이 회복되었다고 한다.

유대인들은 아이가 3살 정도 되면 히브리어 알파벳에 꿀을 발라 찍어 먹게 하며 글자를 가르치고, 유치원에 간 첫날에는 선생님이 책에 꿀을 발라 아이들이 거기 입을 맞추게 한다. 자녀들에게 말씀이 꿀송이처럼 달다는 것을 각인시키기 위한 것이다.

무교절에는 집안에 절대로 누룩이 있으면 안 되는데 "누룩 먹지 마" 하는 대신 놀이형식으로 누룩을 치운다. 부모가 항아리나 용기에 누룩을 조금씩 담아 집안 곳곳에 숨겨두면 아이들은 보물찾기하듯 그것을 찾아다니고, 찾아낸 누룩 항아리는 밖으로 가지고 나와 깨뜨리며 즐거워한다. 또 초막절에는 요즘도 베란다에 천막을 치고 자는데 말하자면 캠핑인 셈이다. 멀쩡한 집 놔두고 베란다에서 자면 아이들이 좋아할까 싫어할까? 너무 좋아한다. 이렇게 자녀에게 신앙을 정말 즐겁고 행복한 것으로 만들어간다.

우리 아버지는 꼭 주일날에 용돈을 주셨다. 그래서 어릴 때부터 나는 주일이 너무 행복했고, 주일이 잔칫날 같은 그런 개념이 있었다. 신앙생활은 행복한 잔치다. 자녀들에게 천국의 샘플이 예배인 것을 가르쳐주고 예배의 즐거움, 신앙의 즐거움, 행복함을 알려주고 싶다.

그래서 나도 늘 연구하고 노력하고 있지만, 우리 목회자들 역시 자녀들이 집중하여 예배드릴 수 있도록 장치를 만들고, 아이들 눈높이에서 연구하고 알기 쉽게 설명하는 노력을 해야 한다.

내 자녀에게 기도와 말씀은 상인가 벌인가?

어느 주일학교 교사가 이런 만행을 저질렀다. 예배 때 자꾸 떠들고 장난치는 아이에게 한두 번 경고하다가 그래도 말을 안 듣자 "너 한 번만 더 떠들면 대표기도시킨다!"라고 한 것이다. 어떤 엄마는 아이 방이 엉망이라고 "너도 한번 이 돼지우리 같은 방에 있어 봐. 성경 10장 읽을 때까지 못 나올 줄 알아"라며 방문을 닫아버렸다. 기도하기, 성경 읽기를 벌로 인식시키는 만행이다.

다음세대에게 신앙의 가치를 아름답고 좋은 것으로 심어주어야 하는데 우리는 스스로 신앙의 가치를 이렇게 떨어뜨리고, 그들에게 신앙을 뭔가 불편하고 하기 싫은 것으로 각인시킨다. 그러려고 한 것은 아니겠지만 벌로써 신앙생활의 가치를 떨어뜨리는 실수를 하고 있다.

부모들은 자녀가 성적이 오르면 칭찬하고 용돈도 준다. 그럼 아이들에게 '공부 잘하면 엄마가 저렇게 기뻐하고 용돈도 주시는구나' 하며 공부 잘하는 것에 대한 보상이 각인된다.

고생스럽던 수험생활이 끝나고 대학에 합격하면 가족여행을 가고, 친구들과 놀다 오라고 용돈도 준다. 달콤한 보상이다. 그런데 신앙적인 가치에는 무심하고 행복한 보상도 별로 없다. 아이가 전도하고 특별 새벽기도를 완주해도 별로 기쁨을 표현하지 않는다. 말씀 읽고 기도 생활하는 것에도 무덤덤하고 칭찬과 보상이 세상적 가치에 비해 훨씬 덜하다.

내가 목양실에 킨더 초콜릿을 박스로 두는 이유도 아이들이 교회 오고 목사님 만나는 것을 좋아하게 하려는 것이다. 누가 쳐다보기만 해도 숨던 소담이라는 아기는 내가 교회에서 볼 때마다 킨더 초콜릿를 줬더니 교회에 오는 것을 좋아하고, 교회 오면 킨더 목사님 어디 갔냐며 나부터 찾는다. 내 영어 이름이 킨더가 됐다.

부모들도 자녀들이 교회를 좋아하고 주의 종을 좋아하고 신앙생활을 즐거워하도록 여기에 더 가치와 비중을 두자. 우리 자녀들에게 신앙의 가치를 즐거움으로 행복함으로 각인시키자.

신앙의 가치를 삶으로 가르쳐라

호세아 발로우(Hosea Ballou)는 "교육은 어머니 무릎에서 시작된다. 아이들은 들은 대로 말하고 본 대로 행한다는 것을 잊지 말라"라고 말했다. 에이브러햄 링컨은 "자녀를 가르치는 가장 빠른 길은 내가 먼저 그 길을 걷는 것이다. 자녀에게 길을 가르쳐주고 싶으면 가장 좋은 방법은 내가 그 길을 걷는 것이다"라고 말했다.

영적인 앵커링에서 가장 효과적이고 가장 중요한 것은 내 삶을 보여주는 것이다. 자녀들이 부모를 보고 '아, 저런 거구나' 하고 배우게 되니 신앙의 가치를 내 삶으로 가르쳐야 한다.

당신의 하나님은 얼마짜리인가? 당신 가정에서 예배의 가치는 얼마짜리이며 말씀은 얼마나 존중받고 있는가? 그 가치는 입으로만 주장할 것이 아니라 내 삶의 선택과 결정, 순종하는 모습으로 자녀에게 각인시켜야 한다. 자녀들 앞에서 하나님을 향한 사랑과 헌신을 보여주어라. 어떤 대가를 치러서라도 하나님을 선택하고 그 말씀을 준행하는 모습을 삶으로 보이고 가르쳐라.

> 이스라엘아 들으라 우리 하나님 여호와는 오직 유일한 여호와이시니 너는 마음을 다하고 뜻을 다하고 힘을 다하여 네 하나님 여호와를 사랑하라 오늘 내가 네게 명하는 이 말씀을 너는 마음에 새기고 네 자녀에게 부지런히 가르치며 집에 앉았을 때에든지 길을 갈 때에든지 누워 있을 때에든지 일어날 때에든지 이 말씀을 강론할 것이며 신 6:4-7

우리 하나님 여호와는 오직 유일한 하나님이시고 무엇으로도 대체 불가능한 유일무이(唯一無二)의 존재이심을 가르치고 마음에 새겨주려면 그전에 우리가 먼저 마음을 다하고 뜻을 다하여 하나님을 사랑해야 한다. 목숨을 바쳐서라도 하나님만 사랑하고 어떤 대가도 지불해야 한다는 것을 삶으로 먼저 보여주면 내 자녀도 그것이 각인되어 당연히 그렇게 행동할 수 있게 된다.

헌신이나 섬김, 드림을 자녀에게 보여주어라. 신앙의 가치를 삶의 가르침으로 자녀의 생각과 마음속에 완전히 각인시켜야 한다. 나는 정말 순종하기 힘든 헌신과 섬김을 할 때는 꼭 자녀들을 불러 "아빠가 지금 이런 상황이지만 하나님께서 이런 감동 주셔서 우리는 어떻게든 이거 한다" 하며 보여주고, "이거 봐. 하나님을 이렇게 섬기는 거야. 목사님들 섬길 때 이렇게 하는 거야" 하고 가르쳐 아이들에게 각인시킨다.

오직 하나님을 신뢰하는 것이 복이요 승리다. 그러니 상황, 처지, 형편에 시선을 빼앗기지 말고 하나님께 집중하라. 그리고 그때 역사하시는 하나님의 능력과 기가 막힌 섭리를 자녀들에게 보이고 각인시켜라. 그것이 재물과 권력을 물려주는 것보다 훨씬 강력한, 아니 가장 강력한 유산이요 축복이다.

자녀의 머릿속에서 돌아가는 비디오카메라

일본의 전설적인 성공 신화 중 하나가 1960년에 재일교포 사업가 유봉식씨가 세운 택시 회사 'MK택시'다. 친절이 몸에 배어 있다는 일본인들도 놀랐을 만큼 친절과 서비스로 유명한 회사다.

20여 년 전에 창업주의 동생인 유태식 부회장님을 만났을 때 그 분이 들려준 말이 지금도 또렷이 기억난다.

"우리 자녀들의 머릿속에는 비디오카메라가 들어 있어서 끊임없이 당신의 말과 행동을 녹화하고 있어요. 그 자녀가 자라서 당신의 오늘과 비슷한 상황이나 문제를 만날 때 그들은 그 영상을 하나씩 꺼내어 당신처럼 행동하고 선택하고 결정할 겁니다. 잊지 마세요!"

부모가 그 상황에서 어떻게 행동했고, 그때 어떤 것을 가치 있게 여겨 선택했으며 무엇을 헌신짝처럼 버렸는지 다 기억해놨다가 비슷한 상황이 오면 반드시 그 테이프를 꺼내서 똑같이 행동할 것이니 삼가 조심하여 행하고 잘 선택하라는 것이다.

아버지의 순종을 눈으로 보고 하나님의 음성을 함께 들은 사람이 있다. 이삭이다. 아브라함은 아들 이삭을 죽여 제물로 바치라는 이해할 수 없고 고통스러운 명령에 순종하여 아침 일찍 모리아 산으로 떠난다. 마침내 모리아산 제단에 이삭을 묶어 놓고 칼을 들었을 때 하늘에서 그를 부르는 소리가 들려온다.

"아브라함아 아브라함아 … 그 아이에게 네 손을 대지 말라 그에게 아무 일도 하지 말라 네가 네 아들 네 독자까지도 내게 아끼지 아니하였으니 내가 이제야 네가 하나님을 경외하는 줄을 아노라"(창 22:11,12).

쩌렁쩌렁 울리는 음성에 아브라함은 너무나 감격하며 칼을 거두었을 것이다. 그런데 그 음성을 들은 사람은 아브라함뿐만이 아니었으니 바로 제단에 묶인 채 누워있던 이삭이다.

이삭은 하나님의 명령에 아버지가 어떤 선택을 하고, 어떻게 행동하고, 그로 인해 하나님이 어떻게 그를 붙들어주셨는지를 똑똑히 보았다. 그런 아버지에게 하나님이 들려주신 음성도 똑똑히 들었다. 그 경험을 통해 이삭에게 하나님의 말씀은 목숨을 걸고 순종해야 할 가치로 앵커링되었다.

평생 마음속에 쩌렁쩌렁 울렸을 그 음성을 통해 어떤 상황에도 오직 하나님의 말씀대로 살아가는 것이 인생을 승리로 이끄는 가장 강력한 힘이라는 것을 그때 배워버린 것이다. 그때 들은 하나님의 강렬한 음성으로 순종의 강력한 능력을 얻었고, 그 완벽한 영적 앵커링 이후로 그는 흔들리지 않았다.

창세기 26장에서 이삭은 기근으로 애굽에 피신하려던 상황에도 하나님의 말씀에 순종하여 그랄 땅에 멈추었고, 그곳에서 하나님께서 예비하신 100배의 축복을 누릴 수 있었다. 그 선택은 어쩌다 나온 것이 아니다. 어린 시절, 머릿속에 녹화해둔 아버지의 순종과 믿음의 선택을 자신의 삶 가운데 재생한 것이다.

하나님은 아브라함에게 순종을 통한 축복의 기회를 주셨고, 그 아들 이삭에게도 다시금 그 순종과 절대 신뢰의 기회를 주셨다. 순종은 내 수준을 뛰어넘는 놀라운 하나님의 역사가 내 삶에 시작되는 통로다. 내 순종이 자녀 세대에게 순종과 축복의 기회로, 또 그 자녀의 순종이 그 자손의 축복과 순종의 기회로 이어진다. 나의 불순종으로 '하나님과의 관계'의 그 소중한 연결고리를 끊어서는 안 된다.

나약한 인간이 급격한 변화를 이길 유일한 방법

어릴 때부터 흔들리지 않는 영적 기준점을 잡고 영적 앵커링을 견고히 해놔야 하는 이유는 각인이 이미 자기 생각과 경험이 많은 상태보다는 어리고 백지상태일수록 더 효과적이기 때문인 것도 있지만, 인간이 너무나도 비이성적이고 휘둘리기 쉬운 존재이기 때문이기도 하다.

1950년대 미국에서 이런 집단동조 실험이 있었다. 여섯 사람에게 개를 보여준 뒤 뭘 봤는지 묻는데, 먼저 대답하는 다섯 명이 미리 짠 대로 고양이라고 답하는 것이다. 그랬더니 여섯 번째로 대답한 사람(실험대상자) 중 개를 고양이라고 답한 경우가 세 명 중 한 명꼴로 나왔다. 분명히 개를 봤다고 생각하면서도 남들의 의견에 동조하여 고양이로 바꿔 답한 사람이 많았다. 아무 유대관계가 없고 처음 만나 금방 헤어질 사이인데도 옆에서 다 고양이라고 하면 내가 개를 고양이라고 얘기할 수도 있는 것이다.

불법 다단계 단체나 독재 정권의 세뇌에 사람들이 무기력하게 동조해가는 것을 보라. 얼마나 무서운 일인가. 다수의 일치된 의견이 정의는 아니며 시대의 대세가 진리인 것도 아니지만 인간은 나약한 존재이기에 시대의 탁류에 휩쓸리기 쉽다. 그러므로 자녀들이 시대에 휩쓸리지 않고 하나님의 뜻대로 온전하게 선하게 기쁘게 살아가기를 원한다면 그들을 시대의 조류나 대세가 아니라 진리 가운데, 하나님의 뜻이 드러나는 곳에 두어야 한다.

사람은 만남대로 되며, 자신이 노출된 주변 환경에 영향받는다. 그러니 클럽 가서 경건 찾거나 복권방 가서 성실 찾지 말라. 말씀의 자리, 진리와 신앙의 가치를 공유하는 자들 가운데 있어야 진리에 동조할 수 있고, 예배의 자리, 신앙과 믿음이 투철한 자들 사이에 있어야 내 믿음이 흔들리다가도 다시 돌아올 수 있다. 시대를 좇아 살도록 자녀들을 방치하는 것이 얼마나 위험하고 반신앙적 행위인지 경각심을 가져야 한다.

> 너희는 이 세대를 본받지 말고 오직 마음을 새롭게 함으로 변화를 받아 하나님의
> 선하시고 기뻐하시고 온전하신 뜻이 무엇인지 분별하도록 하라 롬 12:2

예전의 100년간의 변화가 이제 1년의 변화를 못 따라올 정도로 시대가 급변하고 있다. 해가 다르게 유행도 가치도 급변하고, 성공 아이템과 준비해야 할 스펙들도 계속 달라지고 늘어나 사람들은 이러한 변화에 민첩하게 대처하기 위해 노력한다. 특히 부모들도 이 시대의 흐름에 뒤떨어지지 않게 자녀들을 지원하고자 어떻게든 정보를 얻어내려고 얼마나 집중하여 기민하게 살아가는지 모른다.

그러나 변화는 끊임없으며, 우리의 집중력과 기민함으로 급변하는 세상을 따라잡을 수 없다. 따라가려고 애쓰지 말라. 급변하는 시대에 변화를 따라잡고 그것에 맞추는 일보다 중요한 것은 오히려 변하지 않는 불변의 가치에 집중하는 것이다.

그리스도언약교회의 담임목사이자 정통개혁주의 신학자인 케빈 드영(Kevin DeYoung)은 "세상의 끊임없는 변화를 극복하는 유일한 방법은 결코 변하지 않는 하나님을 아는 것"이라고 말했다. 급변하는 세상에서 흔들리지 않고 그 변화를 극복하며 살아갈 유일한 길은 내가 그보다 더

빨리 변하고 그 변화에 재빨리 대응하는 게 아니라 결코 변하지 않으시는 하나님을 아는 것이다.

자녀들에게 급변하는 시대적 가치를 민첩하게 가르치기보다 시대가 변해도 변하지 않는 가치, 우리를 포기하지 않으시고 언제나 변함없는 사랑과 은혜로 바라보시는 하나님을 만나고 바라보게 하자. 하나님을 만나야 그들이 이 시대를 이겨내고 믿음으로 승리하는 믿음의 용사들이 된다.

평안하고 뭔가를 이루었을 때 더욱 집중하라

축구에서 골 넣은 후 5분 안에 골 먹힐 확률이 크다고 한다. 뭔가 내가 이루었다고 생각할 때 집중력이 떨어지기 때문이다. 위기와 고난의 때보다 오히려 무탈하고 평안할 때, 뭔가를 성취해 행복할 때 집중력이 흐트러지기 쉽다. 평안하고 강성할 때 자만하여 하나님의 말씀과 신앙의 가치를 소홀히 하지 말고 이럴 때일수록 하나님께 집중하고 신앙의 가치를 새겨주어야 한다.

대학 입시가 마무리되는 시기, 졸업과 입학을 준비하는 학생들과 부모님, 또 취업에 성공하여 출근을 준비하는 분들에게 특히 더 집중하라고 당부하고 싶다. 요즘은 코로나19로 신입생 생활이 그리 활발하지는 않지만, 알다시피 가장 신앙이 무너질 때가 대학에 입학해 이 설레고 흥분된 분위기 속에 있을 때다. 자녀가 입학이나 취학으로 부모와 멀리 떨어지게 되었다면 지금까지 각인시킨 신앙의 가치들에 더욱 집중시키고,

그들이 신앙 가운데 흐트러지지 않고 살도록 더 기도하고 더 살피기를 바란다.

학업이나 취업으로 새로운 환경에서 살아갈 자녀들, 이사 등으로 변화를 맞을 사람들에게 권면하고 도전한다. 이 풍성함이 내가 얻은 것이 아니라 하나님께서 주신 복임을 잊지 말라.

> … 네게 주리라 맹세하신 땅으로 너를 들어가게 하시고 네가 건축하지 아니한 크
> 고 아름다운 성읍을 얻게 하시며 네가 채우지 아니한 아름다운 물건이 가득한 집
> 을 얻게 하시며 네가 파지 아니한 우물을 차지하게 하시며 네가 심지 아니한 포도
> 원과 감람나무를 차지하게 하사 네게 배불리 먹게 하실 때에 너는 조심하여 너를
> 애굽 땅 종 되었던 집에서 인도하여 내신 여호와를 잊지 말고 신 6:10-12

이스라엘 백성은 그것을 실패했다. 하나님께서 약속하신 그 축복의 땅에 들어갔을 때 그들은 여호와 하나님을 새카맣게 잊고 주변 사방에 있는 보기 좋은 것들, 이방의 신들을 따라 우상을 섬겼기 때문에 망하고, 아픈 역사를 갖게 되었다.

미국의 전쟁 역사 중 가장 치욕스러운 사건은 아마 일본의 진주만 공습일 것이다. 본토가 공격받은 몇 안 되는 사건 중 하나로, 1941년 12월 7일 일본의 전투기 300대 이상이 새카맣게 몰려와 미국의 본토였던 하와이 진주만을 초토화했다.

기습공격에 당한 게 아니었다. 미국은 이미 최신식 레이더를 설치해 성능 시험 중이었으며, 이때도 두 훈련병이 레이더 화면을 꽉 채운 새카만

점 300여 개를 발견해 상부에 보고했다. 그러나 본부가 이를 무시한 결과, 무려 2천 명이 사망하고 비행기 300대가 폭파되고 함선 20대가 파괴되는 참혹한 대가를 치렀다.

우리는 그 치욕적인 사건들, 불미스러운 모습들을 손가락질할 것이 아니라 거울로 삼아 정신 차려야 한다. 평안할 때, 잘될 때, 좋은 것을 누릴 때 여호와를 잊지 말고 그분을 경외하라. 사람들의 이야기에 휘둘리지 말고, 시대의 흐름과 요구에 흔들리지 말고, 절대로 이 신앙의 가치관과 하나님의 말씀을 떠나 살지 말라.

교회 안팎에서 들려오는 비판과 책망, 비방과 정죄로 지금 이 시대가 너무도 요란하고 어지럽다. 우리 자녀들은 더 혼탁하고 어그러진 시대를 살아가야 한다. 신앙의 가치에 집중해 영적 긴장의 끈을 조이고 분별력의 날을 세우지 않으면 어처구니없게도 한낱 종이돈에 불과한 세상의 번영과 외형적 성공, 사람들의 인정 따위에 하나님과 복음, 신앙의 가치라는 소중한 보물을 맞바꾸는 어리석은 선택을 할 수 있다.

흑진주의 가치가 치솟은 이유

'진주의 왕'이라고 불릴 정도로 큰 성공을 거둔 이탈리아의 보석상 살바도르 아사엘은 우연히 폴리네시아 산호초 지대의 흑진주 이야기를 듣고 전 재산을 들여 흑진주 사업에 뛰어들었다. 그러나 그의 야심 찬 계획은 물거품이 될 위기에 처했다. 보석도 사람이 인정해야 보석인데 흑진주는 잘 알려지지 않고 시장도 가격도 형성되지 않은 터라 단 한 개도 팔리지 않은 것이다.

혹진주를 모두 버릴까, 일반 진주에 서비스로 끼워 팔까 고민하던 그는 더 좋은 품종으로 다시 도전하는 모험을 감행하면서 전략을 바꾸었다. 전설적인 보석상 해리 윈스턴과 계약하여 맨해튼 다이아몬드 거리의 보석상 진열대에 터무니없을 만큼 높은 가격으로 혹진주를 진열하고, 이리저리 흩어져 있는 보석들 가운데 타이티 혹진주 목걸이가 영롱한 광채를 내는 광고를 고급 잡지에 전면으로 실었다.

그러자 뉴욕의 사교계와 연예계 스타들이 그 비싼 혹진주를 찾기 시작했고, 혹진주는 그렇게 맨해튼 중심에서 최상품 보석으로서 최고의 가치로 자리매김하게 되었다.

나는 지천으로 널려 할인점에서 싸구려로 판매되거나 버려질 수도 있었던 그 혹진주 위로 복음이 겹쳐 보인다. 값없이 주어졌으나 너무나도 값진 복음의 가치를 이 시대와 우리 자녀들은 알아보지 못하고 있다. 아사엘이 혹진주를 최고의 가치로 앵커링했듯이, 복음과 신앙의 가치는 우리가 결정해주는 것이다.

자녀에게 신앙의 가치를 최고로 매기고 각인시켜라. 절대로 하나님과 신앙을 함부로 싸구려 취급하지 못하도록, 그래서 세상의 가치 없는 종이돈과 맞바꾸거나 시대의 대세와 타협하지 못하도록 가장 높은 가치로 신앙의 앵커링을 하라.

〈Focus on : 집중〉 시리즈를 준비하면서부터 나는 이미 결론을 정해놓고 있었다. 진정 소중한 가치에 우리의 시선과 마음도 집중되어야 하지만, 결국 내 자녀들, 다음세대의 시선에 무엇이 담길 것인가도 우리가 결정하고 지원해주어야 한다는 것이다.

우리가 집중한 그 소중한 가치를 우리 자녀들도 함께 바라보고 집중하는 것이 정말로 중요하기에, 우리만 하나님을 바라볼 것이 아니라 자녀들의 심장에 하나님이 새겨지고 신앙의 좋은 가치관이 새겨지도록 반드시 노력하고 애쓰고 힘써야 한다.

하나님과 본질에 집중해서 우리 자녀를 신앙의 승리자로 키워내자. 자녀들이 그들에게 최고의 가치로 각인된 신앙과 복음으로써 이 시대를 이기고 믿음의 승리를 이루는 영적 강자, 믿음의 용사들이 되기를 우리 주님의 이름으로 소망하며 축복한다!

포커스 온:집중하라

초판 1쇄 발행	2021년 9월 30일
지은이	안호성
펴낸이	여진구
책임편집	최현수
편집	이영주 기은혜 정선경 안수경 김도연 최은정 김아진 정아혜
책임디자인	조은혜 ㅣ 마영애 노지현
기획 · 홍보	김영하

마케팅	김상순 강성민 허병용	**마케팅지원**	최영배 정나영
제작	조영석 정도봉	**경영지원**	김혜경 김경희

303비전성경암송학교 유니게과정 박정숙 최경식
이슬비전도학교 / 303비전성경암송학교 / 303비전꿈나무장학회 여운학

펴낸곳	규장

주소 06770 서울시 서초구 매헌로 16길 20(양재2동) 규장선교센터
전화 02)578-0003   **팩스** 02)578-7332
이메일 kyujang0691@gmail.com   **홈페이지** www.kyujang.com
페이스북 facebook.com/kyujangbook   **인스타그램** instagram.com/kyujang_com
카카오스토리 story.kakao.com/kyujangbook
등록일 1978.8.14. 제1-22

책값 뒤표지에 있습니다.
ISBN 979-11-6504-241-7 03230

규 | 장 | 수 | 칙

1. 기도로 기획하고 기도로 제작한다.
2. 오직 그리스도의 성품을 사모하는 독자가 원하고 필요로 하는 책만을 출판한다.
3. 한 활자 한 문장에 온 정성을 쏟는다.
4. 성실과 정확을 생명으로 삼고 일한다.
5. 긍정적이며 적극적인 신앙과 신행일치에의 안내자의 사명을 다한다.
6. 충고와 조언을 항상 감사로 경청한다.
7. 지상목표는 문서선교에 있다.

하나님을 사랑하는 자 곧 그의 뜻대로 부르심을 입은 자들에게는 모든 것이 合力하여 善을 이루느니라(롬 8:28)

규장은 문서를 통해 복음전파와 신앙교육에 주력하는 국제적 출판사들의
협의체인 복음주의출판협회(E.C.P.A:Evangelical Christian Publishers
Association)의 출판정신에 동참하는 회원(Associate Member)입니다.